AF514182

Das Rider Waite Tarot

Das ausführliche Deutungs-, Lern- und Übungsbuch

von

Jutta Krüger

Weitere Bücher der Autorin:

Wahrsagen mit dem astro-mythologischen Grand Jeu der Mlle. Lenormand - Die Entschlüsselung der Kartenbedeutungen, die faszinierende Praxis durch genaue Arbeitsanleitungen und die Bedeutung der Legesysteme auf den Punkt gebracht, Bohmeier-Verlag, ISBN 978-3-89094-551-4

Hinweise zu weiteren Büchern und Neuerscheinungen sowie interessante Informationen finden Sie auch auf der Website der Autorin www.kruegerjut.de

Die Karten erhalten Sie beim Königsfurt Verlag unter

http://www.koenigsfurt.com/cms/ und in jeder Buchhandlung.

Es gibt davon (Stand Februar 2010) verschiedene Ausgaben die zwischen 12,00 und 14,00 Euro kosten):

Rider Waite (Standard), Originalausgabe, Karton-Box, 78 Karten, 70 x 120 mm, ISBN 978-3-905021-30-1

Rider Waite (Pocket), Originalausgabe, Karton-Box, 78 Karten, 52 x 90 mm, ISBN 978-3-905021-44-8

© **5. Auflage, Copyright 2020 by Bohmeier Verlag, D-04357 Leipzig, Oelssnerstr. 2, Germany, Tel.: +49 (0) 341-6812811 - Fax: +49 (0) 341-6811837.**
Immer erreichbar über unsere Internet-Homepage: www.magick-pur.de

Innenabbildungen: Tarot von A. E. Waite. © Wir bedanken uns vielmals für die Abdruckerlaubnis beim Königsfurt Verlag, Krummwisch (Germany/Deutschland).
Im Internet zu finden unter: www.tarot.online.de

© **Coverbild und Covergesamtkonzeption von JAD.**
Gesamtherstellung: Bohmeier Verlag, Printed in Germany

Alle Rechte vorbehalten. Kein Teil des Buches darf ohne schriftliche Genehmigung des Verlages fotokopiert oder in irgendeiner anderen Form reproduziert oder in eine von Maschinen verwendbare Sprache übertragen oder übersetzt werden. Ausgenommen sind die in §§ 53, 54 UrhG ausdrücklich genannten Sonderfälle, wenn sie mit dem Verlag vorher vereinbart wurden. Im Einzelfall bleibt für die Nutzung fremden geistigen Eigentums die Forderung einer Gebühr vorbehalten. Das gilt für die Fotokopie ebenso wie für die Vervielfältigung durch alle anderen Verfahren einschließlich Speicherung und jede Übertragung auf Papier, Transparente, Matrizen, Filme, Bänder, Platten, Festplatten, CDs und sonstige Medien, sowohl in analoger wie digitaler Form (z.B. E-Books).

ISBN 978-3-89094-640-5

Inhaltsverzeichnis

Teil I – Allgemeine Hinweise 7

Einleitung 7

Die große Arkana 10
Die Archetypen 11
Die Reise des Helden 11
Die kleine Arkana 13
Die Personenkarten 14
Die Quintessenz 14
Die Sternzeichen & Elemente 15
Wie Sie die Elemente zuordnen 17
Hinweise zu den Kartenbeschreibungen 18

Teil II - Die große Arkana 19

0 DER NARR 19
I DER MAGIER 21
II DIE HOHEPRIESTERIN 23
III DIE HERRSCHERIN 25
IV DER HERRSCHER 27
V DER HIEROPHANT 29
VI DIE LIEBENDEN 31
VII DER WAGEN 33
VIII DIE GERECHTIGKEIT 35
IX DER EREMIT 37
X DAS RAD DES SCHICKSALS 39
XI DIE KRAFT 41
XII DER GEHÄNGTE 43
XIII Der TOD 45
XIV DIE MÄSSIGKEIT 47
XV DER TEUFEL 49
XVI DER TURM 51
XVII DER STERN 53
XVIII DER MOND 55
XIX DIE SONNE 57
XX DAS GERICHT 59
XXI DIE WELT 61

Identität & Fortschritt – erstes Deuten 63

Die äußere Identität 63
Die innere Identität 64
Fortschritt 64
Übungen (1) 71

Teil III - Die kleine Arkana **73**

Allgemeines zu den Karten **73**
As und Hofkarten 74
Kurzcharakteristik 74

DIE STÄBE **75**
AS DER STÄBE 75
II STÄBE 77
III STÄBE 79
IV STÄBE 81
V STÄBE 83
VI STÄBE 85
VII STÄBE 87
VIII STÄBE 89
IX STÄBE 91
X STÄBE 93
PAGE DER STÄBE 95
RITTER DER STÄBE 97
KÖNIGIN DER STÄBE 99
KÖNIG DER STÄBE 101
Übungen (2) 103

DIE SCHWERTER **105**
AS DER SCHWERTER 105
II SCHWERTER 107
III SCHWERTER 109
IV SCHWERTER 111
V SCHWERTER 113
VI SCHWERTER 115
VII SCHWERTER 117
VIII SCHWERTER 119
IX SCHWERTER 121
X SCHWERTER 123
PAGE DER SCHWERTER 125
RITTER DER SCHWERTER 127
KÖNIGIN DER SCHWERTER 129
KÖNIG DER SCHWERTER 131
Übungen (3) 133

DIE KELCHE **135**
AS DER KELCHE 135
II KELCHE 137
III KELCHE 139
IV KELCHE 141
V KELCHE 143
VI KELCHE 145

VII KELCHE ... 147
VIII KELCHE ... 149
IX KELCHE ... 151
X KELCHE ... 153
PAGE DER KELCHE ... 155
RITTER DER KELCHE ... 157
KÖNIGIN DER KELCHE ... 159
KÖNIG DER KELCHE ... 161
Übungen (4) ... 163

DIE MÜNZEN ... 165
AS DER MÜNZEN ... 165
II MÜNZEN ... 167
III MÜNZEN ... 169
IV MÜNZEN ... 171
V MÜNZEN ... 173
VI MÜNZEN ... 175
VII MÜNZEN ... 177
VIII MÜNZEN ... 179
IX MÜNZEN ... 181
X MÜNZEN ... 185
PAGE DER MÜNZEN ... 187
RITTER DER MÜNZEN ... 189
KÖNIGIN DER MÜNZEN ... 191
KÖNIG DER MÜNZEN ... 193
Übungen (5) ... 195

Teil IV – Legemuster: Was war – was kommt? ... 197
So funktioniert es ... 198
Übungen (6) ... 200
Das Keltische Kreuz ... 201
Übungen (7) ... 202
Die Liebe ... 204
Übung (8) ... 205
Die Beziehung ... 206
Übung (9) ... 207
Das kleine Kreuz ... 208
Übungen (10) ... 209

Teil V – Anhang Lösungen ... 210
Zu den Übungen (1) ... 210
Zu den Übungen (2) ... 213
Zu den Übungen (3) ... 215
Zu den Übungen (4) ... 217
Zu den Übungen (5) ... 219
Zu den Übungen (6) ... 221

Zu den Übungen (7)....................225
Zu den Übungen (8)....................231
Zu den Übungen (9)....................234
Zu den Übungen (10)....................237

Schlusswort....................239

Teil I – Allgemeine Hinweise

Einleitung

Das Rider Waite Tarot, welches den Namen seines Erfinders Arthur Edward Waite trägt und dessen aussagekräftigen Motive durch die Zusammenarbeit mit der Künstlerin Pamela Colman Smith entstanden sind, ist ungefähr seit dem Jahr 1910 bekannt.
Seit ewigen Zeiten sind die Menschen von der Möglichkeit der Wahrsagerei fasziniert, doch bietet gerade das Tarot weit mehr als nur den Blick in die Zukunft. Kein anderes Kartendeck vermag so analytisch eine Situation zu bewerten und einen Menschen auch von psychologischer Seite zu beurteilen, wie das Tarot.
Karten zu deuten ist eine Kunst, die man sicherlich lernen kann, wenn man dazu die innere Bereitschaft hat und bereit ist, das anzunehmen, was die Karten zum Ausdruck bringen. Wer die Wahrheit der Karten leugnet, kann keine Wahrheit sagen und somit auch nicht *Wahrsagen.* Es ist ein verantwortungsvolles wie auch sensibles Zusammenspiel von Tarotanalytiker und Klientel und oft mit der unsichtbaren Gefahr verbunden, dass ein Ratsuchender gerne Rat hätte, doch die Wahrheit scheut und die Einsicht verweigert, besonders dann, wenn die Karten auf die eigenen aggressiven Seiten hinweisen und ermahnend versuchen Unheil abzuwenden.
Mit den Tarotkarten können Sie tiefgreifende Bewertungen vornehmen, Situationen und Personen analytisch im Detail hinterfragen und klären. Es liegt in der Natur der Dinge (oder besser gesagt: des Lebens), dass nicht alle Aussagen immer wunderschön sind und zum Jubeln verleiten. Darüber müssen sich beide Seiten einig sein: Kartenleger wie Klient. Doch kein verantwortungsbewusster Tarotanalytiker würde jemals sein Klientel *persönlich* aufgrund der Aussagen der Tarotkarten bewerten, sondern ihm stets neutral mit der ihm möglichen Hilfe zur Seite stehen.
Ich möchte in meinem Buch nicht weiter auf die Entstehungsgeschichte des Tarots eingehen. Zahlreiche, früher erschienene Bücher anderer Autoren haben dieses bereits sehr ausführlich getan. Mein Anliegen ist es, Sie mit dem Tarot im *Hier und Jetzt* vertraut zu machen und dabei insbesondere auch die Beleuchtung der Kartenmotive intensiv mit einzubinden, Sie in die Szene versuchen hineinzuversetzen. Denn die Bilder und Farben sind es, die dem Tarotanalytiker vor Augen führen, worum es bei der Frage seines Gegenübers geht.
Einige Monate, nachdem ich die Rohfassung dieses Buches fertiggestellt hatte, spürte ich in mir den Drang, die Bibel zu lesen. Ich war völlig irritiert – wie Sie jetzt vielleicht auch. Ich fragte mich, was das zu bedeuten hätte. Doch ich tat es: ich las die Bibel und auf einmal bekamen viele Abbildungen der Motive noch einmal eine ganze andere Bedeutung für mich oder intensivierten jene. Sie wurden logischer, nachvollziehbarer, es war dieses typische „Schuppen von den Augen fallen“. Um dieses Buch zu verstehen, müssen Sie allerdings kein bekennender Christ und auch nicht bibelfest sein. Aber ich bin mir sicher, dass die übereinstimmende Symbolik der Bibel wie auch des Tarot Sie genauso faszinieren wird wie mich. Darüber hinaus – so hat es die

Erfahrung mit meinen bisherigen Schülern gezeigt – sind es gerade die Zitate, die einem beim Ziehen einer Karte schneller wieder einfallen als stupide auswendig gelernte Stichworte. Wenn Sie sich in die Szene einer Karte hineinversetzen können, indem Sie *aus dem Motiv lesen*, dann wird es Ihnen sehr leicht fallen, die 78 Karten des Rider Waite Tarot schon sehr bald zu verstehen und praxisnah anzuwenden.
Bevor Sie das erste Mal mit dem Rider Waite Tarot arbeiten, sollten Sie die folgenden Informationen lesen, damit Sie mit den Karten entspannter und vertrauter umgehen können. Nehmen Sie die Karten regelmäßig zur Hand, machen Sie sich mit den Bebilderungen und Motivanalysen sowie Bedeutungen (siehe Beschreibung der einzelnen Karten) vertraut. Hilfreich ist es, wenn Sie am Anfang für sich selbst zu kurzen Fragen nur eine Karte ziehen und die von Ihnen empfundene Antwort durch die Karte auf die von Ihnen gestellte Frage versuchen anzuwenden.
Gerne empfehle ich meinen Schülern, sich gerade am Anfang ein Heft oder Notizbuch anzulegen, in welchem sie sich notieren, wann sie auf welche Frage welche Karte und was sie daraus für Schlüsse gezogen haben, um dann zu einem späteren Zeitpunkt zu überprüfen, ob sie damit richtig lagen oder worin der Hinweis der gezogenen Karte tatsächlich lag.

Das könnte beispielsweise so aussehen:

Datum:	TT.MM.JJJJ
Frage:	Worauf muss ich heute in der Besprechung achten?
Karte:	*DIE LIEBENDEN*
Antwort:	Lasse dich nicht beirren und verunsichern, lasse dich nicht vom Ego zu irgendetwas verleiten, sondern höre auf dein Herz und spüre, was richtig ist und was nicht.
Nachtrag:	Hier können Sie notieren, um was es tatsächlich ging. –

Bitte legen Sie insbesondere für Fremde keine Karten, solange Sie im Umgang mit den Kartenbedeutungen unsicher sind oder das Gefühl haben, die Karten *sprechen* nicht zu Ihnen. Ein guter Handwerker zeichnet sich dadurch aus, dass er *sein Handwerk* versteht und mit *seinem Werkzeug* umzugehen weiß – so ist es auch beim Kartendeuten. Die Karten sind *Ihr Werkzeug* – machen Sie sich also damit von Anfang an vertraut.

Sicherlich ist man neugierig, es kribbelt in den Fingern, wenn man die Karten endlich in der Hand hält und man möchte so schnell wie möglich allerlei Fragen des Lebens mit den Karten beantworten. Aber auch wenn die Wahrsagerei über *Spiel*karten erfolgt, ist Kartenlegen für sich selbst genommen – in meinen Augen – **kein** Spiel. Sie sprechen eine klare Sprache, geben klare Antworten, auch solche, die einem nicht immer lieb sind. Darüber müssen Sie sich im Klaren sein, ansonsten legen Sie die Karten bitte wieder zur Seite.
Gerade **weil** die Antworten aber nicht immer nur die Lichtseiten des Lebens widerspiegeln, ist es sehr wichtig, dass Sie ausnahmslos **alle** Karten in ihren Bedeutungen begreifen, damit Sie die Antwort so verstehen wie sie gemeint ist und ein mögliches Halbwissen in Ihnen (oder Ihrem Klienten) keine Unruhe oder gar Angst auslöst. Gerade das ist es, warum so viele Menschen sich immer und immer wieder die Karten

legen lassen: weil in ihnen eine Unruhe ausgelöst wurde, die sich in Angst steigert, der Kartenleger nicht in der Lage war, die Antwort adäquat auf die gestellte Frage und Lebenssituation zu interpretieren und dem Klienten die nötigen Hinweise zukommen zu lassen, um die besten und sinnvollsten Entschlüsse aus der gezogenen Antwort (Karte) zu fassen.
Zweifelsohne gehört ein kontinuierliches Lernen dazu, wenn Sie eines Tages die Bedeutungen des Rider Waite Tarot sicher für sich und eventuell auch andere anwenden möchten.
Je häufiger Sie im weiteren Verlauf die Karten *schlagen* (= auslegen), desto sicherer werden Sie die vielfachen Bedeutungen des Rider Waite Tarot interpretieren können.

Noch ein Hinweis zu gesundheitlichen Fragen:
Selbstverständlich ersetzen die Hinweise keinen Arzt oder Heilpraktiker, auch steht es einem Kartendeuter nicht zu, diagnostische oder gar therapeutische Ratschläge zu erteilen bzw. die von bereits aufgesuchten Ärzten oder Heilpraktikern ausgesprochenen Diagnosen und Ratschläge in Frage zu stellen. Die Hinweise sind auch nur als solche zu werten: nämlich als **Hinweise**. Bei gesundheitlichen Problemen ist grundsätzlich immer die Empfehlung auszusprechen, einen Arzt oder Heilpraktiker zwecks Abklärung aufzusuchen.

Ich wünsche Ihnen viel Freude mit den Karten und diesem Buch, welches Ihnen ein großes Paket an vielen wertvollen Hinweisen bietet und somit ein Wissen in Ihre Hände legt, das Sie dazu befähigen wird, nach einer gewissen Lernphase das Rider Waite Tarot mit all seinen Facetten korrekt zu interpretieren.

Ihre Jutta

Die große Arkana

Die 78 Spielkarten teilen sich in zwei Bereiche auf – die große und die kleine Arkana. Der Begriff Arkana stammt aus dem Lateinischen *Arcanum* und bedeutet so viel wie *geheimnisvoll*.

Die Aufgabe der *großen Arkana* liegt darin, mit ihren Bebilderungen von Karte 0 bis 21 die Lebensstationen eines Menschen sinnbildlich darzustellen, die er im Laufe seines Lebens erfahren muss, um zur Vollkommenheit zu gelangen (siehe hierzu auch *Die Reise des Helden*). Es sind Stationen, die den Menschen nachhaltig prägen oder aufgrund ihrer *Archetypisierung* (siehe weiter unten) Hinweis geben auf eine bestimmte Gedanken-/Verhaltensstruktur, Lebenseinstellung einer Person oder Parallelen zieht zwischen einem Verhaltens-/Denkmuster zu der Bedeutung des Archetypus, welcher über die Karten der *großen Arkana* symbolisiert wird. *DER NARR* repräsentiert hierbei den Ursprung aller Dinge, den Anfang; *DIE WELT* das Ende der Reise in dem Sinne, dass das Passieren der vorherigen Stationen zur Selbsterkenntnis erfolgreich war und dem eigenen Ausdruck im Dasein nichts mehr im Wege steht.

Die *große Arkana* setzt sich aus 22 (Trumpf-) Karten zusammen. Jede Karte trägt gemäß ihrer Nummerierung einen entsprechenden Zahlenwert. Dieser Zahlenwert ist späterhin bei der Ermittlung der Quintessenz von Bedeutung (siehe Kapitel ***Die Quintessenz***).

DIE KARTEN DER GROSSEN ARKANA IM ÜBERBLICK:

0	DER NARR	XI	DIE KRAFT
I	DER MAGIER	XII	DER GEHÄNGTE
II	DIE HOHEPRIESTERIN	XIII	DER TOD
III	DIE HERRSCHERIN	XIV	DIE MÄSSIGKEIT
IV	DER HERRSCHER	XV	DER TEUFEL
V	DER HIEROPHANT	XVI	DER TURM
VI	DIE LIEBENDEN	XVII	DER STERN
VII	DER WAGEN	XVIII	DER MOND
VIII	DIE GERECHTIGKEIT	XIX	DIE SONNE
IX	DER EREMIT	XX	DAS GERICHT
X	Rad des Schicksals	XXI	DIE WELT

Bei der *großen Arkana* möchte ich Sie vorweg bitten, die Nummerierung bei zwei Karten zu ändern. Es betrifft zum einen die Karte *DIE KRAFT*, die mit dem Wert VIII versehen ist, sowie die Karte *DIE GERECHTIGKEIT*, die den Wert XI trägt.

Die Nummerierung hat im Laufe vieler Jahre aus astrologischen Zuordnungsgründen eine Wandlung erfahren, doch sind einige Rider Waite Tarotdecks bisher leider beim Druck davon unberücksichtigt geblieben, sodass ich Sie bitten möchte, die Werte auszutauschen: *DIE KRAFT* bekommt somit den Wert XI und *DIE GERECHTIGKEIT* den Wert VIII.

Die Archetypen

Wenn über ein Bild eine Vorstellung, ein Verhaltensmuster oder eine Einstellung repräsentiert wird, bezeichnet man dieses als *Archetyp*. Einen *Archetyp* kann man nicht anfassen, er wird erlebt oder gelebt, meistens unbewusst. Die *große Arkana* gewährt die Möglichkeit, die in einem Menschen verborgenen Archetypisierungen sozusagen sichtbar zu machen, aufzudecken.
Alle 22 Karten der *großen Arkana* repräsentieren einen Archetyp, welcher genau das ist, finden Sie bei der jeweils beschriebenen Karte erwähnt.
Beispiel: *DER NARR* ⇒ Er symbolisiert das Kind, auch das innere Kind und die mit einem Kind verbundenen Charaktere wie Naivität, Reinheit, Anfang, Unbekümmertheit etc.
Der Begriff *Archetyp* geht zurück auf die psychologischen Erkenntnisse des Psychiaters und Psychologen C. G. Jung. Er hat auf den Träumen, Vorstellungen, Visionen seiner Patienten den so genannten *Individuationsweg* begründet. Dieser beschreibt den Weg vom „Nichts zum Ganzen", oder auch – analog zum Tarot: von der Unerfahrenheit, die *DER NARR* in sich trägt, bis hin zu den Erkenntnissen *DER WELT*, nachdem *DER NARR* die 21 Stationen der *großen Arkana* durchlaufen hat, dabei an den Symbolen der Karten orientierend, um seine eigenen Fähigkeiten und Möglichkeiten zu erfahren, zuzulassen, zu leben und daraus weitere Erfahrungen zu ziehen, um sich der nächsten Station des Lebens zuzuwenden.
Die Erfahrungen der 21 Lebensstationen innerhalb der *großen Arkana* werden im Tarot gerne als *Die Reise des Helden* bezeichnet.

Die Reise des Helden

Station 0 — *DER NARR* tritt seine Reise an, noch nicht wissend um die vielfachen Emotionen und Erfahrungen, die die Welt ihm offenbaren wird.

Station 1 — *DER MAGIER* lehrt ihn, dass er im Prinzip alle Geschicke in sich trägt, die ihm im Außen, sprich: aktiven Bereich weiter helfen, während

Station 2 — *DIE HOHEPRIESTERIN* auf den zusätzlichen Nutzen der inneren Werte und Weisheit verweist.

Station 3 — *DIE HERRSCHERIN* lässt ihn eintauchen in Mutter Natur, in den natürlichen Fortschritt allen Lebens, schenkt die Geborgenheit einer Mutter, hingegen

Station 4 — *DER HERRSCHER* den Helden ermahnt, dass gleichwohl alles einer gewissen Ordnung unterliegt und man sich im Leben an gewissen Prinzipien zu orientieren hat, er gleichzeitig der Obhut des Vaters entspricht.

Station 5 — *DER HIEROPHANT* offenbart ihm den Sinn des Lebens, warum all das so ist und sein muss, gewährt ihm das nötige Wissen zum Leben und Überleben. Ab diesem Moment bleibt das Kind zurück und entzieht sich langsam der Fürsorge der ihn Umgebenden; er tritt ein in die Welt der Verantwortlichkeit eigener Entscheidungen.

Station 6 *DIE LIEBENDEN* bringen für den einst emotional reinen Helden die Erkenntnis, dass es mehr als nur Gutes und Schönes im Leben gibt, er durch den Glauben an die reine Liebe jedoch in der Lage sein wird, die richtigen Entscheidungen zu treffen.

Station 7 So macht er sich auf den Weg, *DER WAGEN* symbolisiert seinen Aufbruch zu seiner Lebensreise,

Station 8 auf welcher er so manches Mal mit den Herausforderungen *DER GERECHTIGKEIT* konfrontiert wird, deren Sinn und Zweck sicher nicht immer seinem Dafürhalten entspricht, doch wenn er sich

Station 9 wie *DER EREMIT* zurückzieht und das Geschehene Revue passieren lässt, sich nicht nur auf die rein irdischen Geschehnisse konzentriert, sondern sich Gott zuwendet und um Erkenntnis bittet, wird ihm diese gewährt.

Station 10 *DAS RAD DES SCHICKSALS* wird zum Stillstand kommen oder sich weiter drehen, je nachdem, wie weit der Held die gewonnenen Erkenntnisse verwertet und zum Weitergang auf seinem Weg nutzt.

Station 11 Und einmal mehr wird auch *DIE KRAFT* ihm vor Augen führen, dass es im Leben nicht nur allein die körperliche Kraft ist, die einen vorwärts bringt oder siegen lässt, sondern *DIE KRAFT* eine Symbiose bildet aus körperlicher Stärke und geistigem Wissensschatz, das es nicht die reine Gewalt sein darf, um seine Ziele zu erreichen,

Station 12 sondern *DER GEHÄNGTE* in der einen wie der anderen Situation ein Umdenken von ihm erfordert, die Einsicht, schwächer zu sein, das Bewusstsein weckt, nicht der Stärkere sein zu müssen. Er wird an diesem Punkt erkennen, dass das Leben auch Opfer fordert.

Station 13 Mit dieser Erkenntnis verabschiedet *DER TOD* den Helden von seiner bis dahin möglicherweise noch anhaltenden Gutgläubigkeit, es ist an der Zeit von Verhaltensstrukturen oder Gedankenmustern Abschied zu nehmen und sich durch

Station 14 *DIE MÄSSIGUNG* bewusst zu machen, dass ein ausgewogenes Verhältnis im Leben nur durch Geben und Nehmen bestehen kann, will die Harmonie des Seins nicht zerstört werden.

Station 15 Doch kann das wirklich alles sein? *DER TEUFEL* wird ihm ein lautes **Nein!** entgegensetzen und ihn versuchen zu verführen, mit seinen Mächten und Fantastereien gefangen nehmen, ihm versuchen Glauben zu schenken, dass das Geben und Nehmen nur eine Illusion ist und tatsächlich er allein darüber verfügt, sich glücklich zu machen, seine Bedürfnisse zu erfüllen auf seine Macht gebietende wie zerstörerische Art und Weise.

Station 16 Doch erst, wenn sich der Held aus diesen Ketten löst und *DER TURM* seine Mauern bersten lässt, wird er erkennen, welche engen Grenzen er sich selbst gesetzt hat mit dieser Lebensführung und wie unfrei er tatsächlich dadurch geworden ist.

Station 17 *DER STERN* bringt ihm die innere Ruhe zurück und lenkt seine Suche nach seinem persönlichen Glück wieder in die klareren Bahnen, konfrontiert ihn mit seinen Wünschen und Bedürfnissen, die er tief in seinem Inneren trägt und gestillt haben möchte.

Station 18 Sich diesem inneren tiefen Bedürfnis zuzuwenden, bedeutet, wieder im Hier und Jetzt zu leben, *DER MOND* spiegelt seine Angst wider, Illusionen als solche zu erkennen und sich der Realität zu stellen.

Station 19 Doch wenn er sich der Angst im klaren Bewusstsein auf Heilung stellt, wird *DIE SONNE* den weiteren Weg erstrahlen lassen und die nötige Energie schenken, die er für die letzten beiden Etappen noch braucht.

Station 20 Mit dem Annehmen dieser Energie und gestärkt in seinem Vertrauen, wird *DAS GERICHT* ihm die Erlösung gewähren, ihn von allem Übel zu befreien, bevor

Station 21 unser Held, der einst als naiver Narr seine Reise antrat, am Schluss erkennt, dass *DIE WELT* ihm repräsentiert, wie er durch die Erfahrungen der letzten Stationen zur Vollkommenheit gelangte, erkennt, was ihn als Menschen im Ganzen ausmacht: im Inneren wie im Äußeren.

Die kleine Arkana

Die *kleine Arkana* setzt sich aus 56 Karten zusammen, die in 4 x 14 Karten entsprechend ihrer Farbgebung aufgegliedert ist. Sie entspricht im Wesentlichen mit ihren Bebilderungen den Definitionen, über welche auch andere geläufige Spielkarten (wie z. B. die Lenormand- oder Kipperkarten) die detailliertere Vorhersage überhaupt erst möglich machen. Jede Reihe besteht aus:

◊ vier sogenannten *Hofkarten* (*DER PAGE, DER RITTER, DIE KÖNIGIN, DER KÖNIG*) und
◊ zehn Zahlenkarten (As, Zwei, Drei, Vier, Fünf, Sechs, Sieben, Acht, Neun, Zehn).

Auch außerhalb des Tarot werden in den meisten Kartendecks bestimmte Eigenschaften über die Farben und weiterhin über die entsprechenden *Elemente* interpretiert. Bei den Karten der *kleinen Arkana* verteilen sich die Farbreihen und Elemente wie folgt:

STÄBE	⇒	entsprechend Kreuz-Reihe	⇒	Element Feuer
SCHWERTER	⇒	entsprechend Pik-Reihe	⇒	Element Luft
KELCHE	⇒	entsprechend Herz-Reihe	⇒	Element Wasser
MÜNZEN	⇒	entsprechend Karo-Reihe	⇒	Element Erde

Welche Informationen sich hinter jeder Reihe und ihren Elementen verbergen, erfahren Sie im Kapitel ***Die Sternzeichen & Elemente***.
Wie auch schon die Karten der *großen Arkana* so tragen auch die Karten der *kleinen Arkana* gewisse Zahlenwerte, und zwar wie folgt:

◊ Die Hofkarten werden mit 0 gezählt,
◊ die Asse mit 1 und
◊ die übrigen Karten analog ihrer Wertung (Zwei = 2 usw.).

Diese sind, ebenso wie bei der *großen Arkana*, zur Ermittlung der Quintessenz vonnöten (siehe Kapitel ***Die Quintessenz***).

Die Personenkarten

Als Personenkarten werden die Karten bezeichnet, die eine Person repräsentieren können wie (Schwieger-) Mutter, (Schwieger-) Vater, Geschwister, Freunde, Angehörige etc.

Immer wieder höre ich von meinen Seminarteilnehmern, dass sie Schwierigkeiten mit der Personenzuordnung haben. Auf nahezu jeder Karte sind ein oder mehrere Personen abgebildet und so fragen sie sich, ob denn über all diese Karten auch tatsächlich immer Mitmenschen dargestellt werden können. Die Antwort: ein klares **Nein**.

Personen können (müssen aber nicht!) grundsätzlich über die Hofkarten repräsentiert werden und auch über einige Karten der *großen Arkana*. Letzteres wird von einigen, die die Tarotkarten legen, abgelehnt. Es ist ein Erfahrungswert. Ich habe in meinen zahlreichen Legungen und anhand ihrer späteren Auswertungen durchaus des Öfteren die Erfahrung gemacht, dass auch über die *große Arkana* Personen repräsentiert werden können.

Wenn eine Karte eine Person darstellen kann und wie diese möglicherweise aussehen könnte oder welche Eigenschaften sie in sich trägt, habe ich bei den Bedeutungen der einzelnen Karten mit angefügt.

Wichtiger Hinweis:

Bedenken Sie bitte, dass die Eigenschaften oder das Aussehen (Haarfarbe etc.) zutreffen *können*, aber nicht immer zutreffen müssen. Bei der Haarfarbe ist es ohnehin so, dass immer die Ursprungshaarfarbe gemeint ist. Wenn also jemand ergraut ist oder sich die Haare hat färben lassen, bleibt dieses unbeachtet.

FAUSTREGEL

- ◊ Personenkarten gibt es nur vereinzelt bei den Karten der *großen Arkana* und bei den so genannten *Hofkarten* der *kleinen Arkana.*
- ◊ Bei den Karten *DER PAGE* und *DER RITTER* es kann sich sowohl um eine männliche wie auch weibliche Person handeln.
- ◊ Bei den Karten *DIE KÖNIGIN* und *DER KÖNIG* gilt: es handelt sich entweder um eine Dame (*DIE KÖNIGIN*) oder einen Herr (*DER KÖNIG*).

  Ausnahme: Wird auf den Fragenden selbst gelegt, dann können *DIE KÖNIGIN* bzw. *DER KÖNIG* durchaus den Ratsuchenden repräsentieren, hierbei ist es dann gleichgültig, ob der Ratsuchende weiblich oder männlich ist. Wovon diese Zuordnung abhängig ist, wird Ihnen bei den jeweiligen Karten in den Einzelbedeutungen genauer erklärt.

Die Quintessenz

Die Zahlenwerte der Karten sind wichtig zur Ermittlung der Quintessenz. Sie geben uns wertvolle Anhaltspunkte, um das hinterfragte Thema lösungsorientiert anzugehen. Zur Ermittlung der Quintessenz werden die Werte sämtlicher ausgelegter Karten addiert und aus dieser Summe solange die Quersumme gezogen, bis eine maximal zweistellige Zahl von 22 und/oder abschließend eine einstellige Zahl übrig bleibt.

Bei einer zweistelligen Quersumme von 10 bis maximal 22 ist diese die erste Karte aus der *großen Arkana* und die abschließende letztmalig genommene Quersumme auf eine einstellige Zahl die zweite Karte aus der *großen Arkana*, die Ihnen zusammen die nötigen Informationen gewähren.
Die Interpretationen der Quintessenz finden sich ausschließlich über die Karten der *großen Arkana*. Wenn Sie also die endgültige Quersumme(n) haben, nehmen Sie die dieser Zahl entsprechende Karte aus der *großen Arkana* als abschließenden Ratschlag heraus und beenden mit ihrer Interpretation, wie der Ratsuchende am besten vorgehen oder was er beherzigen sollte, Ihre Legung.

Beispiele:
Ist die Quersumme aller ausgelegten Karten 5, nehmen Sie die Quintessenz zur Karte *DER HIEROPHANT*.
Wenn die Quersumme aller Karten 13 ergibt, dann nehmen Sie die Karte XIII *DER TOD* sowie die Karte (13 = 1 + 3 = 4 =) IV *DER HERRSCHER* dazu.

QUERSUMME 22
Die *große Arkana* wird von 0 bis 21 durchnummeriert, besteht aber aus 22 Karten. Haben Sie als vorletzte Quersumme die 22, dann nehmen Sie hierzu bitte die Karte *DER NARR*, die zwar ursprünglich einen Wert von 0 hat, doch in diesem Fall als die 22. Trumpfkarte des Spiels den Kreislauf nicht nur beginnt, sondern auch schließt.

Die Sternzeichen & Elemente

Wir schon im Kapitel ***Die kleine Arkana*** erwähnt, werden die Karten der *kleinen Arkana* neben den Sternzeichen auch bestimmten Farben (Pik, Kreuz, Karo, Herz) und so genannten Elementen zugeordnet; dieses sind: Feuer – Erde – Luft – Wasser. Hier noch einmal die Übersicht:

STÄBE	⇒	entsprechend Kreuz-Reihe	⇒	Element Feuer
SCHWERTER	⇒	entsprechend Pik-Reihe	⇒	Element Luft
KELCHE	⇒	entsprechend Herz-Reihe	⇒	Element Wasser
MÜNZEN	⇒	entsprechend Karo-Reihe	⇒	Element Erde

ELEMENT FEUER
Zum Element Feuer gehören alle Karten aus der Reihe *DIE STÄBE* und für die Sternzeichen Widder – Löwe – Schütze folgende Karten aus der *großen Arkana*:

⇒	Widder	⇒	IV	*DER HERRSCHER*
⇒	Löwe	⇒	XI	*DIE KRAFT*
⇒	Schütze	⇒	XIV	*DIE MÄSSIGKEIT*

Für Personen des Feuer-Zeichens stehen Wille, Kraft und Intuition. Sie sind schnell und impulsiv, optimistisch, stolz, stehen gerne mal im Mittelpunkt, neigen manchmal zum Idealismus. Mit ihrer positiven Grundeinstellung und natürlichen Energie sind ihnen das tägliche Einerlei und der Alltagstrott zuwider, sie sind eher unternehmungslustig, neugierig, was es in der Welt so alles zu sehen und zu erleben gibt. In ihrem

Enthusiasmus übersehen sie aber manchmal auch die Warnhinweise des Körpers und/oder der Seele, wenn diese anfangen, Signale zu senden für „mach mal Pause".

ELEMENT LUFT

Zum Element Luft gehören alle Karten aus der Reihe *DIE SCHWERTER* und für die Sternzeichen Zwillinge – Waage – Wassermann folgende Karten aus der *großen Arkana*:

⇒	Zwillinge	⇒	VI	*DIE LIEBENDEN*
⇒	Waage	⇒	VIII	*DIE GERECHTIGKEIT*
⇒	Wassermann	⇒	XVII	*DER STERN*

Luft-Zeichen neigen zum haarscharfen Überlegen und zur Scharfsinnigkeit. Sie sind neugierig, diplomatisch, zwar kontaktfreudig, doch gleichzeitig distanziert und prüfend gegenüber denen, die sie an sich emotional heran lassen. Sie lieben den Luxus, finanzielle Stabilität ist ihnen wichtig, unter (materiell) gesicherten Umständen sind sie veränderungsbereit und -willig. Sie sind weniger spontan, sondern analysieren mehrere Möglichkeiten und alle sich daraus ergebenden Konsequenzen, bevor sie weitreichende Entscheidungen treffen, wägen das Für und Wider ab. Durch dieses analytische Vorgehen wirken sie auf Außenstehende häufig unterkühlt und unpersönlich.

ELEMENT WASSER

Zum Element Wasser gehören alle Karten aus der Reihe *DIE KELCHE* sowie für die Sternzeichen Krebs – Skorpion – Fische folgende Karten aus der *großen Arkana*:

⇒	Krebs	⇒	VII	*DER WAGEN*
⇒	Skorpion	⇒	XIII	*DER TOD*
⇒	Fische	⇒	XVIII	*DER MOND*

Personen des Elements Wasser werden von Emotionen und ihrem Instinkt beeinflusst. Sensibel handeln sie und aus dem Gefühl heraus, sind durchaus gefühlvoll. Sie bieten gerne die Schulter zum Anlehnen und Ausweinen, geben sich mitfühlend und bemutternd bis versorgend, da sie die Emotionen des Anderen regelrecht „aufsaugen", was ihre eigenen Empfindungen ganz schön durcheinander wirbeln kann. Sie sind selbst aber ebenso sehr verwundbar, neigen zu Stimmungsschwankungen im mitunter rasanten Tempo, von himmelhoch jauchzend bis – kurz darauf – zu Tode betrübt.

ELEMENT ERDE

Zum Element Erde gehören alle Karten aus der Reihe *DIE MÜNZEN* und für die Sternzeichen Stier – Jungfrau – Steinbock folgende Karten aus der *großen Arkana*:

⇒	Stier	⇒	V	*DER HIEROPHANT*
⇒	Jungfrau	⇒	IX	*DER EREMIT*
⇒	Steinbock	⇒	XV	*DER TEUFEL*

Für Menschen des Erde-Zeichens stehen Materie und Praktisches im Vordergrund. Sie sind praktisch veranlagt, vorsichtig und beherrscht, können zu Workaholics werden, mögen keine drastischen Veränderungen, sondern bevorzugen ein beständiges Terrain, auf dem sie sich bewegen können. Sind sie einmal sesshaft geworden, können sie sich Neues nur schwer vorstellen und scheuen, Altes hinter sich zu lassen. Hat eine Person des Erde-Zeichens sich eine Meinung zu einem Thema oder einer Person gebildet, ist sie nur schwer davon wieder abzubringen.

Wie Sie die Elemente zuordnen

Wenn Sie erfahren möchten, welche Eigenschaften aufgrund der Elemente für eine Person typisch sind, können Sie dieses wie folgt herausfinden:

(1) Sie kennen das Sternzeichen und können somit auf die zugehörigen obigen Informationen zurückgreifen.

(2) Sie kennen das Sternzeichen nicht und ziehen intuitiv eine Karte. Dafür benötigen Sie die 12 Karten der *großen Arkana*, welche die 12 Sternzeichen repräsentieren, sowie alle weiteren Karten der *kleinen Arkana*, die den Elementen zugeordnet sind.
Nach dem Mischen ziehen Sie nun intuitiv eine der 68 Karten. Entweder wird Ihnen über eine Karte der *großen Arkana* direkt das Sternzeichen (und somit auch das Element) verraten oder aber eine Karte aus der *kleinen Arkana* deckt auf, an welchem Element Sie sich orientieren können und welche drei Sternzeichen diesem zugehörig sind.

(3) Sie haben zwecks Abklärung eines Themas ein Legemuster ausgelegt, in welchem eine Person mit der zugehörigen Personenkarte repräsentiert wird.
Dann ist es die Karte *über* der Personenkarte, die das Sternzeichen offenbart. Die weitere Definition funktioniert identisch wie bei (2): handelt es sich um eine Karte der *großen Arkana*, dann erkennen Sie sofort um welches Sternzeichen und Element es sich handelt. Liegt hingegen eine Karte aus der *kleinen Arkana* über der Personenkarte, können Sie zumindest das Element ermitteln und das zugehörige Sternzeichen auf 3 Möglichkeiten eingrenzen.
Liegt eine der anderen Karten aus der *großen Arkana* über der Personenkarte, bleibt Ihnen zur Abklärung der Verlauf wie unter Punkt (2) erläutert.

Hinweise zu den Kartenbeschreibungen

Jede Karte wird Ihnen über zwei Seiten vorgestellt. Sie beinhalten Informationen zu folgenden Bereichen:

Motivanalyse: Hier erfahren Sie etwas zu der Bebilderung, den Farben, der Anordnung von Symbolen oder sonstigen wichtigen Hinweisen, aus denen man die Rückschlüsse des Sinns der Karte ziehen kann. Bei einigen Karten finden Sie auch Bibelzitate oder biblische Symbolinterpretationen, welche auf erstaunenswerte Weise bildlich auf die Karten übertragen wurden.

Grundaussage: Sie erläutert in einem kurzen Abschnitt den Schwerpunkt der Kartenaussage.

Verlauf: Die Entwicklung innerhalb der kleinen Arkana vom As bis zur X einer Reihe in Stichworten.

Steht für / Warnt vor: Damit der Wert einer Kartenaussage sinnvoll ausgeschöpft werden kann, ist es wichtig, wozu eine Karte rät bzw. was sie prognostiziert, aber auch, wovor sie warnt, damit die Prognose realisierbar ist oder gefahrenträchtige Seiten des Lebens nicht noch intensiviert werden.

Liebe: Anregungen für in Partnerschaft Befindliche sowie Singles, worauf in der Partnerschaft oder bei der Suche nach einer solchen zu achten ist.

Sonstige Verbindungen: Diese Rubrik umfasst Freundschaften ebenso wie sonstige Verbindungen, somit also auch geschäftliche Beziehungen, der Umgang mit Vereinen oder Verbänden etc.

Beruf / Karriere: Die Rubrik für Arbeitssuchende, Arbeitnehmer und auch Selbständige mit wichtigen Ratschlägen.

Eigenschaften: Hinweise zu den Charakteren in positiver wie auch negativer Hinsicht. Beides trägt der Mensch in sich; welche jeweils gelebt werden, zeigen weitere Karten.
Beispiel: *DER NARR* ist im positiven Sinne bereit für Neues, folgt aber eine negative Karte wie z. B. *NEUN SCHWERTER*, dann läuft er möglicherweise Gefahr, sich in Abhängigkeit (negative Eigenschaft) zu begeben.
In dieser Rubrik finden Sie auch die Zuordnung der Sternzeichen.

Zeit / Gesundheit: Sofern möglich, stehen hier Angaben zu dem zeitlichen Geschehen bzw. Hinweise zu möglichen gesundheitlichen Beeinträchtigungen. Bitte bedenken Sie, dass Sie keine Diagnose stellen dürfen und Ihrem Klienten immer empfehlen sollten, seinen Arzt oder Heilpraktiker aufzusuchen.

Personenkarten: Vereinzelte Karten der *großen Arkana* wie auch die *Hofkarten* der *kleinen Arkana* repräsentieren Personen – diese werden an dieser Stelle näher beschrieben.

Archetyp: Siehe entsprechendes Kapitel; nur bei der *großen Arkana.*

Quintessenz: Siehe entsprechendes Kapitel; nur bei der *großen Arkana.*

Teil II - Die große Arkana

0 DER NARR

Mit der Leichtigkeit (symbolisiert durch die Feder an seinem Kopf) des närrischen Lebens und eines problemlosen Daseins marschiert *DER NARR* in die Welt hinaus. Er geht nicht nur den sicheren Weg geradeaus, sondern beschreitet auch unbekannte Pfade, dabei stets auf sein Gespür und seinen Instinkt vertrauend (über den Hund symbolisiert), sodass er mit dem Stand auf dieser Klippe bereits über die Spitzen hoher Berge (Hintergrund) seine Nase emporhebt in dem naiv anmutenden Vertrauen darauf, dass kein Gipfel ihm zu hoch ist. Und wenn der eingeschlagene Weg auf einen Abgrund zuführt und es kein Weiter mehr gibt, macht *DER NARR* fröhlich kehrt und nimmt es nicht als leidiges Schicksal an, sondern als Herausforderung einer neuen Chance. Erwähnenswert ist die Farbe der Sonne, die auf dieser Karte Weiß ist und somit noch einmal die Eigenschaften rein, naiv, unschuldig zum Ausdruck bringt. Der Hintergrund ist in Gelb gehalten, wobei Gelb im künstlerischen Bereich anstatt Gold verwendet wurde, welches für das Göttliche und Königliche, für die Ewigkeit steht, gleichwohl das Gold nicht vollkommen das Gelb verdrängen möchte. So ist bei *DER NARR* das göttliche Urvertrauen (Gold) mit dem Gedeihen von neuen Erkenntnissen, Bringen neuer Wege (Gelb) gepaart.
Der Spruch Salomo (AT, 12.12. und 12.15) besagt: „Den Gottlosen Lust ist, Schaden zu tun, aber die Wurzel der Gerechten wird Frucht bringen. Dem Toren dünkt sein Weg recht; aber wer auf Rat hört, der ist weise." Weise ist sicherlich keines der Attribute, welches man dem Narren zuordnen könnte, auch ist er nicht als gottlos zu bezeichnen, aber er möchte auch niemandem Schaden zufügen, allerhöchstens gegenüber sich selbst („Aus Schaden wird man klug"). Er möchte sich nicht den Gegebenheiten anpassen, nicht selbst erlebte Erfahrungen übernehmen (wie es ein weiser Mensch vielleicht tun würde) und sich keinen Vorschriften unterziehen.

GRUNDAUSSAGE
DER NARR symbolisiert das innere Kind und unterstützt den Fragenden darin, ein wenig mehr Unbekümmertheit an den Tag zu legen, sich auf die sich ankündigende neue Lebendigkeit einzulassen, kreativ den Neuerungsprozessen und damit einhergehenden Turbulenzen zu stellen, um von den schwer dogmatischen Strukturen der Vergangenheit abzuweichen.

STEHT FÜR ...
pure Lebenslust, Unwissenheit, Unbefangenheit, Freiheit, ausgeprägte Spontaneität, Fröhlichkeit, neue Möglichkeiten, kindliche Neugierde, Neuem experimentierfreudig und offen gegenüberstehen, Leichtigkeit des Lebens, bei Niederlagen ohne Groll noch mal von vorne beginnen, Selbstbestätigung, keine Zwänge; im Bewusstsein leben,

instinktiv das Richtige zu tun; Narrenfreiheit. Selbstausdruck, jung oder jünger wirkend, die Problemlosigkeit des Seins lebend, kindlich, naiv.

WARNT VOR …

Verwechslung von Spontaneität mit unzureichender Beharrlichkeit, Übermut, fehlender Menschenkenntnis, flatterhaft hin und her pendeln. Schätzen Sie in Ihrem „närrischen Übermut" jene, die Ihnen ihr Vertrauen schenken, nicht als dumm ein.

LIEBE

Voller Neugierde und auf kindlich-spielerische Art und Weise den Partner entdecken, kennen lernen. Unkompliziertes Verliebtsein, kein graues Einerlei. Wer einen Partner sucht, findet eine neue Liebe oder ein Neuanfang (auch mit einem Ex) ist möglich. Dass diese Liebe Bestand haben könnte, sollte man nicht unbedingt erwarten, denn nur wer genügend Spielraum gewährt, kann auf Dauer Erfolg haben.

SONSTIGE VERBINDUNGEN

Manchmal konfus und verworren, keine Routine, Veränderungen mit Leichtigkeit angehen. Wer seine Ängste vor dem Wirrwarr ablegt und spontan ist, kann mithalten.

BERUF/KARRIERE

Bereit sein für Neues. Lediglich in hoher wie verantwortlicher Position Tätige sowie Selbständige seien vor zu viel Risikobereitschaft und Übermut gewarnt.

EIGENSCHAFTEN

Im positiven Sinne: Offen und bereit für alles Neue, neugierig, frei von allen Ängsten. Unbefangen, spontan.

Im negativen Sinne: Neigt dazu, sich in Abhängigkeit zu begeben und seine Freiheit nicht anzuerkennen bzw. zu leben, Träumer, flatterhaft.

GESUNDHEIT

Blutdruck, Herz-Kreislauf-System, Haltungsapparat, Gehirn, Laborwerte prüfen.

ARCHETYP:

Das Kind, das Innere Kind.

QUINTESSENZ ⇨ WERT: 22 (S. HINWEIS TEIL I, S. 14) + 4

Wenn Sie glauben, dass Sie die Spitze des Tohuwabohu schon erreicht haben, unterliegen Sie einem Irrtum. Es wird noch eine Spur heftiger (XXII, *DER NARR*), doch ist dieses vonnöten, damit durch die Erneuerung ein stabiles Gefüge (Quersumme 22 = 2 + 2 = 4 = *DER HERRSCHER*) entstehen kann.

I DER MAGIER

DER MAGIER weiß um seine Macht, weiß um die Unendlichkeit und Unbegrenztheit seiner Möglichkeiten, (symbolisiert durch die Lemniskate = die auf der Seite liegende Acht über seinem Haupt). Seine Körperhaltung spiegelt die Kraft seines psychischen Wesens wider, er verbindet mit dem nach oben gehaltenen Stab und nach unten gerichtetem Zeigefinger alle Möglichkeiten zwischen Himmel und Erde und macht sich dafür auch die sich bietenden Möglichkeiten aus der kleinen Arkana (vor ihm liegende Symbole) zunutze. Wer andere „verzaubern" will, benötigt zweierlei: Willenskraft und diplomatisches Geschick. Beides trägt *DER MAGIER* in sich. Auch hier rückt die Farbe Gold (oder Gelb) in das Auge des Betrachters und verweist auf die innewohnende natürliche (von Geburt an gegebene) Macht, welche mit leidenschaftlicher Hingabe (rote Rosen) zum Ausdruck gebracht werden kann, wobei aber die harmonische Ordnung (Lilien) nicht gestört werden sollte. Dieses ist wichtig zu wissen, da die Farbe Rot sowohl positive wie auch negative Eigenschaften enthält und die roten Rosen **über** dem Magier ranken und somit erkennbar ist, dass es hier primär um das Durchsetzen des Willens geht, während die Lilien, eingebunden in weiteren roten Rosen, am unteren Rand ihren Platz gefunden haben und *DER MAGIER* damit verdeutlicht, dass das Beibehalten oder Schaffen harmonischer Situationen auf seinem Weg zum Ziel eher sekundär ist.

GRUNDAUSSAGE

DER MAGIER steht für die natürliche (von Geburt an gegebene) wie auch schöpferische (selbst erschaffene) Kraft und Macht. Mit klarem Willen und gezielten Bemühungen können im Zeichen dieser Karte der innere Tatendrang ausgelebt und geistige Ideen irdisch mit gutem Geschick realisiert werden. Wer diese Karte zieht, weiß um seine eigene Macht und Willenskraft, verbindet Körper und Geist zu einer Einheit, handelt klar strukturiert und überlässt nichts dem Zufall, lässt Träume Wirklichkeit werden.

STEHT FÜR ...

natürliche sowie gestalterische Kraft, Kommunikation, Überzeugungsvermögen, Geschick und Geschicklichkeit, Selbstvertrauen, Verbindung zwischen Wirklichkeit und Illusion, Wille, Souveränität, bewusst eingesetzte Energie, Einfluss, Handlungsbedarf, fantasievolle und kreative Ideenwelt, originelle Selbstverwirklichung, Logik, Selbstbewusstsein.

WARNT VOR ...

Gerissenheit, Hintergehung, Machtausübung als Machenschaft.

LIEBE

Den Gleichklang finden zwischen Geben und Nehmen: Verzaubert der Partner Sie noch oder ist es schon eine Form von Blendung? Ein aktives Zusammenspiel beider zum Erhalt der Partnerschaft ist notwendig, um den Zauber der Verbindung nicht zu

verlieren, im harmonischen Einklang zu leben und trotzdem durch Ideenreichtum und auch Eigeninitiative die Beziehung immer wieder schön und neu zu gestalten.
Partnersuchende sollten jetzt den Mantel des Single-Daseins ablegen. In dem reichen Angebot an müden Singles findet sich auch Ihr Lebenspartner.

SONSTIGE VERBINDUNGEN
Problembehaftete zwischenmenschliche Beziehungen, gleich welcher Art, können nur durch gemeinsame aktive Gestaltung geheilt werden, wobei darauf zu achten ist, dass die natürliche wie schöpferische Macht nicht als Mogelei ausgenutzt wird, um seinen Willen mit aller Gewalt durchzubringen.

BERUF
Hohe Ziele werden erreicht. Nicht in der Masse untergehen, sondern sich durch die eigene persönliche Note aus der Menge hervorheben. Grundsätzlich erfolgreich und mitunter leistungsfähiger als tatsächlich angenommen wird.
Berufe im heilenden Bereich (Medizin, alternative Heilmethoden, Schamane u. ä.).

EIGENSCHAFTEN
Im positiven Sinne: Sehr konsequent seine Ziele verfolgend, selbstbewusst, aktiv, geistig sehr rege, ideenreich, kreativ.
Im negativen Sinne: Agiert im Hintergrund (hinter dem Rücken anderer), Täuschungsmanöver. Neigt manchmal dazu, seine Möglichkeiten nicht adäquat einzusetzen und verfällt somit in Demagogie, um seinen Willen durchzubringen **oder** lässt sich selbst manipulieren.

GESUNDHEIT
(Infektionen der) Atmungsorgane. Gehirntätigkeit, insbesondere wenn es um die Konzentrations- und/oder Aufmerksamkeitsfähigkeit geht.

ARCHETYP:
Die Kreativität, das gestalterische Leistungsvermögen.

QUINTESSENZ ⇨ WERT 1
Wer jetzt bereit ist, sich aktiv einzubringen und die Führung zu übernehmen, wird mit Gewandtheit, Souveränität und Willenskraft Anerkennung erfahren und sich sowie seine Fähigkeiten anderen beweisen.

II DIE HOHEPRIESTERIN

DIE HOHEPRIESTERIN hat ihren Platz zwischen den Säulen vor der Halle zum Tempel zu Jerusalem gefunden, den Salomo zu Ehren Gottes hat bauen lassen. Die dunkle Säule Boas steht für die Stärke Gottes, die helle Säule Jachin für dessen Festigkeit. Die Kapitellen (oberer Abschluss der Säulen, lat. Köpfchen) sind von Geflechten umgeben, um sie zu schützen (*Anm.:* auf der Karte nicht korrekt gezeichnet). Jedem Geflecht wurden wiederum 200 Granatäpfel zugeordnet, die ebenfalls die Kapitellen schützen sollten (AT, Die Tempelausstattung, *Anm.: ebenfalls nicht korrekt gezeichnet*).
DIE HOHEPRIESTERIN hält eine geschlossene Schriftrolle, die Tora, in Händen. Diese enthält die fünf Bücher Mose, die im 5. Buch auch die Gesetze des Volkes enthalten. Die Krone (*Kether*) repräsentiert ihr „göttliches Sein", ihr Wissen um jene Dinge, die anderen verborgen bleiben.
DIE HOHEPRIESTERIN verkörpert alles was mit Geheimnisvollem, im Unterbewusstsein Verborgenem und mit Weisheit zu tun hat. Sie bevorzugt den passiven Rückzug, nutzt ihre inneren Kräfte, um in Ruhe die Antwort aus ihrem tiefen Unterbewusstsein heraus zu finden und entsprechend handeln zu können. Auf verborgenes Wissen, Geheimnisse und Wahrheit verweist die geschlossene Schriftrolle ebenso wie auf die Tatsache, dass alles im Leben schon lange festgelegt ist, es auf alles eine Antwort gibt, aber diese nicht sofort gegeben werden muss.
Aus biblischer Sicht liegt die Verbindung zu den Granatäpfeln darin, dass auf der einen Seite davon ausgegangen wurde, dass ein Granatapfel in seiner Anzahl ebenso viele Kerne enthalten würde wie Gesetze (stehen im 5. Buch Mose, dieses wiederum in der Tora enthalten) erlassen wurden. Zum anderen waren Granatäpfel ein wichtiger Bestandteil bei der Herstellung eines gewebten Priesterschurzes (*hebr.* efod) wie von Gott befohlen (AT, 2. Buch Mose, 28.34) und zeigt so noch einmal die Verbindung zum Göttlichen.

GRUNDAUSSAGE

Auch wenn einem nach einer Antwort oder Erklärung begehrt, so ist noch nicht der richtige Zeitpunkt da, all das, was damit im Zusammenhang steht, zu verstehen – doch dieser Zeitpunkt wird kommen und dann wird auch das Verständnis für das Geschehene soweit ausgebildet sein, dass man es als Gesamtes versteht. Entscheidungen gilt es aus der Ruhe heraus zu fällen und nicht mit Gewalt herbeizuführen, sich dabei aber vor Unterwerfung sowie Leichtgläubigkeit schützend und sich für andere nicht nach deren Willen dienstbar machend. Möglicherweise trägt der Fragende die Antwort schon in sich, aber fürchtet sich noch, sie zu sehen bzw. anzunehmen.

STEHT FÜR …

Weisheit, Klugheit, umsichtiges Handeln, Menschenkenntnis, hohe Spiritualität, intuitives Handeln; etwas vonstatten gehen lassen, ohne direkt zu handeln; auf die richtige Zeit, den richtigen Ort vertrauend, Medialität, Wissenschaft, Botschaften des Universums, Weiblichkeit, Vertrauen auf die innere Klarheit, Erspüren der inneren Gewissheit. Unterbewusstsein, Menschenkenntnis.

WARNT VOR …
Überheblichkeit (Ist es noch die Intuition, die führt, oder das Ego, welches ersteres überrumpelt hat?), sich von anderen die Entscheidungen abnehmen lassen. Unterordnung, Unterwerfung (z. B. auch im Rahmen von traditionellen Normen), unklaren Absichten.

LIEBE
Verständnis und Abwarten; auf die Stimme des Herzens hören; lässt diese Liebe Ihr Herz erwärmen oder ist sie schon erkaltet, ist es (noch) Liebe oder eine Art Verantwortungsgefühl, was Sie beide zusammenhält oder auch – für Partnersuchende – zusammenführt?

SONSTIGE VERBINDUNGEN
Verständnis für anders Denkende, beide Seiten der Medaille anschauen, Vertrauen darauf, im richtigen Augenblick das Richtige zu tun.

BERUF
Gute Perspektiven, sich engagieren, zur richtigen Zeit am richtigen Ort sein. Tätigkeiten, die der natürlichen Heilung entsprechen oder mit Spiritualität zusammenhängen. Aufgaben, die ein hohes Maß an sicherem Handeln nach innerem, intuitivem Gespür erfordern.

EIGENSCHAFTEN
Im positiven Sinne: Unbefleckt, keusch, empfänglich, mütterlich, fürsorglich, achtsam, geduldig, umsichtig, klug, weise.
Im negativen Sinne: Intuition wird ignoriert, hochmütig, herablassend, verbohrt.

GESUNDHEIT
Schwangerschaft. Eierstöcke, Hoden. Verdauungssystemstörung, Neigung zu Ödemen.

ARCHETYP:
Die weise Frau, das weibliche Prinzip, das Annehmen von Weisheit.

PERSONENKARTE
Spirituelle Frau.

QUINTESSENZ⇨ WERT 2
Lassen Sie sich nicht provozieren oder in die Irre führen, sondern vertrauen Sie Ihrer inneren Stimme; diese wird Sie zum richtigen Zeitpunkt zum korrekten Handeln ermutigen und Ihnen zu erkennen geben, was sich tatsächlich hinter der ganzen Thematik verborgen hielt.

III DIE HERRSCHERIN

Lächelnd hält sie das Zepter, dessen Spitze von einem Reichsapfel gebildet wird, in der Hand. Zusammen ergeben Zepter, Reichsapfel und Krone die wichtigsten Insignien zur Demonstration der Herrscherwürde. Hier ist es *DIE HERRSCHERIN*, die die Gewalt über Mutter Natur übernommen hat, von ihr aus entsteht alles Leben. Die zwölf Monate des Jahres werden durch die zwölf Diamanten in der Krone symbolisiert, die Granatäpfel stehen für die Fruchtbarkeit, der Fluss im Hintergrund wird als „Fluss des Lebens" interpretiert. Zur Unterstreichung der Weiblichkeit, der Liebe, Fruchtbarkeit und Leidenschaft wurde zusätzlich das Venussymbol in den Thron gemeißelt. Der Hintergrund ist in (Gelb) Gold gehalten und steht bekanntermaßen für das Göttliche und Königliche, bezogen in diesem Fall für die kraftvolle Natürlichkeit und auch die Ewigkeit des natürlichen Flusses des Daseins.

DIE HERRSCHERIN symbolisiert die leidenschaftliche Einstellung zum Leben, gilt als zugänglich und freundlich, sie verkörpert Mütterlichkeit, Liebe, Sexualität und kann zum ausschweifenden Genießen und Nehmen verführen. Die Granatäpfel auf ihrem Gewand repräsentieren die Gesetze der Natur, deren Ordnung die Welt (Reichsapfel auf dem Zepter) unterworfen ist. Das Weiß des Gewandes zeigt den beständigen Erneuerungsprozess im Rahmen der natürlichen Ordnung: es ist alles in Bewegung, im gleichmäßigen Fluss, so wie jedes Jahr aus 12 Monaten besteht und in vier Jahreszeiten unterteilt ist, nach jedem Abschnitt folgt ein neuer.

GRUNDAUSSAGE

DIE HERRSCHERIN verweist auf den natürlichen Prozess des Lebens. Es gilt, Altes nicht festzuhalten, damit Neues nicht blockiert wird, sondern an die Oberfläche kommen kann. Engstirniges intellektuelles Denken stört jedoch diesen Prozess, was bei einer solch gefühlvollen Frau wie *DIE HERRSCHERIN* völlig unangebracht ist, denn sie vertraut ihren Emotionen, neigt mehr zum leidenschaftlichen Agieren denn zu destruktivem Denken. Sie zeigt die Wege zum Erfolg an, doch vertritt sie nicht das Ergebnis des Erfolges.

STEHT FÜR …

Weiblichkeit, Fruchtbarkeit, Sexualität, (Selbst-) Vertrauen, Wachstum, Fülle, schöpferische Kreativität, Früchte der Bemühungen ernten, Schönheit, Geburt, Neues; vergangenes Verhalten (egal ob gut oder böse) wird widergespiegelt; positive Entwicklungen, Geschlechtsverkehr, Reife, (Lebens-) Freude.

WARNT VOR …

Unentschlossenheit, Wankelmütigkeit, Ausschweifung, Ungeduld, Störung.

LIEBE

Bestehende Partnerschaften werden intensiviert, gemeinsames Entfalten innerhalb der Beziehung, miteinander voranschreiten.
Partnersuchende finden eine neue Liebe.

Nachwuchs kann sich sowohl bei Partnerschaften als auch bei Singles unter dieser Karte schnell einstellen, denn durch die Farbe Orange des Kissens, auf welchem *DIE HERRSCHERIN* sitzt, werden sexuelle Lust, Leidenschaft und Geschlechtsverkehr repräsentiert, ebenso der mögliche Seitensprung.

SONSTIGE VERBINDUNGEN
Energie- und kraftvolle Verbindungen, Verträge mit positivem Entwicklungsverlauf, bereichernde Bekanntschaften.

BERUF
Abwechslung durch Veränderung, Erfolg versprechende Pläne. Anerkennung, Beförderung. Karriere machen.

EIGENSCHAFTEN
Im positiven Sinne: Lebendig, kreativ, ideenreich, gebildet, verantwortungsbewusst.
Im negativen Sinne: Manchmal hin und her gerissen, unentschlossen, ausschweifend, nicht genug bekommen könnend.

GESUNDHEIT
Lendenwirbelsäule, allgemeine Schmerzen und Entzündungen. Nieren. Venen (Krampfadern, Besenreiser). Schwangerschaft.

PERSONENKARTE
Machtvolle/machtausübende Frau, auch Mutter, Ehefrau, Geliebte, Verführerin.

ARCHETYP:
Die Mutter, Mutter Natur.

QUINTESSENZ⇨ WERT 3
So wie die Jahreszeiten die Natur im Einklang halten, gilt es jetzt, auf den Fluss des Lebens zu vertrauen. Die hinterfragte Angelegenheit wird sich zeitgerecht in Richtung Erfolg entwickeln, wenn ihr Entwicklungsprozess nicht unterbrochen wird.

IV DER HERRSCHER

Auch *DER HERRSCHER* ist mit den drei wesentlichen Insignien ausgestattet, die seine Herrscherwürde untermauern: Der gehaltene Zepter hat dabei die Form der ägyptischen Hieroglyphe *Ankh* (ein T mit einer Elipse). Diese Hieroglyphe steht für das Leben – doch nicht nur im Diesseits, sondern auch im Jenseits. Er trägt eine Krone und hält in der linken Hand den Reichsapfel, das Symbol der Welt. Sein Thron ist verziert mit Widderköpfen, die in der ägyptischen Mythologie als eine Inkarnation des Gottes Amun galten (auch als Fruchtbarkeitsgott bekannt, er konnte „aus wenig viel" machen, z. B. aus kleinen Teichen Seen, aus leichten Winden heftige Stürme etc.). Nach der Bibel sind es ebenfalls immer wieder Widder, die von Gott zu unterschiedlichen Opfergaben gefordert wurden. Diese Symbolik zusammengefasst lässt keinen Zweifel offen, dass es bei dieser Karte um Autorität geht, um Gesetzmäßigkeiten, um Stabilität und Ordnung. Der Autorität wird weiterhin Rechnung getragen durch den energischen Gesichtsausdruck, dem Thron aus Stein, der Ritterausrüstung sowie auch dem Felsgestein im Hintergrund. So verkörpert *DER HERRSCHER* auch die Über-Ich-Funktion im persönlichen Lebensumfeld, setzt der Lebensfreude (orangefarbener Horizont) Grenzen (stoßen auf Felsgestein). Das kräftige Rot des Gewandes steht für das männliche Prinzip, die Farbe Rot vertritt sowohl die negativen als auch positiven Eigenschaften, verkörpert neben Aggression, Krieg und Hass auch die Liebe, Leidenschaft sowie Wärme.

GRUNDAUSSAGE

Stabilität und Ordnung sind die Grundprinzipien, gleichfalls steht *DER HERRSCHER* für Sicherheit und klare Anordnungen – sei es durch erlassene Gesetze, vertragliche Vereinbarungen oder schlichtweg durch moralisch und ethisch vertretbares Handeln. Doch auch wenn diese Attribute dafür sorgen, dass das Leben des Fragenden nicht im Chaos verläuft, ist gleichwohl darauf zu achten, die eigenen Freiräume nicht zu sehr einzugrenzen. Wer ein Ziel verfolgt, sollte dabei den roten Faden nicht aus den Augen verlieren. Für Träumereien ist unter dieser Karte kein Raum, *DER HERRSCHER* verweist auf die realitätsbezogene Vorgehensweise.

STEHT FÜR ...

Sicherheit, Ordnung, Gesetze, Richtlinien, feste Strategien, Beständigkeit, Zuverlässigkeit, Struktur, Autorität, Wille, (Wunsch nach) Macht, Führungsübernahme, Verstand, Ehrgeiz, Verwirklichung, Basis schaffen, Entscheidungsfreiheit erhalten, Kontrolle, Anordnung, Wertmaßstäbe, Sittlichkeit.

WARNT VOR ...

zu festen Strukturen, die keinen Handlungsspielraum mehr zulassen; sich als Über-Ich zu präsentieren: Nur das eigene Wort hat Gesetz und alle anderen haben sich unterzuordnen. Machtmissbrauch. Unsittlichkeit, Rechtswidrigkeiten.

LIEBE

Der äußere Rahmen stimmt, eine Beziehung mit Verantwortungsgefühl bei der jedoch die Machtverhältnisse geprüft werden sollten, denn Geben und Nehmen müssen sich die Waage halten. Oftmals wird ein Partner hier von dem anderen beherrscht oder es wurde sich dem Partner unterworfen, eigene Bedürfnisse und Wünsche werden zurückgestellt.

Partnersuchende können jemandem begegnen, der zumindest ein gewisses Maß an materieller Sicherheit und gemeinschaftlichem Ansehen mitbringt, doch sollte in jedem Fall auch berücksichtigt werden, dass man emotional trotz aller Sicherheit nicht verkümmert.

SONSTIGE VERBINDUNGEN

Prüfen, wie die Machtverhältnisse sind (Herrschen/Beherrschen). Gemeinsam lässt sich viel erreichen, Schaffen von Stabilität und festem Fundament. Doch bei aller Verbundenheit und Verpflichtung, die man mit z. B. Verträgen eingeht, darauf achten, seine Freiräume bzw. seinen Handlungsspielraum nicht komplett aufzugeben.

BERUF

Gesicherte Stellung, Disziplin führt zum Erfolg, gewissenhaftes Arbeiten wird verlangt. Führungsposition, Manager, Teamleiter, Vorgesetze, verantwortungsvolle Tätigkeit.

EIGENSCHAFTEN

Im positiven Sinne: Sportlich, kräftig, beschützend, fördernd, vernünftig, konsequent.
Im negativen Sinne: Verfällt schon mal in die Opferrolle (wird beherrscht), nicht risikobereit, zu stark strukturiert, kontrollierend.
Sternzeichen: Widder.

ZEIT

Sommer.

GESUNDHEIT

Gesamter Kopfbereich. Herz. Galle. Entzündungen. Trauma. Blutung.

ARCHETYP:

Der Vater, Vater Staat.

PERSONENKARTE

Machtvoller/machtausübender Mann, auch Vater, Ehemann, Geliebter.

QUINTESSENZ ⇨ WERT 4

Realitätsbezogen, konsequent und kontinuierlich erledigen, was zu erledigen ist und zwar frei von allen irrwitzigen Ideen und Fantasien, dabei darauf achtend, sich nicht selbst zu sehr einzuengen.

V DER HIEROPHANT

Der Begriff *Hierophant* kommt aus dem Griechischen und bedeutet so viel wie *Enthüller der heiligen Geheimnisse*. Gemäß den Insignien darf hier davon ausgegangen werden, dass *DER HIEROPHANT* dem päpstlichen Wirken zugeordnet werden soll. Auffällig sind hierbei die in dreifacher Anzahl gehaltenen Symbole: Dreifaches Kreuz am Stab (Kreuzstab = *Ferula*) und am Pallium (Band, welches über dem Gewand liegt), drei erhobene Finger, als Kopfschmuck die *Tiara* (Papstkrone) mit dreifachem Kronreif. In seiner Eigenschaft als Stellvertreter der Kirche steht die Verdreifachung für Himmel – Erde – Unterwelt auf der einen Seite, aber auch Körper – Geiste – Seele auf der anderen Seite. Die überkreuzten Schlüssel sind Teil des päpstlichen Wappens und stehen für die Stellvertretung Jesu Christi auf Erden. Das Papstkreuz dient als Zeichen für die Priester-, Hirten- und Lehrgewalt des Papstes. Normalerweise wird die Tiara mit dem Reichsapfel und einem weiteren darauf befindlichen Kreuz abgeschlossen und somit die weltliche Macht demonstriert. Das ist hier nicht der Fall. *DER HIEROPHANT* entspricht nur der Macht der Geistigen Welt. So steht die Karte *DER HIEROPHANT* als Symbol der Kirche gleichfalls für Gottvertrauen, Spiritualität, Religiosität, Glaube und Vertrauen. Die Gewänder der Mönche sind mit roten Rosen und Lilien bestickt und repräsentieren somit die *Hingabe zur göttlichen Harmonie*. Ihre kniende Position vor den überkreuzten Schlüsseln, die im übertragenen Sinne die Tür zu Gott öffnen, entspricht ihrer demütigen Haltung und der Bereitschaft, die Wahrheit der Kirche als einzige solche zu akzeptieren und sich ihrer zu unterwerfen.

GRUNDAUSSAGE

Es gibt nicht nur Schwarz oder Weiß, sondern sehr viele Grautöne dazwischen, die den richtigen Weg weisen. Wer bereit ist, an seine eigenen Vorstellungen zu glauben und seinen persönlichen Moralvorstellungen treu zu bleiben, darf im Gottvertrauen seine Ziele weiter verfolgen. Aufrichtigkeit und Wahrhaftigkeit im Außen (vor anderen) wie im Inneren (vor einem selbst) sind hier die Schlüsselwörter zum Erfolg.

STEHT FÜR …

(Gott-)Vertrauen, Sinnsuche und -findung, Religiosität, Spiritualität, Glaube, Wissen, Eingebung, Lehre/Belehrung, hilfreiche Unterstützung, Sichtweise vergrößern, Moral, Güte, Ehrlichkeit, Gnade erfahren, Schutz der geistigen Welt.

WARNT VOR …

Gefangenschaft durch Abgabe der Eigenverantwortung und sich dem Gehorsam eines anderen zu ergeben, Scheinheiligkeit, begrenztem Denken/Handeln, wiederholenden – und letzten Endes doch – ergebnislosen Gesprächen oder Handlungen, sturem Festhalten an alten Überlieferungen.

LIEBE

Heirat, Ehe, vertrauens- und respektvolle Partnerschaft.

SONSTIGE VERBINDUNGEN
Bei vertraglichen, geschäftlichen und allen anderen sonstigen Verbindungen sollte geprüft werden, ob und wem diese wirklich dienlich sind. Nur gegenseitiges Vertrauen und ein ausgewogenes Miteinander bringen hier befriedigende Ergebnisse für alle Beteiligten. Unter diesen Voraussetzungen stehen Freundschaften, Verträge etc. unter einem guten Stern und werden das Leben bereichern.

BERUF
Positive Grundeinstellung, für sein eigenes Empfinden sinnvolle Tätigkeiten suchen, finden und ausüben. Beruf ist Berufung.
Häufig zugeordnete Berufsgruppen: Therapeut, Gelehrter, Heiler, Kirchenvertreter.

EIGENSCHAFTEN
Im positiven Sinne: Aufrichtig, gütig, zuversichtlich, belesen, moralische Prinzipien einhaltend, verzeihend, ausgeglichen, hat eine umfänglichere, höhere Sichtweise.
Im negativen Sinne: Wunsch, dass andere einem Entscheidungen abnehmen, Verfallen in Gehorsam, scheinheilig, in Problemen verharrend, starke Konformität. Intolerant, anmaßend.
Sternzeichen: Stier.

ZEIT
Herbst.

GESUNDHEIT
Halsorgane, Katarrh, Nackenmuskulatur, Schilddrüse. Schwankendes Gewichtsverhalten. Eierstöcke/Hoden. Neigung zu Ödemen. Epileptisches Anfallsleiden.

ARCHETYP:
Der Weise, der Heilige.

PERSONENKARTE
Gottesdiener, Religionslehrer, Guru, Sektenmitglied, Therapeut.

QUINTESSENZ ⇨ WERT 5
Man muss nicht immer sofort und auf der Stelle eine Antwort erhalten. Vertrauen Sie darauf, zu gegebener Zeit die Erklärung zu erhalten, nämlich dann, wenn Sie bereit sind, den Sinn der hinterfragten Situation wirklich zu verstehen.

VI DIE LIEBENDEN

Eva vor dem Baum der Erkenntnis und Adam vor dem Baum des Lebens. Das Gebot Gottes, nicht von dem Baum der Erkenntnis zu essen, ist zu interpretieren als Schwelle zwischen Gottes Willen und den eigenen Entscheidungen. Um den Baum der Erkenntnis windet sich die Schlange, die Eva verleiten konnte, entgegen des Verbotes Gottes von den Früchten zu essen und Adam ebenfalls dazu zu verführen. So trug diese Karte zu früheren Zeiten auch den Titel „Die Entscheidung“ – zu entscheiden, Gottes Gebot zu folgen oder seine Verbote zu missachten und die Konsequenzen daraus zu tragen. Zu jenem Zeitpunkt bestand die Konsequenz darin, dass Gott Adam und Eva den Weg zum Baum des Lebens verwehrte und er einen Cherubim vor den Garten Eden platzierte, der mit einem Schwert jeden Zutritt zum Baum des Lebens abwehren sollte. Symbolisch trennt der Cherub mit dem Herablassen von grauen Wolken den Zugang für Adam und Eva zum Garten Eden. Die Wolke repräsentiert auf der einen Seite die Vergänglichkeit dessen, was einst geboten wurde, ebenso wie Gottes Segen für die Neu-Entscheidung. Die hilflosen Blicke und Gesten ihrer Hände lassen erkennen, dass Adam und Eva nicht wissen, was sie nun weiter tun sollen, dass sie mit einer solch heftigen Reaktion nicht gerechnet haben. Im Hintergrund findet sich ein Berg als Zeichen des Verderbens. Er ist in ein Braunrot gefärbt und spiegelt den Zorn (Rot) Gottes ebenso wider wie seine Androhung, dass der Mensch fortan alles wird hart erarbeiten müssen (das Braun bezieht sich hier auf die Äcker, die von Gott u.a. mit Dornen verwüstet wurden und so das Säen und das Ernten erschwerten). Da Adam sich gegen das Verbot von Gott entschied und der Verlockung Evas nachgab, stehen *DIE LIEBENDEN* auch heute noch für das Treffen von Entscheidungen aus freiem Herzen, die unter Berücksichtigung möglicher Konsequenzen Gottes Segen erfahren. Adam hat aus Liebe zu Eva die Strafe Gottes auf sich genommen.

GRUNDAUSSAGE

Es geht um Entscheidungen, kann dabei die großen, aber auch kleinen Dinge des Lebens betreffen. Widersprüchliches muss dabei unter Umständen überwunden werden, vielleicht geht es sogar darum, sich entgegen der Meinung vieler anderer zu entscheiden. Der Fragende hat die Wahl, doch wie immer sein Entschluss ausfällt, soll er sie aus freiem Herzen treffen und zu keinem Zeitpunkt jemand anderen dafür verantwortlich machen.

STEHT FÜR …

Entscheidungen, Gegensätze verbinden oder überwinden, Optionen, Akzeptanz des (auch eigenen) Alterungsprozesses, Sexualität, feste Verbundenheit und Treue, Harmonie, Anziehungskraft, Verlockung und Versuchung, Leidenschaft, gemeinschaftliches Verhalten, Flirt, Romantik, tiefe Gefühle, Schönheit, bewältigte Schwierigkeiten, Verbindung mit einem Menschen ist oder war wichtig für den Fragenden, Beziehungen.

WARNT VOR …
Realitätsfernen Vorhaben, emotionslosem Agieren, Vortäuschen falscher Gefühle, unüberlegten Entscheidungen.

LIEBE
Keine Schwierigkeiten können dieser Liebe etwas anhaben: hier wurde sich aus tiefstem Herzen füreinander entschieden und sich unter Umständen sogar über alte Familienstrukturen, verkrustete Dogmen oder Traditionen hinweggesetzt.
Wenn Partnersuchende nun glauben, ihrem Traumpartner begegnet zu sein, dann sollte **vor** einer Entscheidung genau kontrolliert werden, worum es tatsächlich geht: Ist es der Reiz des möglicherweise Verbotenen oder wirklich Liebe? Bitte mögliche Konsequenzen nicht im Begehren der Erfüllung eigener Bedürfnisse übersehen!
Folgt der Karte *DIE LIEBENDEN* eine negative Karte, repräsentiert dieses den Liebeskummer oder auch – je nach Lage innerhalb eines Kartenbildes – das Weinen um eine verflossene Liebe.

SONSTIGE VERBINDUNGEN
Akzeptieren der Meinungen anderer. Schwierigkeiten können erfolgreich überwunden werden. Prüfen, wo die gemeinsamen Interessen von Verbindungen liegen oder welche möglichen Einwirkungen von außen diese stören bzw. belasten könnten.

BERUF
Sich von Herzen einbringen, engagiert und konzentriert seinen Tätigkeiten nachgehen, in seiner Arbeit aufgehen.

EIGENSCHAFTEN
Im positiven Sinne: Herzlich, leidenschaftlich, engagiert, sexuell interessiert, gefühlvoll, wirkt biologisch jünger als das tatsächliche kalendarische Alter.
Im negativen Sinne: Um eine alte Liebe trauernd, aufgrund negativer Erfahrungen in der Vergangenheit nun nichts Gutes oder Schönes mehr sehend und (er-) leben wollend.
Sternzeichen: Zwillinge.

ZEIT
Frühling.

GESUNDHEIT
Alle Sinnesorgane. Atmung, Verdauung. Leber. Nieren. Diabetes. Venen (Krampfadern, Besenreiser). Sehnen/Bänder/Muskulatur/Knochen der oberen Extremitäten.

ARCHETYP:
Die Entscheidung.

QUINTESSENZ ⇨ WERT 6
Die (auch Selbst-) Liebe hilft, seinen Lebensweg zu erkennen und zu beschreiten. Nicht immer werden Sie Zustimmung für Ihre Entscheidungen erlangen, doch wenn es Ihrem Herzenswunsch entspricht und es niemandem schadet, dann gehen Sie diesen Weg.

VII DER WAGEN

Den Triumphwagen für Götter (s. goldener Hintergrund) gab es bereits in der Antike. So weist diese Karte auf die Nähe zum Sonnengott Helios hin, weswegen *DER WAGEN* nicht nur Triumphwagen, sondern auch *Sonnenwagen* (Farbe Gelb = Sonnenlicht) genannt wird. Der aufrechte Stand des Triumphator spiegelt die Bereitschaft zum Handeln wider, der in der rechten (die Seite rechts steht in der Kartomantie für das Überwinden von Schwierigkeiten) Hand gehaltene Stab repräsentiert nicht nur den Glauben daran, dass der Aufbruch folgerichtig und vonnöten ist, sondern die goldene Spitze symbolisiert darüber hinaus das Vertrauen in Gott. Die geflügelte Sonne am Wagen ist eine Symbiose aus Glückseligkeit (Sonne) und Geschwindigkeit (Flügel) und versinnbildlicht die weitere Bedeutung des Nicht-mehr-Zögerns. Die rote Schraube unter der geflügelten Sonne steht als Symbol der Verbindung. Wer das irdische (weißes Quadrat auf dem Schutzschild) mit dem göttlichen (goldene Stabsspitze) Wissen verbindet, wird rasch (Flügel) Erfolg (Sonne) erfahren.
Grundsätzlich steht *DER WAGEN* als Erfolgskarte. Ein Ratsuchender wird als Sieger aus einer Angelegenheit hervorgehen, solange er seine Macht kontrolliert (der Triumphator hält den Stab **vor** sich, also sein Wille kontrolliert seine Macht) und er bereit ist, zwischen Alternativen zu entscheiden. Letzteres ist erkennbar an den Sphinxen (eine schwarz, eine weiß), die den Wagen ziehen (Sphinx kommt aus dem Ägyptischen und bedeutet so viel wie „das, was das Leben bietet"). Der Triumphwagen wird stehend gelenkt, damit der Triumphator *gesehen wird*. Entsprechend ist dies auch die Karte der Selbstdarstellung und oft in Legungen bei Personen zu finden, die gerne im Mittelpunkt stehen und Aufmerksamkeit brauchen.

GRUNDAUSSAGE

Alles, was zurzeit problembehaftet und mit Schwierigkeiten verbunden ist, wird der Ratsuchende siegreich bewältigen, solang er seine Macht unter Kontrolle hat und für alternative Möglichkeiten offen und bereit ist. Fast schon grundsätzlich gilt hier, es ist immer und immer wieder im Leben des Ratsuchenden wichtig und vonnöten, sich Alternativen als sichere Hintertür offen zu halten, selten gelingen Absichten über den direkten Weg. Doch Vorsicht: oftmals ist der Sieg wirklich nur auf diese eine Angelegenheit bezogen und nicht immer von Dauer.

STEHT FÜR ...

Aufbruch, zuversichtliches Vorwärtsstreben, Triumph und Sieg, Schwierigkeiten überwinden, nach überwundenen Schwierigkeiten den Sieg genießen, Optimismus, Unternehmungsgeist/-lust, die Welt aus den Angeln heben wollend, Erfolg, Wille, Unabhängigkeit, Entscheidungen, Alternativen, Urlaubsstimmung.

WARNT VOR ...

mangelndem Zuhören, Egoismus, Sturheit, unzugänglicher Konfrontation, dass vor lauter Optimismus und Siegesgewissheit „die Gäule mit einem durchgehen".

LIEBE

Schwierigkeiten werden überwunden, ein Neubeginn ist möglich. Aber auch Loslösen aus der Partnerschaft, eine neue Liebe.

Partnersuchende können mit der Absicht einer festen Bindung einer neuen Liebe begegnen, doch müssen sie sich dafür auf den Weg bzw. die Suche machen.

Die Karte steht auch für *gebunden sein*: entweder man selbst oder das Objekt der Begierde ist (noch) gebunden. Dieses muss nicht rein partnerschaftlich gesehen werden. Jemand kann auch durch auferlegte Verpflichtungen *gebunden sein* und somit nicht frei oder bereit für eine Beziehung.

SONSTIGE VERBINDUNGEN

Überwinden von Differenzen, fester Wille zur Zusammenarbeit, Gefühl der Zusammengehörigkeit, gemeinsame Sache machen. Rückhalt durch bereits vorhandene Stabilität erlaubt Entfaltung.

BERUF

Selbständigkeit.

Erfolgreiche Wege liegen vor einem. Sein Ziel fokussieren und darauf hinwirken. Neue Tätigkeit. Mit Engagement seinen Aufgaben nachgehen.

EIGENSCHAFTEN

Im positiven Sinne: Starker Charakter, beschützend, Erfolg durch Eigeninitiative, optimistisch, unternehmungslustig, starke Persönlichkeit, steht auf stabilem Fundament, unabhängig.

Im negativen Sinne: Gebunden, rachsüchtig (nach Niederlage), egoistisch, kann nicht zuhören.

Sternzeichen: Krebs.

ZEIT

Bei gezielten Fragen nach dem Zeitpunkt eines Geschehens: Winter.

Bei Fragen nach dem richtigen Zeitpunkt des Handelns: sofort.

GESUNDHEIT

Magen (-geschwüre, -verstimmung, -schmerzen). Brustkorb. Wirbelsäule. Knochen. Gicht. Nerven. Lunge.

ARCHETYP:

Der Weggang, der Aufbruch.

QUINTESSENZ ⇨ WERT 7

Das Motto: „Was du heute kannst besorgen, das verschiebe nicht auf Morgen" sollte Ihres sein, dem Abwarten muss ein Ende gesetzt und sofort mit der Umsetzung zum Erlangen der Ziele angefangen werden. Alles, was Sie zum Loslegen benötigen, steht Ihnen bereits zur Verfügung – verbinden Sie es glorreich miteinander!

VIII DIE GERECHTIGKEIT

Die von Justitia getragene Krone, hier gestaltet als Mauerkrone, in deren Mitte ein Smaragd eingesetzt wurde, steht als Symbol der Herrscherwürde. Die abgerundete Spitze des nach oben gehaltenen Schwertes erinnert daran, dass es sich hier um ein Richt- und kein Kampfschwert handelt. Die grauen Säulen warnen davor, sich weder auf die eine (weiß) noch auf die andere (schwarz) Seite zu schlagen, sondern Objektivität zu bewahren. Weiterhin wirkt das Bild *rechts*lastig: Das Richtschwert wird mit der *rechten* Hand hochgehalten, ein Teil des Throns ist *rechts*seitig zu erkennen, der *rechte* Fuß lugt unter der roten Robe hervor. *Rechts* gilt für das Gute und Vollkommene, für das Geraderücken von Schwierigkeiten, für Aufrichtigkeit, während die linke Seite eher dem schwankenden Charakter zugeordnet wird. Links werden die Waagschalen gehalten, die die sachliche und persönliche Unabhängigkeit ebenso repräsentieren wie das faire Urteil unter Abwägung aller Aspekte. Das Tuch hinter dem Richterstuhl hindert Justitia daran, sich von rein geistigen Gesichtspunkten beeinflussen zu lassen, insofern wird auch ihr Jobat von einer quadratischen weißen (= das Irdische) Brosche gehalten, in deren Mitte ein roter Stein eingearbeitet wurde, der alle Gesichtspunkte – positive wie auch negative – beinhaltet. Die rote Robe, das Schwert sowie der Smaragd bilden insgesamt den Hinweis, dass Ehrgeiz notwendig ist, um für Ordnung zu sorgen.

GRUNDAUSSAGE

Was immer einen aus der Vergangenheit noch beschäftigt, prägt oder verbindet, jetzt ist die Zeit, sich daraus zu befreien. Mit der Karte *DIE GERECHTIGKEIT* sind Zeichen gesetzt, die Wahrheit über sich selbst und das (sein) Leben zu erkennen, wieder in die Eigenverantwortung zu gehen und auch zu erkennen, warum gewisse Dinge in der Vergangenheit passiert sind, geschehen mussten. Nun ist die Zeit gekommen, alte Verhaltensmuster abzulegen, zu mehr Objektivität zu gelangen, seine eigenen Entscheidungen, nach genauer Prüfung, zu treffen und nicht mehr andere in die Verantwortung für das eigene Leben zu nehmen. Doch sollte man dabei fair bleiben – sich selbst und anderen gegenüber.

STEHT FÜR …

Rechtschaffenheit, Wahrheit, Gerechtigkeit, Ehrlichkeit, Gleichgewicht, eigenes oder auch Fremd-Urteil (durch Richter, Behörden etc.), Fairness, (Eigen-) Verantwortlichkeit, gut überlegte Entscheidung treffen, Richter, starke Spiritualität (s. Farbe Gold), Gesetze, diplomatisches Handeln.

WARNT VOR …

Ungerechtfertigte Anschuldigungen. Unentschlossenheit; Entscheidungen, die mit Gewissensbissen einhergehen; rechthaberisches Getue, Verleumdung, Vorurteile. Justizirrtum.

LIEBE
Prüfen, ob die Waagschalen von Geben und Nehmen sich im Gleichgewicht befinden, Zeit für ein aufrichtiges und faires Miteinander, Abklären der gegenseitigen Gefühle. Partnersuchende sollten sich genau überlegen, warum sie sich auf jemanden einlassen möchten. Ist es wahre Liebe oder die Angst vorm Alleinsein?

SONSTIGE VERBINDUNGEN
Vollkommenheit zeichnet sich dadurch aus, dass man auch die Ansichten anderer respektiert, Gleichberechtigung wahren, gegenseitige Rücksichtnahme.

BERUF
Aufschwung, geschäftliches Gelingen. Für das Vorwärtsstreben und das Treffen von Entscheidungen nach bestem Wissen und Gewissen handeln. Bereit sein für Zwischenlösungen, diplomatisches Verhalten, sich einigen.

EIGENSCHAFTEN
Im positiven Sinne: Fair, gerecht, willensstark, spirituell, aufbauend, eigenverantwortlich, kompromissbereit.
Im negativen Sinne: Rücksichtslos seinen Willen durchsetzen, rechthaberisch.
Sternzeichen: Waage.

ZEIT
Frühling.

GESUNDHEIT
Herz, Blutgefäße, Skelettsystem (insbesondere Rücken). Leber. Nieren. Diabetes. Venen (Krampfadern, Besenreiser).

ARCHETYP:
Der Richter.

PERSONENKARTE
- Richter
- Person, die öffentliche Angelegenheiten entscheidet, auch behördliche Person.

QUINTESSENZ ⇨ WERT 8
Räumen Sie auf. Nutzen Sie die Zeit, um alles Unbrauchbare, Unwichtige, Unnötige aus Ihrem Leben zu streichen. Handeln Sie gut überlegt und mit Fairness auch anderen gegenüber handeln, denn letzten Endes kommt alles auf einen zurück – Gutes wie Schlechtes.

IX DER EREMIT

Der Stab ist ein typisches biblisches Symbol für den Glauben an Gott ebenso wie in seinem Namen zu handeln. So hat Moses durch Halten und Aufschlagen des Stabes in Gottes Namen die Plagen über Ägypten gebracht. Das goldene Licht und auch die Goldfärbung des Stabes unterstreichen noch einmal Begriffe wie Vertrauen und Glaube. Der Stab ist darüber hinaus ein Sinnbild für Wanderschaft. *DER EREMIT* wird mit *Einsiedler* übersetzt, also Menschen, die sich aus dem gesellschaftlichen Leben aus eigenem Willen zurückziehen, auf Wanderschaft gehen, um so Antworten zu finden. Hierbei spielt der graue Umhang eine Rolle: *DER EREMIT* ist eingehüllt von einer Kutte, also noch gefangen in einem Prozess des Nichtverstehenkönnens. Er macht sich infolge dessen im Vertrauen auf den Weg, um sich von dem Mantel der in ihm verborgenen Antworten zu lösen, um selbige erkennen zu können; die Situation findet sich im Psalm *Der Herr ist mein Hirte* wird hier gezeigt: *„...er führet mich auf rechten Straßen ... und ob ich schon wanderte im finstern Tal, fürchte ich kein Unglück, sein Stecken und Stab trösten mich* wieder. Der Hintergrund ist komplett in Grün (= Hoffnung) gezeichnet. Der Einsiedler hofft, nicht nur durch Rückzug eine neutrale (Farbe grau) Sichtweise zu erhalten, sondern verstärkt durch die Abkehr vom Äußeren ins Innere Weisheit (Symbol Laterne) zu erfahren, die ihn neu (weißer Untergrund) ansetzen lassen kann.

Dieser Prozess des Einsichtgewinnens oder Erkennens kann sich dabei durchaus über einen sehr langen Zeitraum von Wochen bis Monaten hinziehen. Wichtig ist zu wissen, dass dieser Rückzug immer freiwillig vorgenommen und nicht von anderen erzwungen (z. B. in Form von Ausgrenzung oder Ablehnung) wird.

GRUNDAUSSAGE

Zeit des Rückzugs: Der Ratsuchende sollte sich äußeren Einflüssen entziehen, um in der Ruhe des Alleinseins eine Art Reise in die eigene Seele anzutreten. Das wird ihm ermöglichen, Entscheidungen aus der Ruhe der Kraft heraus zu treffen und seinen eigenen Weg zu gehen, unabhängig und unbeeinflussbar von der Meinung anderer.

STEHT FÜR ...

Stille, Vertrauen, Spiritualität, sich selbst treu bleiben, Einsicht, Finden des Lebensweges, Selbsterkenntnis, in seine innere Mitte finden, bedachte Überlegungen und kluge Entscheidungen, Nachdenken, Suche nach dem Sinn, Glaube (an Gott).

WARNT VOR ...

Realitätsverlust, Verwechslung von Rückzug und Einsamkeit, Aufschieben von Entscheidungen, Scheinheiligkeit (*so tun als ob* man in sich gekehrt wäre, um sich letzten Endes dann doch wieder vor den Karren der Mehrheit spannen zu lassen) soziale Verluste.

LIEBE
Beständige Partnerschaft mit tiefem Zusammengehörigkeitsgefühl und Füreinander-Einstehen auf der einen Seite, aber auch dem gesunden sporadischen Rückzug des Einzelnen.
Partnersuchende treffen hier auf eine Person, die zurückgezogen lebt und eine feste Bindung scheuen könnte aus Angst, dass ihr die notwendigen Phasen des Alleinseins entzogen würden.

SONSTIGE VERBINDUNGEN
Sich auf nichts einlassen, was den eigenen Interessen widerstrebt oder ein ungutes Gefühl auslöst. Verbindungen auf ihre Beständigkeit hin überprüfen und auf den Gehalt des gegenseitigen Vertrauens.

BERUF
Nach Ruhephase mit frischen neuen Ideen und neuer Kraft seine gesetzten Ziele verfolgen, sich durch Dritte nicht manipulieren lassen, dabei gleichzeitig jedoch für andere hilfsbereit dastehend. Häufig beratende Tätigkeiten, auch im Rahmen religiöser, esoterischer oder spiritueller Ausrichtung.

EIGENSCHAFTEN
Im positiven Sinne: Geistig reif, bleibt sich und seinen Entscheidungen treu, überprüft, handelt getreu *wo ein Wille – da ein Weg*, introvertiert, vertrauensvoll, ehrlich.
Im negativen Sinne: Kapselt sich ab, verfällt in spirituelle/geistige Überheblichkeit, sieht in alles und jedem ein Zeichen, findet nicht auf den Boden der Tatsachen zurück, übervorsichtig, nicht entscheidungsfreudig.
Sternzeichen: Jungfrau.

ZEIT
Herbst.
Über den längeren Weg.

GESUNDHEIT
Darmfunktion, innere Organe. Eierstöcke, Hoden. Neigung zu Ödemen, Epilepsie.

ARCHETYP:
Der Weise, der Zurückgezogene, der Einsiedler.

PERSONENKARTE
Spiritueller Begleiter/Lehrer.

QUINTESSENZ ⇨ WERT 9
Sie können aus dem Mantel des Nichtverstehenkönnens schlüpfen, wenn Sie sich Raum und Zeit gewähren, sich von äußeren Einflüssen abzugrenzen und in sich zu kehren. Die **wahre** Antwort, wie es weiter gehen soll oder worum es geht, liegt bereits in Ihnen. Doch heißt es Mut zu haben, auch dazu zu stehen, selbst dann, wenn man sich damit gegen die Mehrheit Andersdenkender wendet.

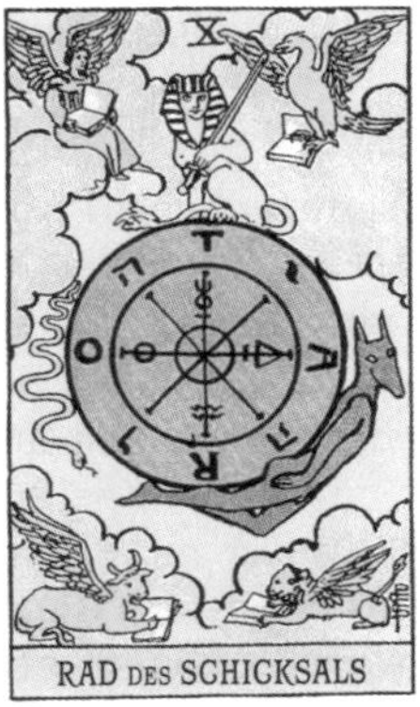

X DAS RAD DES SCHICKSALS

DAS RAD DES SCHICKSALS symbolisiert die Bewegung in allem: Kommen und Gehen, Geben und Nehmen, niemals zu lange auf der Stelle stehen bleiben, nicht an veralteten und verkrusteten Strukturen festhalten, wenn man doch längst fühlt, dass man sich Neuem zuwenden möchte und muss. Nichts ist für die Ewigkeit. Es ist auch als *Schicksalsrad* bekannt: der Fragende wird bei Ziehen dieser Karte ein immer wiederkehrendes Verhaltensmuster an den Tag gelegt haben, dass ihn immer wieder in die gleichen Situationen bringt, was Stillstand statt Fortschritt zur Folge hat. Diese Karte symbolisiert ausgehend von der Geburt bis zum Tode Jesus, wiedergegeben durch die vier Evangelien, das Zusammenspiel der vier Elemente, denen Jahreszeiten, Himmelsrichtungen, Tierkreiszeichen, Temperamente und Zustände zugeordnet werden:

Matthäus ⇒ geflügelter Mensch ⇒ Luft ⇒ Frühling ⇒ Norden ⇒ Zwillinge / Waage / Wassermann ⇒ Sanguiniker ⇒ heiß und feucht ⇒ Gelehrtheit.

Markus ⇒ geflügelter Löwe ⇒ Feuer ⇒ Sommer ⇒ Osten ⇒ Widder / Löwe / Schütze ⇒ Choleriker ⇒ heiß und trocken ⇒ Wille.

Lukas ⇒ geflügelter Stier ⇒ Erde ⇒ Herbst ⇒ Westen ⇒ Stier / Jungfrau / Steinbock ⇒ Phlegmatiker ⇒ kalt und trocken ⇒ Geisteshaltung.

Johannes ⇒ Adler ⇒ Wasser ⇒ Winter ⇒ Süden ⇒ Krebs / Skorpion / Fische ⇒ Melancholiker ⇒ kalt und trocken ⇒ Emotionen.

Der Kreis repräsentiert die Erde und das Kreuz darin die Begrenzung des körperlichen Daseins. Die Schlange als Zeichen des Vergehens durch die Kreuzigung Jesus, der Schakalgott Anubis für die Wiederauferstehung und die Sphinx, die alles repräsentiert, was möglich ist, halten das Geschehen in Bewegung.

Der äußere Kreis beginnt und endet mit dem T (Tarot) und zeigt noch einmal eindrucksvoll, dass es kein Ende und keinen Anfang gibt.

GRUNDAUSSAGE

Veränderungen der Lebensumstände drängen vom Unterbewusstsein ins Bewusstsein. Bitte wenden Sie sich nicht gleich erschreckt ab, sondern riskieren Sie einen Blick über den Tellerrand, wozu das Neue gut sein kann, warum es gerade jetzt sich bemerkbar macht. Hierbei ist es wichtig sich zu öffnen: für unbekannte Bereiche, neue Chancen und Möglichkeiten. Das hinterfragte Thema gilt entweder gelöst oder neu bearbeitet zu werden, damit die Stagnation sich auflöst und es weitergehen kann. Eine Bestandsaufnahme mit dem Blick auf „Was wollte ich mal? Was ist daraus geworden?" ist hier hilfreich, um weitere Schritte zu gehen.

STEHT FÜR ...

Erfolg, Glück, einmalige Gelegenheit, Wiederholung, Zyklus, Schicksal, ein Auf und Ab, Auflösung alter Strukturen, Bestandsaufnahme, Erkenntnisse sammeln, Aufgaben lösen, Konsequenzen aus vergangenen Verhaltensweisen und Taten empfangen (kann sowohl gut als auch schlecht sein, je nach Situation und Ausgang).

WARNT VOR …
Stagnation, sich vor Lösungen zu verschließen, sich seiner (auch vermeintlichen) Abhängigkeit ohne Blick nach neuen Möglichkeiten zu ergeben, Angst vor der Zukunft, Starrheit, Unbeweglichkeit, Reihe von Unglücksfällen (auch: Pechsträhne).

LIEBE
Schicksalsmäßige Verbindung, oftmals schwierig, man kann nicht immer miteinander, aber ohne einander auch nicht. Loslösung statt Festhalten.
Hinweis: Das Erkennen, dass „es irgendwie nicht mehr passt“ hat weder mit einem selbst noch mit dem anderen zu tun. Es ist das Leben an sich mit seinem Wachstum im fortschreitenden Reifeprozess. Und wenn einer nicht „mitwächst“, kommt der Moment, an dem es einfach nicht mehr passt. Das ist völlig in Ordnung, ein natürlicher Prozess. Haben Sie den Mut, es rechtzeitig zu erkennen und die Verbindung ggf. zu lösen, bevor gar nichts mehr geht.

SONSTIGE VERBINDUNGEN
Wiederkehrende Zweifel, Probleme lösen, damit es fruchtbar weiter gehen kann, veränderungsbereit sein, Freundeskreis wechseln.

BERUF
Routine und tägliches Einerlei. Zeit, sich darauf zu besinnen, was man wirklich einmal beruflich machen und erreichen wollte und wo man letzten Endes tatsächlich gelandet ist. *DAS RAD DES SCHICKSALS* als Wink für Veränderungen nehmen, die Zeit ist reif, seine beruflichen Wünsche anzugehen.

EIGENSCHAFTEN
Im positiven Sinne: Sinnvoll wie auch notwendig handelnd, veränderungsbereit.
Im negativen Sinne: Eitel, Veränderungen ängstlich gegenüber stehend, arrogant, unbeugsam, unbeweglich, sich verzettelnd.

GESUNDHEIT
Leber. Diabetes. Schmerzen in Verbindung mit Wachstum (sowohl körperlich = Knochengerüst als auch psychisch = Erkennen von Schicksalswegen). Ansteckungskrankheit.

ARCHETYP:
Das Schicksal, die Lern-/Lebensaufgabe.

QUINTESSENZ ⇨ WERT 10 + 1
Das hinterfragte Thema bedarf der vollen Zuwendung zwecks Aufarbeitung/Lösung, wobei *DER MAGIER* (Wert 1) dieses aktive Einbringen unterstützt, weil mit Geschick, Souveränität und Willenskraft das Unterfangen erfolgreich gemeistert werden kann.

XI DIE KRAFT

Abgebildet ist eine Frau, die ihre innere Ruhe und Kraft nutzt, um einen Löwen zu zähmen, ihm eine Girlande umzubinden, an der sie ihn führen kann. Sowohl der vorwiegend gelbe Hintergrund als auch die Lemniskate (∞) bringen die unbegrenzten Möglichkeiten zum Ausdruck, sofern man konzentriert und ruhig seine Vorhaben umsetzt. Der Löwe symbolisiert hierbei die irdische Macht. Seine Farbgestaltung lässt keinen Zweifel, dass er nicht grundsätzlich zahm ist, sondern lediglich in diesem Moment seine Urinstinkte unterdrückt. Der blaue Berg im Hintergrund verkörpert das Bündnis der irdischen mit der geistigen Kraft zum Gelingen ebenso wie das weibliche Prinzip. Die Frau ist sich der Kraft und körperlichen Überlegenheit des Löwen durchaus bewusst. Das Weiß des Kleides zeigt jedoch die Friedfertigkeit ihres Handelns, die Blumenkrone ihre sanfte Gewalt zum Durchsetzen ihres Willens. So gelingt es ihr, im Gleichklang mit ihrer geistigen inneren Stärke und ihrem ruhigen Vorgehen ohne Brachialgewalt die Situation zu klären und die Kontrolle zu übernehmen. Ihrer Überlegenheit hat der Löwe damit auch sein Leben zu verdanken, denn unter anderen Umständen hätte er sicher zum Schutz der Frau sein Leben verloren. So steht diese Karte ebenfalls für die Lebensfreude, das Leben an sich.

GRUNDAUSSAGE
Tatendrang als solches ist gut, doch sind Brachialgewalt und kopfloses Vorgehen nicht die richtigen Begleiter zum Durchsetzen des Willens. Nur wenn es gelingt, die innere geistige Stärke und den Mut in Gleichklang zu bringen mit der Freude am Tun, kann ein schadloses Vorgehen für alle Beteiligten gewährleistet werden.

STEHT FÜR …
Lebensfreude und -lust, Ängste überwinden, innere geistige Kraft und Stärke, Geduld, Einfühlungsvermögen, Stolz, Leidenschaft, Herausforderung (annehmen), positive neue Lebensphase, dem Leben ins Gesicht sehen, Vitalität, Selbstvertrauen, Charisma.

WARNT VOR …
Überheblichkeit, Hochmut, Selbstüberschätzung, Passivität, Verausgabung, Pessimismus, Depressivität, unkontrolliertes Handeln.

LIEBE
Liebe, Lust und Leidenschaft, schöne Sexualität, leidenschaftliche Begegnungen, Anziehungskraft. Unter diesen Komponenten erfahren bestehende Partnerschaften Intensität und können neue Beziehungen eingegangen werden. Allerdings kann es sich manchmal auch um eine Affäre handeln.

SONSTIGE VERBINDUNGEN
Sich mit Engagement auf Verbindungen einlassen und mit kontrolliertem Tatendrang anvisierte Ziele erreichen, sich gemeinsam für Andere einsetzen (z. B. im Rahmen

von Verbänden), Komponenten sinnvoll miteinander verbinden (z. B. einer hat eine gute Idee – der andere das dafür nötige Kapital).

BERUF
Mit vernünftigem Ehrgeiz und guter innerer Einstellung seinen Verpflichtungen gerecht werden. Aufstiegschancen. Gewinnträchtiger Abschnitt.

EIGENSCHAFTEN
Im positiven Sinne: Freundlich, ruhig, großherzig, geduldig, (geistig) stark, Durchsetzungsvermögen, Sanftmut, gesunder Stolz.
Im negativen Sinne: Bei mangelndem Gleichklang hochmütig, dominant, geizig, kopflos handelnd, Geringschätzung, herablassend.
Sternzeichen: Löwe.

ZEIT
Heißer Tag. Warme Monate, Sommer.

GESUNDHEIT
Grundsätzlich körperliches Wohlbefinden, sich guter Gesundheit erfreuen.
Mögliche gesundheitliche Schwachpunkte: erhöhter Blutdruck, Schmerzen im Bewegungsapparat.

ARCHETYP:
Der sanfte Kampf.

PERSONENKARTE
Frau, deren Hilfe und Ratschläge man annehmen und vertrauen darf.

QUINTESSENZ ⇨ WERT 11 + 2
Verbinden Sie Ihre Kräfte und Möglichkeiten. Besinnen Sie sich dabei auch auf Ihre innere Stärke und lassen Sie sich führen im Vertrauen auf Ihre innere Stimme (Wert 2 = *DIE HOHEPRIESTERIN*), die Sie beizeiten intuitiv richtig handeln lassen wird.

DER GEHÄNGTE

XII DER GEHÄNGTE

DER GEHÄNGTE wurde mit dem rechten Bein an einem so genannten Taukreuz festgebunden. Dieser Kreuzform kommen im Lauf der Zeit verschiedene Bedeutungen zu, nämlich als Zeichen der Vollendung, Buße, aber auch Segen, Demut, Erlösung. Die Farbe Grau spiegelt wider, dass es an der Zeit ist, sich von der einen oder anderen Seite (Weiß/Schwarz) zu lösen und seine Betrachtungsweise zu ändern. Die Farbe Rot (Hose) symbolisiert hierfür alle positiven wie negativen Standpunkte, die mit eingebracht werden müssen, das Blau (Oberteil) lässt den Gehängten in die Tiefe gehen und versichert ihm die göttliche Unterstützung, während der Heiligenschein und auch das Grün am Kreuz, Hoffnungsträger für die Erleuchtung sind. Dass *DER GEHÄNGTE* das linke Bein angewinkelt hinter das rechte Bein schiebt, symbolisiert das Abwenden von schwankenden Einstellungen und das Zuwenden (am rechten Bein aufgehängt) zum Geraderücken von Schwierigkeiten (auch Aufrichtigkeit, Vollkommenheit).

GRUNDAUSSAGE

Alles steht irgendwie Kopf: was gestern noch richtig war, ist heute verkehrt, woran man gestern noch glaubte, wird heute angezweifelt. Doch diese Erkenntnis hat seinen Grund. Solang der dafür nötige Überblick fehlt, sind allerdings überhastete Reaktionen jetzt absolut tabu. Wenn der Fragende bereit ist, sich aus dem Tohuwabohu zurückzuziehen und mit der Thematik zu beschäftigen, wird er dadurch eine neue Sichtweise erlangen und mögliche schwerwiegende Entscheidungsfehler vermeiden. Auch mag es das Ego des Ratsuchenden treffen, in dieser Situation klein beigeben und umdrehen zu müssen, doch ist es genau dieser Schritt, der ihn auf den Boden der Tatsachen (zurück) führt.

STEHT FÜR ...

Krise, Stillstand, Verzögerung, taktisches Vorgehen, Scharfblick, Umkehr, Rückzug, Wendepunkt, Gefängnis, Verrat, Opfer, Hilfe durch Dritte suchen, gedankliche Auseinandersetzung, Weisheit, Erkenntnis, sich Neuem öffnen, Eingebung durch Überdenken, andere Sichtweise annehmen, Selbstlosigkeit, Entäußerung.

WARNT VOR ...

Unterwerfung, Stress, unüberlegte (weil überhastete) Reaktionen, Opferhaltung.

LIEBE

Zwickmühle, nicht mehr funktionierende Partnerschaft. Zu viele Selbstverständlichkeiten und zu wenige Gemeinsamkeiten zwingen hier zu einem neuen Umgang miteinander: Lernen Sie Ihren Partner mit anderen Augen neu kennen.

Entscheidung zwischen zwei möglichen Partnern.

Partnersuchende treffen hier auf jemanden, den sie nicht von Anfang an durchschauen und lassen sich auf eine Verbindung ein, die schon bald in Frage gestellt würde.

SONSTIGE VERBINDUNGEN
Sich auf die Betrachtungsweise des Anderen einlassen, eigene starre Haltung aufgeben, ggf. klein beigeben müssen, zwischen Möglichkeiten entscheiden müssen, zugunsten anderer verzichten. Weniger Freude an gemeinsamen Aktivitäten haben, sich nicht angenommen fühlen innerhalb der Gemeinschaft.

BERUF
Konflikte am Arbeitsplatz von innen heraus beleuchten, bereit sein, die Ursachen dafür anzuerkennen, vor allem, wenn sie in einem selbst liegen. Arbeitslosigkeit, Konkurs, Beendigung. Wenn das notwendige Einkommen nicht wäre, würde man schon gar nicht mehr dort hingehen.

EIGENSCHAFTEN
Im positiven Sinne: Bereit sein, klein beizugeben und sich auf Neues einzulassen; offen für die Blickrichtung anderer, eigene Fehler erkennend.
Im negativen Sinne: Sich hängenlassen, misstrauisch, Opferdasein, Angst vor Verlusten, panische Reaktionen, eifersüchtig, die Schuld nur bei anderen suchend.

GESUNDHEIT
Nerven, Gehirn, Emotionen.
Schonkost, Diät, Entzugsbehandlungen, Gesprächstherapie.

ARCHETYP:
Die Umkehr, das Opfer.

QUINTESSENZ ⇨ WERT 12 + 3
Machen Sie sich bewusst, dass Sie aus der Rolle des Leidtragenden schlüpfen können. Wenn Sie Ihre Haltung auf ihre Funktionalität überprüfen, werden Sie feststellen, dass es an der Zeit ist, die bisherige Einstellung zu ändern. Es mag in diesem Moment Ihren Stolz verletzen, doch wird (Wert 3 – *DIE HERRSCHERIN*) dieser lohnenswerte Schritt es ermöglichen, produktiver voranzuschreiten.

TOD

XIII Der TOD

Ein Skelett (= Untersterblichkeit) reitet in Ritterausrüstung (= Schutzkleidung) auf einem weißen (= Neubeginn) Pferd gen Osten, während Menschen seinen Weg säumen, die sich selbst gen Westen richten. Sie gehen *links* aus dem Geschehen der Karte heraus, fühlen sich ihrem Kummer ohnmächtig ausgesetzt, statt sich nach *rechts* zu wenden, wo die aufgehende Sonne zwischen zwei Türmen die Überwindung von Schwierigkeiten prophezeit. Auch der graue Hintergrund verdeutlicht, dass es durchaus Möglichkeiten gibt, aus dieser Situation herauszutreten. Das Ross symbolisiert den Stolz und seine roten Augen die feurige Bereitschaft, die Widerstreitenden kampfbereit aus dem Weg zu räumen, die ihn daran hindern wollen, seinen Gelüsten Folge zu leisten. Da sich selbst ein betender Geistlicher dem nicht entgegenzustellen vermag, wird mit dieser Karte auch eine Form der Vergeltung repräsentiert. So steht *DER TOD* zwar dafür, dass es auf der einen Seite gilt Abschied zu nehmen, dass es auf der anderen Seite aber auch weiter gehen wird. Ob dieser Abschied in Form von freiwilligem Rückzug, Verzicht oder durch Offenlegung Außenstehender hervorgerufen wird, verrät diese Karte alleine nicht. In jedem Fall muss man für das, was man getan hat, geradestehen. Hierbei kann nur jeder für sich allein beurteilen, wie diese Form des Geradestehens aussieht: von dem kleinen Eingeständnis bis hin zur Verurteilung ist alles möglich. Um was immer es geht: auf einer neuen Ebene versuchen weiterzumachen, würde nicht funktionieren. Denn die Vergangenheit würde einen immer begleiten und möglicherweise zu einem Zeitpunkt einholen, indem es mehr Zerstörung hervorrufen kann als am Tag der eigenen Einsicht und Bereitschaft zur Geständigkeit.

GRUNDAUSSAGE

Das Ende bahnt sich an. Es nützt nichts, an etwas festzuhalten, was keinem Wachstum mehr zugänglich ist und einen nur noch tiefer ins Verderben bringt. Es ist Zeit, den verhüllenden Schleier abzulegen und die Illusion von heiler Welt zu korrigieren. So erschreckend dieses Ende vielleicht auch auf einen wirken mag, so sollte an das alte Sprichwort „Lieber ein Ende mit Schrecken als ein Schrecken ohne Ende“ gedacht werden. In jedem Fall zahlt sich das eigene Zutun zum Bereinigen immer aus, auch wenn vor der Erlösung der Schmerz steht.

STEHT FÜR ...

Veränderung, Wandlung, neuer Lebensabschnitt, Tod und Wiedergeburt, Schmerz und Freude, Verlust, Angst, Altes loslassen und Neues wachsen lassen, Bereinigen von Schwierigkeiten, verfahrene Situationen aufklären, Aufforderung zum Handeln, bevor andere einen dazu zwingen, selbst geständig zu sein, bevor andere es offen legen.

WARNT VOR ...

Verzweiflung, Selbsttäuschung (nicht erkennen wollen, dass etwas zu Ende geht), sich in Illusionen verstricken, Betrug, Unaufrichtigkeit, Melancholie.

LIEBE

Für Beziehungen kann mit dieser Karte auf der einen Seite das Ende von bedrückenden Lebensverhältnissen angekündigt werden ebenso wie aber auch das Ende der Beziehung an sich.

Unter *bedrückende Lebensverhältnisse* können finanzielle Probleme, ungünstige Wohnsituationen, begangene Straftaten, Seitensprung etc., also alles, was sich negativ auf eine Partnerschaft auswirkt, fallen.

Partnersuchende haben es möglicherweise mit einem verletzten Stolz (weil sie beispielsweise verlassen wurden) zu tun und versuchen jemanden zu finden, um ihren Schmerz zu übertünchen, statt sich ihm zu stellen.

SONSTIGE VERBINDUNGEN

Austritt aus Vereinen, Beendigung von Freundschaften, Ablauf von befristeten Verträgen.

BERUF

Beendigung durch Kündigung, Arbeitslosigkeit oder auch Rentenbeginn.

Konkurs, dunkle Geschäfte, schwerwiegende Veränderungen, von denen die Belegschaft erst erfährt, wenn das Ende vor der Tür steht.

EIGENSCHAFTEN

Im positiven Sinne: Mit positiver Einstellung sich den neuen Möglichkeiten zuwenden, geständig, fair, ehrlich, Fehler einräumend, für seine Taten gerade stehend.

Im negativen Sinne: Sich selbst und andere täuschend, die Augen vor der Wahrheit verschließend, gesetzeswidrig handeln, betrügen.

Sternzeichen: Skorpion.

ZEIT

Kalte Monate. Winter.

GESUNDHEIT

Impotenz. Geschlechtsorgane, Harnleiter, Blase. Unwohlsein allgemein.

ARCHETYP:

Das Ende, der Abschied.

QUINTESSENZ ⇨ WERT 13 + 4

Die Zeit ist da, alte Verhaltensmuster, Situationen, Beziehungen etc. zu beenden und Fehlhandlungen einzugestehen. So kann ein neues Umfeld geschaffen werden (Wert 4 = *DER HERRSCHER*), auf welchem realitätsbezogen, konsequent, kontinuierlich und frei von allen irrwitzigen Ideen und Fantasien ein neuer Abschnitt begonnen werden kann und vor allen Dingen frei von der Angst, von seiner Vergangenheit auf unschöne Weise noch einmal eingeholt zu werden.

XIV DIE MÄSSIGKEIT

Im weißen (= Reinheit) Gewand steht ein Engel (= himmlischer Bote) am Ufer. Sein rechter Fuß steht im Wasser, der linke auf festem Untergrund, sodass die Ausgewogenheit der Energien, die Verbindung von Gegensätzen (Wasser = fließend, Boden = fest) hergestellt ist. Das Dreieck im Quadrat auf dem Gewand symbolisiert die Welt des Geistigen/Göttlichen in der Welt des Irdischen. Ein schmaler Weg schlängelt sich durch die Landschaft der goldenen (= Erkenntnis) Sonne entgegen, die über den Spitzen der Berge leuchtet, und wird somit in seiner Aussage, dass es einen *goldenen Mittelweg* gibt, unterstützt durch den grauen Hintergrund. Das saftige Grün der Natur versinnbildlicht das Leben und den Wachstum, die Blumen die irdische Schönheit und die Flügel die Fürsorge und Geborgenheit, ebenso wie sie schattenspendenden Schutz vor der Sonne bieten oder – im übertragenen Sinne – erhitzten Gemütern einen Ort der Besinnung. Der Engel hält zwei Kelche in Händen und schüttet Flüssigkeit von einem in den anderen. Warum? Ein Kelch repräsentiert etwas, das *angeboten* wird. Dieses darf hier nicht nur auf Greifbares wie Flüssigkeit bezogen werden. Kelche symbolisieren sowohl die Weitergabe von Segnungen und Frieden ebenso wie von Empörung und Erbostheit. Hierzu nun die nähere Begriffserklärung: *Mäßigkeit* kommt vom lateinischen temperare (mäßigen, Maß halten, ins richtige Verhältnis setzen) und bedeutet hier, nicht von einem Extrem in ein anderes zu fallen.

GRUNDAUSSAGE

Mäßigkeit vertritt hier nicht die Form der Askese, sondern das gesunde Maß zwischen Zuviel und komplettem Verzicht. Es gilt, das rechte Maß zu finden, um harmonische wie friedvolle Momente zu wahren oder herzustellen, sich nicht zu Zornesausbrüchen verleiten zu lassen, die einen späteren Friedensschluss unmöglich machen, entspricht der Sparsamkeit, hat aber mit Geiz nichts zu tun.

STEHT FÜR …

Mäßigkeit, Frieden, höhere Sichtweise einnehmen, Anpassung, Überprüfen der Prioritäten, Gleichgewicht, Mittelweg beschreiten, Harmonie, Einheit zwischen Emotion und Aktion, Sparsamkeit, Toleranz, Akzeptanz, innere Stärke, Geduld.

WARNT VOR …

ungestümem Handeln, Verschwendung, Sucht, Abhängigkeit, Interessenkonflikt, Ziel- und Perspektivlosigkeit, Geiz.

LIEBE

Liebevolles Miteinander, tiefe Zuneigung, Nähe, Körperkontakt. Partnerschaften, die sich von außen einwirkenden Gegebenheiten anpassen müssen oder Partner, die austesten, wie die Beziehung noch harmonischer gestaltet werden kann.

Partnersuchende wie auch in Partnerschaft Befindliche sollten darauf achten, sich selbst für den anderen nicht aufzugeben, sondern ein gewisses Maß an Unabhängigkeit und Freiraum gegenseitig zu gewähren.

Wie aus Freundschaft Liebe werden kann, kann aber auch aus Liebe Freundschaft werden. Insofern sollte bei einer Legung auf die Partnerschaft auch die Frage erlaubt sein, ob es in der Beziehung um die harmonische Ausgeglichenheit voller Liebe geht oder man nur noch so etwas wie ein gut eingespieltes Team ist.

SONSTIGE VERBINDUNGEN
Vertragliche Verbindungen zum Wohle aller Beteiligten, Gleichberechtigung, friedvolle Freundschaften, neidlose Freunde, gegenseitiges Achten und Respektieren.

BERUF
Mit Freude seinen Verpflichtungen nachgehen, Teamwork, einander helfen, die gegenseitigen Qualitäten und Fähigkeiten berücksichtigen, jeder trägt seinen Anteil zum Gelingen bei, geregelte Arbeitszeiten, Ausgleich für geleistete Mehrarbeit.

EIGENSCHAFTEN
Im positiven Sinne: Stimmig, zuverlässig, gesund, harmonisch, ausgelassen, transparent, liebevoll, großmütig, respektvoll, akzeptierend, achtend.
Im negativen Sinne: Unruhig, vehement dafür oder dagegen stimmend, anklagend, uneinsichtig, trotz erkannter Notwendigkeit nicht handelnd.
Sternzeichen: Schütze

ZEIT
Warme Monate. Sommer.

GESUNDHEIT
Karte der Gesundheit, auf die es zu achten gilt: Eine gesündere Lebensform einschlagen. Suchtverhalten überprüfen, Adipositas. Entzündliche Erkrankungen. Heilung aus eigener Kraft heraus. Kräftige Beine, insbesondere Oberschenkel (auch durch übertriebenes Training).

ARCHETYP:
Das Gleichgewicht.

QUINTESSENZ ⇨ WERT 14 + 5
Bremsen Sie Ihren Tatendrang. Wenden Sie sich in Ruhe der Angelegenheit zu und finden den goldenen Mittelweg. Diese Situation hat eine Bedeutung. Man muss aber nicht immer sofort und auf der Stelle eine Antwort erhalten. Vertrauen Sie darauf (5 = *DER HIEROPHANT*), zu gegebener Zeit die Erklärung zu erhalten, nämlich dann, wenn Sie bereit sind, den Kern der hinterfragten Situation wirklich zu verstehen und auch anzunehmen.

XV DER TEUFEL

DER TEUFEL (lat. Diabŏlus = Verwirrer, Verleumder) als Symbol der Macht und Ohnmacht, ausgestattet mit Fledermausflügeln, Kopf eines Steinbocks einschließlich der Hörner sowie Adlerkrallen. Die Fledermaus wurde in der Mythologie mit der Seele assoziiert. Dass die hiesigen Absichten nicht auf das Heil der Seele fokussiert sind, erklärt das Vorhandensein der Fledermaus- statt Engelflügel. Das tiefe Schwarz der Nacht steht für die Abwesenheit des Himmlischen. *DER TEUFEL* hockt auf einem Rechteck. und gesteht somit bildlich ein, dass er unvollkommen ist (*Anm.: für das Sein insgesamt steht der Würfel*). So verrät er uns, dass er nur persönliche Ziele verfolgt und alles andere, was das Dasein vollständig machen würde, von ihm geleugnet wird. Mit diesem Verhalten macht er sich zum Herrscher seiner Welt in dem Irrglauben, frei zu sein, bis er erkennen muss, das sein unvollkommenes Leben irgendwann ins Unglück führt. Dieses wird auch noch einmal verstärkt durch das Pentagramm über seinem Kopf: das Bannzeichen des Bösen ist verkehrt herum und beweist einmal mehr seine Unfähigkeit, mit seiner Macht umzugehen. An das Rechteck sind Adam und Eva mit Eisenketten gebunden. Gilt Eisen auch als widerstandsfähiges Metall, so wird es durch die unsichtbare Kraft des Sauerstoffs oxidiert. Analog hierzu übt *DER TEUFEL* über die Eisenketten Macht über Adam und Eva aus, hat sie mit Hörnern als Symbol des Teuflischen und Schwänzen als solches der Fleischeslust versehen. Sie unterliegen dem Einfluss des teuflischen Geistes und seine unsichtbare Kraft lässt sie entgegen jedweder Vernunft und wider besseres Wissen handeln. Aber beim genaueren Hinschauen ist erkennbar, dass die Eisenketten so viel Spielraum lassen, dass sie sie jederzeit über den Kopf streifen und sie sich dem negativen Einfluss entziehen könnten. Dass *DER TEUFEL* mit seiner engstirnigen Sicht- und einseitigen Lebensweise vor der Kirche, dem Geistigen und Spirituellen keinen Halt macht, ist an seiner rechten Hand erkennbar. Jeder Finger repräsentiert ein Element. *DER TEUFEL* trennt hier die Elemente Luft und Feuer (Zeige- und Mittelfinger) von den Elementen Wasser und Erde (Ring- und kleiner Finger; Anm.: der Daumen steht für die Leere). Damit trennt er die Scharfsinnigkeit und den Willen von geführten Emotionen und einmal gefasster Überzeugung. Das bedeutet, er orientiert sich nur an jenen, die ohne großen Widerstand ihm zu folgen bereit sind. Auch *DER HIEROPHANT* hält die rechte Hand empor, allerdings mit geschlossenen Fingern; ein Symbol nicht nur der Verbindung aller Elemente, sondern auch allen Seins (Daumen = der Spirit).

GRUNDAUSSAGE

Viele Ratsuchende können mit dieser Karte nicht wirklich umgehen, da sie absolute Ehrlichkeit verlangt. Der Fragende lebt eine Schattenseite (finanziell, sexuell etc.), hat sich in eine Abhängigkeit begeben. Doch statt sich daraus zu lösen, wird daran festgehalten und sie als „normal“ eingestuft. Im schlimmsten Fall werden zu deren Erhalt sogar andere missbraucht, negativ beeinflusst. Dieser Tatsache muss schonungslos ins

Auge gesehen und sich dessen und all der Konsequenzen bewusst gemacht werden. Nur so kann man sich daraus lösen.

STEHT FÜR ...
Verlangen (materiell, sexuell, Ansehen ...), Teufelskreis, Qual der Wahl, Unfreiheit, Versuchung, unterdrückte Wünsche, Selbsttäuschung, Macht, Gier, Überwachung, Zwang.

WARNT VOR ...
Besessenheit, Abhängigkeit, Depression, Selbstverleugnung, Machtmissbrauch, zügellosem Verhalten, Gewalt, zwanghaftem Verhalten, Erpressbarkeit, Bevormundung, Fremdherrschaft.

LIEBE
Nicht nur bestehende Partnerschaften sondern auch Partnersuchende haben es häufig mit (krankhafter) Eifersucht, Machtspielchen, sexueller Fixierung, sexuellen Fantasien oder psychischer Manipulation zu tun. Sexuell gesehen ist hier meist nicht der harmlose Seitensprung zu finden, sondern das Extreme, das Besondere, was einem sonst nicht geboten wird und wovon niemand etwas wissen soll.

SONSTIGE VERBINDUNGEN
Manipulation, vernichtende Beeinflussung. Misstrauen. Kontraproduktive Machtspielchen, Verstrickung, der Reiz des Verbotenen.

BERUF
Unlauterer Wettbewerb, illegale Geschäfte, Machtausübung oder -missbrauch, entgegen seinen Ansichten handeln, für Geld „alles tun".

EIGENSCHAFTEN
Im positiven Sinne: Kraftvoll, kontrollierend, unabhängig.
Im negativen Sinne: Abhängig, erpressbar, erpressend, manipulierend, unfrei, ignorant, misstrauisch, eifersüchtig.
Sternzeichen: Steinbock.

ZEIT
Herbst.

GESUNDHEIT
Knochen, Gelenke, Zähne. Alle Formen der Sucht.

ARCHETYP:
Die Versuchung, das Dunkle der Seele.

QUINTESSENZ ⇨ WERT 15 + 6
Wagen Sie einen Blick ins Dunkle Ihrer Seele bzw. in das Geschehen und nutzen Sie was Sie erkennen, um sich aus Abhängigkeiten und Verstrickungen zu lösen. Dann (6 = *DIE LIEBENDEN*) werden Sie in der Lage sein, Ihren Weg zu erkennen und Entscheidungen aus einem offenen und reinen Herzen zu treffen.

XVI DER TURM

DER TURM ist zu eng geworden und hat sich zu einem Gefängnis der Gedankenstruktur, der Lebenseinstellung, der Weltansicht entwickelt, demonstriert er die beengten Verhältnisse. Ein Turm an sich symbolisiert einen Ort des Schutzes. Dieser Turm trug noch eine Krone, sodass die Bewohner und Besucher davon ausgingen, dass all das, was in der schmalen Silhouette des Turmes sich befand, zu Ruhm und Ehre führte. Doch es ist Nacht und schon von der Karte *DER TEUFEL* wissen wir, dass damit die göttliche Zustimmung entzogen wurde. Mit dem Fortreißen der Krone wird hier der Bejahung des Bisherigen gewaltsam der Nährboden entsagt, der Blitz als Symbol des Zorngerichts entfacht das Feuer, welches die Läuterung und Reinigung vollzieht. Zwei sich vermutlich selbst einst gekrönte Menschen, einer in der Rolle des „nur Irdischen“ (rotes Gewand = Leidenschaft des Lebens) und der andere in der des „nur Geistigen“ (blaues Gewand = göttliche Zuwendung), stürzen in die Tiefe. So erschreckend ein Feuer und dieses zornige Geschehen auch wirken mag, so findet es jedoch nur in solch einem Umfang statt, dass die Betroffenen nicht völlig zerstört werden, sondern ihnen die Möglichkeit geboten wird, die Gnade darin zu erkennen. Analog hierzu wird ihr Fall von Funken begleitet, auf der linken Seite finden sich zwölf und auf der rechten elf ihrer Art. Sie repräsentieren hier zwei weitere Karten der *großen Arkana.* Zum einen *DAS RAD DES SCHICKSALS*; dessen Gefüge durch das hiesige Geschehen man gewaltsam entrissen wird; weiterhin finden wir die erwähnte Gnade durch eine Umkehr und ein neues Überdenken (*DER GEHÄNGTE).*

Die abgebildete Situation mag düster und beängstigend wirken, doch muss er für den Ratsuchenden keine Bedrohung darstellen. Auch wenn es zu einer „Entthronung“ kommt, die durchaus auch noch von weiteren unangenehmen Situationen begleitet werden kann, kann jedoch genau mit diesem Schritt der erste in Richtung Freiheit/Sorglosigkeit gesetzt werden.

GRUNDAUSSAGE

Etwas hält einen gefangen, beengt das Leben. Wer nur für die Befriedigung seiner Bedürfnisse lebt und arbeitet, sein Inneres dabei aus den Augen verliert, emotional niemanden an sich herankommen lassen mag, lässt den Pegel des psychischen Drucks in sich ansteigen und führt sich damit selbst in Richtung psychosomatischer Beschwerden, Ungleichgewicht, Unwohlsein, Aggressivität, Depression etc. *DER TURM* kündigt nicht nur an, dass die selbst auferlegten Verpflichtungen und Gedanken zu viel zu engen Begrenzungen geführt haben. Er fordert auch auf, diesen Zustand zu beenden, bisherige Denkstrukturen und Verhaltensmuster zerbersten zu lassen und den Weg frei zu machen für neue Wege.

STEHT FÜR ...

Aufruhr, Zerstörung, Erleuchtung, Umbruch, Zusammenbruch, Erwachen, Unruhe, stürmischer Abschnitt, (Be-) Reinigung, Herausforderung, Unglück, Auseinandersetzung, Verkettung von (im Augenblick des Geschehens) katastrophalen Situationen. Analog zum Sprichwort „Hochmut kommt vor dem Fall“ verwertbar.

WARNT VOR …

Stagnation, Katastrophen, krampfhaftem Festhalten, Weigerung der Anerkennung, eingefahrenen Denkmustern, Verleugnen der Tatsachen, unbeugsamem Verhalten, Brutalität.

LIEBE

Partnerschaften werden erschüttert von Krise, Streit, Trennung, unerfüllten Hoffnungen. Sie sehen ihren Partner jetzt, wie er wahrhaftig ist, erkennen, dass man nicht wirklich zusammenpasst.

Partnersuchende haben diese Erfahrungen gerade hinter sich oder würden jemandem begegnen, der der Schwärmerei mit schnell platzenden Träumen ein Ende bereitet.

SONSTIGE VERBINDUNGEN

Beendigung, geplatzte Verträge, sich den falschen Leuten anschließen, sich aus falschen Beweggründen an vermeintliche Freunde klammern, Zugehörigkeit zu Gruppen (auch Sekten), die die eigene Entscheidungsfreiheit nahezu aufheben.

BERUF

Kündigung, Mobbing, Intrigen, Verwarnung, unerfüllter Karriereschub, nicht eingehaltene Verträge, Pleite, Konkurs, Schließung binnen kürzester Zeit.

EIGENSCHAFTEN

Im positiven Sinne: Befreiend, neue Möglichkeiten bejahend annehmen, das Gute in dem Schlechten sehend, die Chance erkennend.

Im negativen Sinne: Ängstlich, klammernd, nicht sehen wollend, Abhängigkeit, entscheidungslos, handlungsunfähig, hochmütig.

GESUNDHEIT

Angst. Blutungen. Galle. Entzündungen. Schmerz. Trauma. Zusammenbruch (körperlich und/oder psychisch). Haltungsapparat.

ARCHETYP:

Die Befreiung.

QUINTESSENZ ⇨ WERT 16 + 7

Springen Sie freiwillig oder wollen Sie es auf ein gewaltsames Ende ankommen lassen? Jetzt ist die Zeit gekommen, die kalten und alten Gemäuer destruktiver Verhaltensmuster und Denkstrukturen einstürzen zu lassen und ihnen zu entfliehen. Sie haben es in der Hand, die Möglichkeiten zu erkennen (7 = *DER WAGEN*) und sofort mit der Umsetzung zu beginnen. Es gibt nichts, worauf es noch zu warten lohnt.

XVII DER STERN

Ein großer gelber (= Ewigkeit), achtzackiger Stern, umgeben von sieben weißen (= Reinheit), ebenfalls achtzackigen Sternen strahlen über eine nackte Frau, die am Ufer kniet, den rechten Fuß im Wasser, mit dem linken Bein auf der Erde kniend, in dem Bewusstsein, das Fließende (= Göttliche) mit dem Festen (= Irdische) zu verbinden. Der helle Hintergrund verheißt, dass dieser Stern nicht nur bei Nacht leuchtet, das Blau ist ein weiteres Merkmal des Himmels, des Göttlichen und Geistigen. Das saftige Grün steht für Leben und Wachstum, Hoffnung und Zuversicht. Ein Vogel ruht auf einem Baum und betrachtet das Geschehen aus einiger Entfernung. Sein ruhiges Dasitzen unterstreicht die friedliche Atmosphäre, die von dieser Karte ausgeht. Das Wasser symbolisiert den Fluss des Lebens. Zum einen gießt die Frau Wasser auf die Erde, um das Wachstum zu fördern und das Leben zu unterstützen. Auf der anderen Seite gießt sie aber auch Wasser zurück, womit verdeutlicht wird, dass sie reicher gesegnet und begünstigt wurde, als tatsächlich zum Dasein nötig wäre. Hierdurch wird auch eine weitere Bedeutung des Sterns, nämlich die der Fülle, unterstrichen.

Auffällig ist weiterhin das Mitwirken der Zahl 8: der große wie auch die kleinen Sterne sind achtzackig, es sind acht Sterne insgesamt zu sehen, die Quersumme der Karte ergibt wiederum eine Acht. Diese Zahl taucht sicherlich nicht zufällig so häufig in gerade dieser Karte auf. Sie gilt u.a. im Chinesischen als Glückszahl, der Morgenstern als Symbol für die Göttin Venus ist achtstrahlig, acht Menschen wurden in der Arche Noah gerettet, am 8. Tag beginnt eine neue Woche. Alles Indizien dafür, welche eine Herrlichkeit mit dieser Karte verbunden werden.

Bei Menschen, die diese Karte ziehen, oder jene, bei denen *DER STERN* liegt, darf davon ausgegangen werden, dass man in ihnen eine gute Leitfigur findet, die einem mit ihrer Lebenserfahrung uneigennützig und aus reiner Nächstenliebe weiter helfen. Das sind jene Menschen, die wir gerne mit „Du bist ein Engel!“ betiteln. Hieran anlehnend findet sich in der Offenbarung 1,20: „Die sieben Sterne sind Engel der sieben Gemeinden…“ (Anm.: der goldene Sterne repräsentiert hier die Wiederauferstehung Jesus Christus). Aber auch Menschen, die den spirituellen Weg beschreiten und im Sinne des Göttlichen leben und lehren, werden mit Sternen verglichen. Siehe hierzu den Propheten Daniel (12,3), der da sagte: „Und die da lehren, werden leuchten wie des Himmels Glanz, und die viele zur Gerechtigkeit weisen, wie die Sterne immer und ewiglich.“

GRUNDAUSSAGE

Es ist die Karte der Hoffnung und des Glücks. Man darf vertrauensvoll in die Zukunft schauen und an ein gutes (besseres) Leben glauben. Es ist die Zeit der Ruhe nach dem Sturm, die jetzt anbricht, die Zeit der Heilung und behutsamen Bewusstmachung verleugneter Authentizität. Zeit, dem eigenen Stern der Wahrheit zu folgen und vorausschauend über längere Abschnitte zu planen. Wenn es dem Ratsuchenden nicht aus eigener Kraft gelingt, auf den besseren Pfad zurückzufinden, wird er jemanden finden, der ihm uneigennützig zur Seite steht und *den Weg leuchtet*, bis er wieder sicheren Boden unter den Füßen hat.

STEHT FÜR …
gute Aussichten, Wahrheit, gutes (besseres) Leben, Hoffnung, Erfüllung, Perspektiven erkennen, Glück, positiven Fortschritt, Träume wahr werden lassen, Klarheit, Spiritualität, geistig-heilende Fähigkeiten, Blick in die Zukunft, Beistand finden.

WARNT VOR …
Unaufrichtigkeit, indem eigene Ängste vertuscht und Schwäche geleugnet werden, sich nicht verstanden fühlen, zu hohen Wertvorstellungen, sein Ansehen aufs Spiel zu setzen, von vornherein unerfüllbaren Visionen. Leichtgläubigkeit.

LIEBE
Partnerschaften werden getragen von klaren Gefühlen und einem offenen Miteinander als Grundlage für eine zukunftssichere Beziehung.
Partnersuchende finden jemanden für eine solche Beziehung.

SONSTIGE VERBINDUNGEN
Langfristige Verbindung, erfolgreiches Zusammenspiel aller Komponenten, offenes Miteinander, gegenseitige Unterstützung, verlässliche Freunde.

BERUF
Gute Anstellung, Erfolg, Aussicht auf Beförderung, Gehaltserhöhung, Zuversicht.

EIGENSCHAFTEN
Im positive Sinne: Auf andere begeisternd (motivierend) wirken, offen, klar, spirituell, heilend, Halt gebend.
Im negativen Sinne: Richtet sich nach anderen und deren Meinungen aus, unbeugsam in seinen Ansichten.
Sternzeichen: Wassermann.

ZEIT
Frühling.

GESUNDHEIT
Ungenügend erholsamer Schlaf. Kreislauf.

ARCHETYP:
Der Lichtblick, die Hoffnung.

QUINTESSENZ ⇨ WERT 17 + 8
Machen Sie sich bewusst, wie weitreichend und mit welcher Konsequenz Ihre Ideen realisierbar sind und wo der wirkliche Nutzen liegt, denn letzten Endes wird (8 = *DIE GERECHTIGKEIT*) die Resonanz die Antwort auf Ihr Handeln sein.

XVIII DER MOND

Eine gesichtsförmige Mondsichel hat sich vor die Sonne geschoben. Die Mimik ist ernst, die Stirn vor Gram zusammengezogen, die Augen geschlossen. Ein Krebs sondiert die Lage und lugt vorsichtig aus dem Wasser empor, sieht einen Hund sowie Schakal und den Weg, den er zwischen beiden hindurchgehen muss, um auf der anderen Seite des Fleckchens Erde wieder ins Wasser zu gelangen. Aus selbigem ragen zwei graue Türme, die mit ihrer Grauschattierung verraten, dass es durchaus einen (Lösungs-) Weg gibt. Im Fall des Krebses besteht die Lösung darin, seinen Weg weiter zu gehen, die Gunst des Momentes zu nutzen. Während Hund und Schakal zu der Sonne und dem Mond heulen, böte sich ihm die Möglichkeit unbeschadet seinen Weg fortzusetzen, anstatt sich in dem faszinierenden Schauspiel des Geschehens zu verlieren und stehen zu bleiben. Der Weg des Krebses wird nicht leicht, wohl auch von Angst begleitet sein. Selbst wenn er sich auf seinen Instinkt (Hund) verlässt, um das Land zu überqueren, begibt er sich in Gefahr (Schakal), getötet zu werden. Doch während *DER MOND* vordergründig noch das Gefühl der Angst auslöst, ist es die dahinter scheinende Sonne, die nach Bewältigen der Befürchtungen Mut und Kraft spenden wird. Die mit dieser Situation erlebte Erfahrung wird im Nachhinein als einzig richtiger Schritt und somit Wohltat erlebt. Durch das Zusammenspiel von Wärme und Kälte sind Tautropfen entstanden. Auch dieses ist ein Indiz dafür, dass *DER MOND* nicht einzig als Schreckenskarte gewertet werden darf. Denn der Tau gilt beispielsweise in der Bibel als Symbol der Segnung, die als Geschenk des Himmels in den Büchern Moses Erwähnung findet. Da wir 15 an ihrer Zahl auf der Karte finden, kann es durchaus sein, dass ein Fragender hier gemäß der Karte *DER TEUFEL* mit einem Thema konfrontiert wird, in welches er sich wider besseren Wissens und entgegen aller üblicher Überzeugungen verfangen hat.

GRUNDAUSSAGE

Dem Ratsuchenden muss empfohlen werden, dass er sich auf der einen Seite von seinen Ängsten nicht beherrschen lassen, auf der anderen Seite diese aber auch nicht leugnen darf. Ohne Zweifel ist die Zeit gekommen, das hinterfragte Thema von allen Seiten zu beleuchten und ganz sicher werden hiermit verbundene Entscheidungen oder resultierende Konsequenzen einen bitteren Nachgeschmack haben. Doch geht auch der bitterste Geschmack vorbei und es wird die Zeit kommen, sich dankbar zu fühlen, für das, was man erfahren musste und bewältigt hat.

STEHT FÜR ...

Angst, Befürchtungen, Hemmschwelle, innere Erregung, unruhiges/ungutes Gefühl, Irritation, (Alb-) Traum, zutage Tretendes aus dem Unterbewusstsein, mangelnde Klarheit, Ungewissheit, Angst im Dunkeln, Angst vor der Wahrheit.

WARNT VOR ...

Täuschung, übertriebener Ängstlichkeit, Schönrederei, Unehrlichkeit.

LIEBE

Bestehende Beziehungen werden von der inneren Ahnung heimgesucht, dass etwas nicht stimmt. Nicht artikulierte Bedürfnisse können ebenso wie jene Ahnungen, die sich nicht mehr verdrängen lassen, sondern stetig ins Bewusstsein rücken, die Angst vor Verlust oder Scheitern der Partnerschaft schüren. Doch letzten Endes würde eine Partnerschaft dadurch nicht besser werden, sodass der Schritt zur Klärung die einzig sinnvolle Lösung ist.

Partnersuchende scheinen noch nicht wirklich bereit für eine neue Beziehung, möglicherweise projizieren sie auch Ängste aus vergangenen Partnerschaften in neue Verbindungen hinein. Sollte ein Ratsuchender gerade erst sich auf eine Beziehung eingelassen haben, darf ihn mit dieser Karte die Frage gestellt werden, ob der andere ihm wirklich das bietet, was er sich vorgestellt hat. Wenn nicht, gelten die gleichen Hinweise wie für gebundene Personen – je eher, desto besser!

SONSTIGE VERBINDUNGEN

Nicht in der Lage, seine eigenen Vorstellungen anzumelden, keinen Mut, sich gegen Ungerechtigkeiten zur Wehr zu setzen.

BERUF

Unsicheres Auftreten. Angst vor Versagen. Anzweifeln der eigenen Qualitäten. Bei Künstlern (oder auch jenen, die z. B. Reden halten müssen etc.) Lampenfieber.

EIGENSCHAFTEN

Im positiven Sinne: Auf die innere Stimme hörend, sich den Ängsten stellend.
Im negativen Sinne: Überängstlich, ziellos, unsicher, unklar, verborgen.
Sternzeichen: Fische.

ZEIT

Kalte Monate, Winter. Späte Nacht oder sehr früher Morgen.

GESUNDHEIT

Atemnot oder -beschwerden. Füße, Zehen.

ARCHETYP:

Die Angst, die Nacht, die Dunkelheit.

QUINTESSENZ ⇨ WERT 18 + 9

Wenn Sie bereit sind, sich der Situation zu stellen, werden Sie den richtigen Weg finden, aus der Angelegenheit herauszukommen oder über sich selbst hinauszuwachsen. Ohne Zweifel schauen Sie eines Tages zurück und (9 = *DER EREMIT*) werden erkennen, worin der Sinn lag, Ihre Angst zu überwinden, und wie gut diese Entscheidung Ihnen letzten Endes getan hat.

XIX DIE SONNE

DIE SONNE trägt ein Gesicht, die Mimik ist entspannt, freundlich, die Augen leuchten. Ihre 21 Strahlen repräsentieren die 21 Stufen, die der Held auf seiner Reise durchlaufen muss, bis er die letzte Karte der großen Arkana (*DIE WELT*) erreicht. Die geraden Strahlen symbolisieren hierbei jene Karten, die ein konsequentes Umsetzen vonnöten machten, während die wellenförmigen Strahlen die weiteren Karten versinnbildlichen, die in ihrem Geschehen ein gewisses Maß an Elastizität ermöglichten, es dem Helden einräumten, die Möglichkeiten der gebotenen Vielfalt auszutesten, ohne vom eigentlichen Weg abzukommen. Im Vordergrund reitet ein nacktes (= Sorglosigkeit) Kind auf einem weißen (= Reinheit, Neubeginn) Pferd entlang einer Mauer, schwenkt freudestrahlend eine rote Fahne in der linken Hand und demonstriert auf diese Weise, dass die Leidenschaft und Lust zum Leben die schwankenden und schwierigen Momente der Vergangenheit besiegt hat. Dass etwas hinter sich gelassen wurde, verdeutlicht auch die Mauer. Hinter ihr ragen Sonnenblumen empor, eine Blume, die mit Stolz, aber auch Hochmut assoziiert wird. in Epheser 2, 14 heißt es: „*Denn er ist unser Friede, der aus beiden eines gemacht hat und den Zaun abgebrochen hat, der dazwischen war, nämlich die Feindschaft.*“ Analog zur Karte und dem darauf abgebildeten Geschehen, welches gänzlich von Sonnenstrahlen beleuchtet wird, bedeutet dieses, dass gerade die Vergangenheit, dazu beigetragen hat, dass man diesen Zustand der Sorglosigkeit erreicht hat oder noch erreichen wird. Darauf darf man mit Stolz zurückschauen, doch vor Hochmut sollte man sich verwahren.

GRUNDAUSSAGE

Bewusstsein und Unterbewusstsein bilden eine Symbiose, es ist hier die geistige Klarheit (und nicht mögliche Illusion), die demonstriert wird. Glück, Zufriedenheit, unbeschwerte Zeit, sich erfüllende Wünsche – all das repräsentiert *DIE SONNE*, einfach eine wunderbare Karte, die Erleichterung verschafft, aufatmen lässt, das Herz erwärmt und die Seele streichelt. Doch egal, wie heftig die Strahlen der Sonne auch wärmen, vor Maßlosigkeit und Selbstüberschätzung sollte man sich hüten (s. auch „Warnt vor …“), denn sonst bleibt am Ende statt andauernder Freude nur ein vorübergehender Sonnenbrand, der beständig schmerzvoll in Erinnerung bleibt.

STEHT FÜR …

Zufriedenheit, materielles und emotionales Glück, erfüllende Wünsche, realisierbare Träume, unbeschwerte Zeit, Symbiose von Bewusstsein und Unterbewusstsein, Optimismus, Zuversicht, Souveränität, Lebensfreude, Lebenslust, Wahrheit, Klarheit, Offenheit, Erneuerung, Zeit der (auch natürlichen) Heilung, Überwindung von Schwierigkeiten, Loslösung von Problemen, an Wunder glauben (und sie werden geschehen).

WARNT VOR …

Selbstüberschätzung, überhöhtem Ego, Bequemlichkeit, übertriebener Wertschätzung des Äußeren und mangelnder Zuwendung zum Inneren, unzureichende (Selbst-) Disziplin, Hochmut.

LIEBE
Von Alltagsproblemen oder sonstigen Krisen gebeutelte Partnerschaften erleben eine Hoch-Zeit des liebevollen und zärtlichen Miteinanders, die alte Leidenschaft entflammt neu und die Sexualität weckt lang schlummernde Bedürfnisse.
Für Partnersuchende war die Chance nie größer, nun ihrem persönlichen Sonnenschein zu begegnen und in eine wundervolle Beziehung einzutreten.

Hinweis: *DIE SONNE* repräsentiert auch einen Neubeginn. Dieses kann innerhalb einer Beziehung nach Bewältigung von Problemen sein, der Neubeginn nach einer Beziehungspause mit dem alten Partner, aber auch den Start in eine Partnerschaft mit einem neuen Partner.

SONSTIGE VERBINDUNGEN
Verbindungen voller Schwung und Energie, gutes Gelingen, offenes Miteinander, Erfolg, aufrichtige Freundschaften, Aktivierung der Lebensgeister durch beispielsweise sportliche Aktivitäten oder dem Beitritt zu sonstigen Vereinen (auch künstlerischer, darbietender Form).

BERUF
Karriere, Erfolg, mit Engagement, Lust und Leidenschaft seinen Aufgaben nachkommen, kreativer Schub, Anerkennung erfahren, erfolgreiche Arbeitssuche, glücklicher Neuanfang (u. U. auch in einem neuen Beruf), Comeback.

EIGENSCHAFTEN
Im positiven Sinne: Spielerisch, leicht, unbeschwert, mit der Sonne um die Wette strahlen, optimistisch, großzügig, gesund, zuversichtlich, vertrauend.
Im negativen Sinne: Das Maß des Glücks überschätzend und ewig nur daraus schöpfend, ohne weiter am Erfolg zu arbeiten. Egoistisch, eingebildet.

GESUNDHEIT
Grundsätzlich gesund, aber auch erfolgreicher Heilungsprozess. Hinweisträger für Herz/Kreislauf. Sonnenbrand/-allergie.

ARCHETYP:
Die Aussöhnung, die Erneuerung.

QUINTESSENZ ⇨ WERT 19 + 10 + 1
Mit Stolz dürfen Sie auf das, was Sie bisher bewältigt haben, zurückschauen. Vertrauen Sie nun auf die Kraft der Sonne und behalten Sie den Erfolgskurs bei. Denn bevor Sie endgültig das Zielband durchschreiten, bedarf es noch (10 =*RAD DES SCHICKSALS*) der vollen Zuwendung, wobei (1 = *DER MAGIER*) Sie alle Geschicke in sich haben, um die Aufgabe erfolgreich zu meistern.

XX DAS GERICHT

Ein Engel der Cherubim bläst in die Posaune und läutet das Ende einer Leidenszeit ein. Menschen erheben sich aus ihren schwarzen (= Leiden) Gräbern (= gefangen sein, Unbeweglichkeit) und nehmen die sogenannte Orantenhaltung ein: in Schulterhöhe ausgebreitete Arme, den Kopf zum Himmel erhoben. Auf den ersten Blick fällt auf, dass es sich um Gruppierungen à 3 Personen handelt. (3 = göttlichen Dreifaltigkeit). Beim intensiveren Analysieren des Bildes (und vom Laien nicht unbedingt als markantes Merkmal dieser Karte zu erkennen) hat man weiterhin die Zahl 4 (4 Ecken eines jeden Grabes) mit einzubeziehen, somit zusammenfassend:
Die Menschen erheben sich aus dem Dunkel ihres Daseins, zeigen mit der Orantenhaltung ihre Bereitschaft, sich dem Göttlichen bzw. auch Unterbewussten (= 3) zuzuwenden, es anzuerkennen und dürfen dabei auf den Schutz (rotes Kreuz = Schutzsymbol) der geistigen Welt vertrauen. Wenn wir uns zurück an die Karte *DIE LIEBENDEN* erinnern, war es ebenfalls ein Cherub, der den Zugang zum Baum des Lebens verwehrte und es erhob sich im Hintergrund ein roter Berg. Auf dieser Karte *DAS GERICHT* bringt der Cherub nunmehr die Erlösung und die weißen Spitzen der Berge demonstriert die Möglichkeit des Neubeginns, während über das viele Blau und das fließende Gewässer die geistige Welt ihren Segen erteilt. Die Sünde/das Vergehen wird also mit dieser Karte anerkannt und Gott gewährt Erlösung. Im 1.Korinther 15, 51-58 heißt es: *„Siehe, ich sage euch ein Geheimnis .Wir werden nicht alle entschlafen, wir werden aber alle verwandelt werden ... denn es wird die Posaune erschallen, und die Toten werden auferstehen unverweslich und wir werden verwandelt sein ... Der Tod ist verschlungen vom Sieg ... seid fest, unerschütterlich und nehmt immer zu in dem Werk des Herrn, weil ihr wisst, dass eure Arbeit nicht vergeblich ist...“* Die Menschen wurden in Grau gezeichnet, d. h. dass (durchaus auch unbewusst) alte, festgefahrene Verhaltensmuster und Denkstrukturen verlassen wurden und die Bereitschaft ins Bewusstsein gerückt ist, sich nicht mehr nur auf Weiß oder Schwarz allein zu fokussieren. Auch dafür steht die Karte *DAS GERICHT*, nämlich dem umfänglichen Loslassen, damit die Hinwendung bzw. Rückkehr zu dem, was man als verloren oder unerreichbar glaubte, möglich werden kann.

GRUNDAUSSAGE

Die Zeit der Veränderung ist jetzt gekommen, die Möglichkeit, einen Erneuerungsprozess in Gang zu setzen, wurde eingeläutet. Analog zum Bibelzitat sei anzumerken, dass die Veränderung, die hier zur Erlösung führt, meist über einen inneren Wandlungsprozess (Zitat: ... *werden auferstehen unverweslich* ... = keine äußerlich erkennbaren Veränderungen) herbeigeführt wird.
Wer seit langem in beklemmenden Lebenssituationen steckt oder in sich in die Unendlichkeit hinauszögernde sonstigen Prozesse, erfährt über *DAS GERICHT* die Beendigung der Leidensgeschichte. Das bedeutet nicht, dass man automatisch auf dem Siegertreppchen steht. Es geht primär darum, dass etwas abgeschlossen wird.

STEHT FÜR …
Auferstehung, Erneuerung, Lösung, Erlösung, Erkenntnis, Unterbewusstsein, wichtige Veränderung, Gericht, Neubeginn, Erwachen, Ende einer Leidenszeit, Wiedergeburt, Vergangenheit abschließen, Umbruch, Neubeginn, (Wieder-) Vereinigung.

WARNT VOR …
Ablehnung neuer Möglichkeiten, Scheuklappen: nicht sehen wollen, was das Unterbewusstsein doch schon weiß. Aussitzen: nicht selbst handeln, den lieben Gott einen lieben Mann sein lassen und hoffen, dass er es schon richten wird. Angst vor Konflikten: statt (Er-) Lösung zu suchen, lieber schweigen.

LIEBE
Beendigung von Konflikten, sofern die Bereitschaft besteht, über Gefühle und auch sonst Unausgesprochenes offen zu reden, was sich bereichernd auf die Beziehung auswirken kann. Neubeginn mit einer verflossenen Liebe oder mit einer Person, die man aus seiner Vergangenheit schon kennt (unter dieser Karte ist es **nicht** der Neubeginn mit einem neuen, sprich: unbekannten Partner!).
Für Partnersuchende wird das Ende des Single-Daseins eingeläutet.

SONSTIGE VERBINDUNGEN
Verbindung oder bereichernde Begegnung mit Leuten aus vergangenen Zeiten. Beendigung von Schwierigkeiten.

BERUF
Berufung. Probleme am Arbeitsplatz oder schwierige Aufgaben werden gelöst. Gute Arbeit leisten. Schwierige Verhandlungen gehen zu Ende, vom Konkurs bedrohte Firmen bekommen Unterstützung.

EIGENSCHAFTEN
Im positiven Sinne: Veränderungsbereit, heilend, lösend, schöpferisch, einsichtig.
Im negativen Sinne: Streng, kalt, pingelig, verdrängt Gefühle, ignoriert die innere Stimme.

GESUNDHEIT
Herz. Rückenbereich.

ARCHETYP:
Die Erlösung.

QUINTESSENZ ⇨ WERT 20 + 2
Es ist geschafft, die Leidenszeit ist zu Ende. Wunderbare (Er-) Lösungen bringen zum Vorschein, woran man schon gar nicht mehr zu glauben wagte. Vertrauen Sie auf Ihre innere Stimme (*2 = DIE HOHEPRIESTERIN*), dann werden Sie zur richtigen Zeit korrekt handeln.

XXI DIE WELT

In den Ecken finden sich die Köpfe der vier Evangelien Matthäus, Markus, Lukas und Johannes, die als Stellvertreter der vier Elemente den Ursprung allen Seins repräsentieren. In einem aus Lorbeeren geflochtenen Oval tanzt eine nackte Frau, nur von einem langen Tuch knapp verhüllt. Sie hält in beiden Händen einen Stab auf nahezu gleicher Höhe, sodass sie (links) die natürlichen Schwankungen des Gemüts in Einklang gebracht hat mit (rechts) der Vollkommenheit. Das Oval selbst ist sowohl oben als auch unten durch zwei rote Schleifen in Form der Lemniskate (∞) miteinander verbunden. Wir erinnern uns, dass nur zwei Karten der großen Arkana eine Lemniskate haben, nämlich *DER MAGIER* und *DIE KRAFT*. Insofern dürfen wir daraus schließen, dass unter dem Einfluss der natürlichen wie schöpferischen Stärke, gestärkt durch klaren Willen und gezielte Bemühungen, in Kombination mit der sanften Kraft und geistigen Stärke der Löwenbändigerin die Vollendung stattgefunden hat. Doch auch wenn die Vollendung erreicht wurde, ermahnt die Symbolik der nackten Frau innerhalb des Lorbeerovals davor, sich vor weiteren Möglichkeiten zu verschließen. Anstatt sich ausschließlich mit dem Erreichten zufriedenzugeben, sollte man sich davor hüten, blind und taub zu werden für all das, was es noch hinter dem, was *IST*, liegt. Nicht umsonst wurden die Köpfe der Evangelien auf Wolken platziert, die sowohl als Symbol der Segnungen aber auch der Vergänglichkeit gewählt wurden.

GRUNDAUSSAGE

Freuen Sie sich am Leben und an Ihren erreichten Zielen. Sie sind da – es geht nicht mehr weiter – das ist die Botschaft. Der Ratsuchende hat mit dieser Karte seine Eigenverantwortung erkannt und übernommen, ist jetzt „Herrscher über seine Welt“. Sein Inneres geht mit dem Gelebten und Dargestellten konform. Wer auf der Suche nach seinem Platz im Leben ist (Sinn des Lebens, Wohnort u. ä.), dem wird mit dieser Karte angezeigt, dass schon heute die Richtung zu jenem Platz eingeschlagen werden kann.

STEHT FÜR …

Erfolg, Vollendung, neue Wege, Befriedigung, Lebendigkeit, Angekommen sein, Lebensfreude, persönliche Entfaltung, Freiheit, seinen Platz im Leben finden, Sieg, Ende einer Lernphase → am Ziel sein, etwas erreicht haben → es geht nicht mehr besser, Eigenverantwortung, im Einklang mit sich sein (psychisch und physisch), Ideen und Taten gehen konform, Wunscherfüllung.

WARNT VOR …

Selbstüberschätzung, rücksichtslosem Verhalten, mangelnder Konsequenz, ungenügendem Willen, Unterschätzung der Situation und den sich daraus ergebenden Möglichkeiten, Trägheit, Neidern.

LIEBE

In Beziehung Stehende haben ihren passenden Partner bereits gefunden. Vielleicht war es nicht leicht, diesen Zustand der erfüllenden Partnerschaft zu erreichen, mögli-

cherweise standen Gegensätze oder andere Widrigkeiten dem im Wege. Doch jetzt ist die Vollkommenheit da – und will weiter genährt werden.
Partnersuchende finden die Liebe, auf die sie lange gewartet haben.
Egal ob gebunden oder suchend, für beide gilt darauf zu achten, dass keine Routine das Glück ergrauen lässt.
Verlobung, Hochzeit.

SONSTIGE VERBINDUNGEN
Harmonische Verbindung, erfüllende Verträge, gesetzte Ziel erreichen, sich den richtigen Menschen anschließen, sich angenommen fühlen.

BERUF
Hier kann der Beruf zur Berufung werden. Wer schon öfter den Arbeitsplatz gewechselt oder lange Zeit auf ***den*** passenden Job gewartet hat, wird nun fündig und sollte alles daran setzen, sich diesen wertvollen Platz zu erhalten. Seine Qualitäten unter Beweis stellen, Anerkennung finden, gefördert werden. Ein der Ausbildung und den Fähigkeiten entsprechender Arbeitsplatz.

EIGENSCHAFTEN
Im positiven Sinne: Lebendig, mit sich im Reinen sein, erfolgreich, konsequent, angekommen sein, ausgeglichen, frei. karriereorientiert, strebsam, optimistisch.
Im negativen Sinne: Faul, lustlos bis apathisch, ignorant, auf den Lorbeeren ausruhend.

GESUNDHEIT
Knochen. Gicht. Haut und Haare. Faltenbildung.

ARCHETYP:
Die Ganzheit, das Vollkommene.

QUINTESSENZ ⇨ WERT 21 + 3
Sie sind am Ziel, genießen Sie jetzt das Gefühl vom Angekommen sein. Doch hüten Sie sich davor, sich auf Ihren Lorbeeren auszuruhen, denn (3 = *DIE HERRSCHERIN*) wie der natürliche Fluss der Natur ein beständiger Prozess ist, bietet auch Ihnen die Welt noch unerforschten Reichtum – innen wie außen.

Identität & Fortschritt – erstes Deuten

Nachdem Sie sich nun erfolgreich den 22 Karten der *großen Arkana* mit Geduld und Fleiß gewidmet haben, möchte ich das Lernen ein bisschen auflockern und Sie zum ersten Deuten einladen.
Hierbei ermöglichen bestimmte Rechenvorgänge, mit Hilfe des Geburtsdatums Aussagen zur Identität einer Person ebenso zu treffen wie auch zu ihrem weiteren, allerdings zeitlich befristeten Weg. Häufig sprechen die Tarot'ler hierbei auch von den so genannten *Persönlichkeitskarten.*
Beginnen wir zuerst mit der *Identität.* Diese ist bei jedem Menschen zweifach vorhanden:

◊ *Die äußere Identität* ist der Ausdruck dessen, wie unsere Mitmenschen uns wahrnehmen, wie wir uns im Umgang mit anderen präsentieren.
◊ *Die innere Identität* ist jener Ausdruck, der für Außenstehende unsichtbar ist, denn es ist unser inneres Wesen, unsere Einstellung zum Leben.

Während wir alle vielleicht schon einmal versucht waren, uns zu verstellen und anders zu geben, als wir tatsächlich sind, mag uns dies über unsere *äußere Identität* gelingen; die *innere Identität* lässt sich allerdings nicht hinters Licht führen, sondern spiegelt möglicherweise dabei sogar die Beweggründe für solch ein Verhalten wider.

Die äußere Identität

Hierfür wird das Geburtsdatum TT.MM.JJJJ addiert und aus der Summe dann so lange eine Quersumme gebildet, bis das Endergebnis nicht größer als 22 ist. Anders als bei der Quintessenz wird hierbei eine zweistellige Zahl **nicht** auf eine einstellige Zahl weiter reduziert. Nur wenn Sie eine Summe > 22 haben, müssen Sie noch ein weiteres Mal die Quersumme ziehen (23 = 5, 24 = 6, 38 = 11 etc.).

<u>Beispiel:</u> Datum des Ratsuchenden: 10.06.1937
10 + 06 + 1937 = 1953
1 + 9 + 5 + 3 = 18 = *DER MOND*

Somit wissen wir, dass der Ratsuchende auf seine Mitmenschen ängstlich wirkt, sich zurückgezogen hat von sozialen Kontakten, die Angst vor Verlusten (gleich welcher Art) zu seinem ständigen Gedankengut gehört.
In diesem Fall (einer meiner Klienten) kann ich diese Aussagen auch bestätigen: Bei dieser Person kreisten die Gedanken ständig um Mangel und in Gesprächen wurde immer wieder zum Ausdruck gebracht, wie arm man doch sei und wie wenig man hätte, dass das ganze Leben nur eine Bürde sei. Nach dem Tod des Ehepartners hatte sich dieser Mensch auch noch völlig zurückgezogen.

Die innere Identität

Gehen wir nun einen Schritt weiter und versuchen wir, das Innere der Person aus unserem Beispiel zu beleuchten. Hierfür müssen Sie vorweg die maßgebliche Zahl zur Bestimmung der äußeren Identität berechnet haben, denn aus ihrer Quersumme wird nunmehr die innere Identität bestimmt.

Beispiel: Bei der Person aus unserem Beispiel betrug die Zahl der äußeren Identität 18. Hieraus bilden wir nun die Quersumme: 1 + 8 = 9 und haben so als Karte der inneren Identität die Karte *DER EREMIT*:
Von seinem Wesen her ist die Person eine Art Eigenbrötler, kein großer Partygänger und bevorzugt mehr das heimische Stelldichein denn festliche Aktivitäten oder große soziale Anbindungen. Auch dieses war für die Beispielperson absolut zutreffend.
Natürlich ist es möglich, dass die Karte der äußeren und inneren Identität ein- und dieselbe ist. Das passiert beispielsweise, wenn das Ergebnis der äußeren Identität 26 wäre. Dann müssten Sie die Quersumme auf 8 reduzieren und es gäbe keine weitere Möglichkeit, noch einmal die Quersumme zu bilden. Für die äußere und innere Identität wären in diesem Beispiel die Aussagen *DER GERECHTIGKEIT* maßgeblich.

Das Berechnen und Herausfinden dieser beiden Identitäten ist eine gute Übung, um sich mit den Aussagen der großen Arkana vertraut zu machen. Vielleicht nehmen Sie einige Geburtsdaten von Familienmitgliedern oder Freunden zur Hand und fangen einmal an zu überprüfen, inwieweit die Aussagen der Karten zu den Testpersonen stimmig sind. Durchaus ist es möglich, dass Sie dabei noch weitere spezifische Merkmale herausfinden, die Sie sich vielleicht am Rande zu den jeweiligen Karten notieren.

Fortschritt

Während Sie mit den Bestimmungen der äußeren wie inneren Identität mehr oder weniger empfundene Meinungen und Tatsachen ausmachen können, gewährt Ihnen die Methode zum Berechnen des Fortschritts nun die erste Möglichkeit, eine ***Voraussage*** zu treffen.
Die Aussage aus dieser Berechnung ist auf ein Jahr begrenzt. Aus diesem Grunde nehme ich diese Möglichkeit der Kurzdeutung gerne wahr zum Anlass von Geburtstagen als Vorausschau auf das neue Lebensjahr oder aber an Neujahr für einen Ausblick auf das neue Jahr.
Um den *Fortschritt* für die nächsten zwölf Monate herauszufinden, addieren Sie die Zahlen von TT und MM sowie des aktuellen Jahres. Bitte zweistellige Summen bis 22 nicht weiter addieren (wie z. B. beim Berechnen der Quintessenz); beträgt die Endsumme beispielsweise 17, dann nehmen Sie die Karte *DER STERN* als so genannte *Fortschrittskarte*. Lediglich bei Werten ab 23 wird auf eine einstellige Zahl zusammenaddiert.

Beispiel: Bleiben wir bei unserer Testperson, die am 10.06.1937 geboren wurde. Für die Berechnung des *Fortschritts* addieren wir nun: 10 + 06 + 2008 (am Geburtstag 2008 habe ich die Auswertung vorgenommen).

Somit haben wir das Ergebnis von 2024 und als Quersumme: 2 + 2 + 4 = 8 = *DIE GERECHTIGKEIT.*

Als ich dieses Buch Korrektur las, war ungefähr ein 3/4 Jahr vergangen und ich war mal wieder erstaunt, wie zutreffend die Aussage vom vorigen Jahr war. In der Tat war die betreffende Person vor vielen Jahren in eine finanzielle Ungerechtigkeit hineingezogen worden und Ende 2008 kam das Zugeständnis der Banken, dass ihnen tatsächlich ein Fehler unterlaufen war. Auch auf anderen Ebenen hat diese Testperson Wiedergutmachung erfahren für all das, was sie Zeit ihres Lebens für andere getan hat. Ein Teil dessen wurde unserer Beispielperson auf verschiedenen Ebenen (menschlich, emotional, finanziell) wieder zurückgegeben.
Sie sehen, welch eine ehrliche Sprache die Tarotkarten sprechen, auch wenn ein Ratsuchender am Tag der Legung sich überhaupt noch nicht vorstellen kann, was mit der Aussage einer Karte gemeint sein könnte. Wenn Sie für Freunde, Familienmitglieder, für sich selbst oder auch Kunden solche Berechnungen durchführen, dann empfehle ich Ihnen, sich die Auswertungen zu notieren und nach einem Jahr zu kontrollieren. Sie werden vermutlich aus dem Staunen nicht mehr herauskommen.

Die *Fortschrittskarte* bedingt eine umfängliche Interpretation der entsprechenden Karte insgesamt mit allen Themen, zu denen sie Stellung bezieht. Bitte bilden Sie diese Aussage aus den vorgegebenen Informationen, die Sie bei den einzelnen Karten vorfinden.

Die *äußere und innere Identität* ist dagegen eher eine auf den Punkt gebrachte Aussage. Um Ihnen den Einstieg in das eigene Formulieren anhand der vielen Kartenaussagen zu erleichtern, hier nun einige Kurzversionen als Beispiele:

DER NARR

Äußere Identität	Innere Identität
Ein liebenswerter Chaot, dem man es nachsieht, wenn er mal wieder ins Fettnäpfchen getreten ist, und dem man verständnisvoll lächelnd unter die Arme greift, wenn er sich ein ums andere Mal in seinem Tohuwabohu verliert.	Es gibt nichts, was man im Leben nicht mindestens einmal probiert haben müsste. Die Welt ist dazu da, entdeckt zu werden! Motto: *Ernst war gestern, Spaß ist heute!*

DER MAGIER

Äußere Identität	Innere Identität
Ein Mensch mit dem nötigen Know-how, Geschick und Mut, dem scheinbar alles gelingt und der sich von Fehlschlägen nicht entmutigen lässt und dazu neigt, das Zepter an sich zu reißen. Aber auch jemand, der schon mal verkennt, dass auch andere gewisse Qualitäten in sich tragen, um lösungsorientiert erfolgreich zu sein.	Wenn man sich nicht auf sich selbst verlassen kann, ist man verloren, Vertrauen ist gut, Kontrolle besser. Wenn man selbst nicht anfängt, wird's auch kein anderer tun. Motto: *Fehler sind dazu da, um aus ihnen zu lernen. Aktion ist Fortschritt, Stillstand Rückschritt!*

DIE HOHEPRIESTERIN

Äußere Identität

Ein Mensch mit dem richtigen Näschen: er kann Ärger förmlich riechen und Erfolg erspüren, auf seine Entscheidung kann man sich verlassen, sofern man sein Gespür nicht mit zig Nachfragen und Bedenken durcheinander bringt.

Innere Identität

Bitte nicht so laut und auch nicht hektisch. Für alles gibt es einen Grund und eine Lösung. Ein bisschen mehr Verständnis füreinander täte nicht schaden.

Motto: *Erst die anderen, dann ich! Und wenn ich dabei den Kürzeren ziehe, dann hat es schon seinen Grund.*

DIE HERRSCHERIN

Äußere Identität

Ein stetig lächelnder Mensch, der sich durch keinen Kummer der Welt in seiner Hoffnung auf einen guten Ausgang beirren lässt. Selbst wenn andere schon am Boden liegen, rappelt er sich wieder auf und macht unermüdlich weiter. Es gibt scheinbar Nichts, woraus dieser Mensch nicht noch etwas schöpfen könnte.

Innere Identität

Wo ein Wille, da ein Weg. Das Geld liegt auf der Straße, man muss es nur aufheben, schließlich ist schon mancher Tellerwäscher Millionär geworden. Nach hinten schauen macht blind, vor einem liegt die Zukunft.

Motto: *Es ist genug für alle da! Das Leben wird schon irgendwie weitergehen!*

DER HERRSCHER

Äußere Identität

Er ist der Typ mit dem aufgeräumten Schreibtisch und er plädiert für Recht & Ordnung. Ungereimtheiten sind ihm ein Gräuel. Sein erhobener Zeigefinger lässt ihn bisweilen zu bestimmend wirken. Doch auch diese harte Schale hat einen weichen Kern u. ist nicht vollkommen.

Innere Identität

Solang ich den Überblick behalte, stehe ich auf der sicheren Seite. Diese ganzen Oberflächlichkeiten schaden der Menschheit nur, statt ihr zu dienen.

Motto: *Ordnung muss sein!*

DER HIEROPHANT

Äußere Identität

Ein friedvoller, aufrichtiger Mensch, der mitunter zu sehr dazu neigt, Geschehnisse in ihren Gründen zu erforschen. Dadurch macht er sich das Leben zuweilen schwerer als unbedingt nötig. Vertrauen ist für ihn das A & O einer Beziehung – egal ob privat o. beruflich. Stellt man seine Haltung und Einstellung allerdings in Frage, geraten sein heiles Selbstbild und seine Weltanschauung rasch in Unordnung.

Innere Identität

Ich bin gerne für andere da, reiche eine helfende Hand, biete die Schulter zum Anlehnen und Ausweinen. Ich bin der geborene Tröster und für euch da, solang ihr mich nicht hintergeht.

Motto: *Lasset Frieden herrschen!*

DIE LIEBENDEN

Äußere Identität

Ein Mensch, der nicht lange allein sein kann. Einsam im Büro versauern wäre für ihn eine Strafe. Sehr bemüht, sich sowohl privat als auch beruflich in konfliktfreien Zonen zu bewegen, handelt lösungs-orientiert und klärt schon vorab möglicherweise erscheinende Streitigkeiten, die aber tatsächlich noch nicht vorhanden sind. Kein Typ, der sich Hintertürchen offen hält für den Fall einer Fehlentscheidung. Er ist entscheidungsfreudig – für sich selbst und andere – mit allen Konsequenzen.

Innere Identität

Wenn zwei sich streiten, kann ein Dritter lösen – und das bin ich. Es gibt nur ein Entweder/Oder, ein Dazwischen taugt nichts, kein Vielleicht, sondern nur ein Ja oder Nein, ein Dafür oder Dagegen. Und wenn es schief geht, hat man für die Konsequenzen einzustehen.

Motto: *Nicht lange drum herum reden, sondern handeln!*

DER WAGEN

Äußere Identität

Ein unruhiger und reiselustiger Geist, der nicht lange stillsitzen kann. Irgendetwas muss immer los sein, irgendetwas gibt es immer zu erledigen. Im Leben gibt es nicht nur ein festes Ziel, sondern jede Strecke ist nur eine Etappe und danach geht es weiter und weiter. Jemand, der gerne viele Aufgaben übernimmt, selbst dann noch Ja sagt, wenn er schon dabei ist, die Übersicht zu verlieren.

Innere Identität

Ich weiß, was ich will und auch, wie ich es erreiche. Nichts und niemand hält mich auf. Kein Weg ist mir zu weit, kein Abenteuer zu groß. Ferne Länder sind dazu da, sie zu besuchen und nicht, um sie im Bildband zu bestaunen.

Motto: Der Mensch ist nicht dazu da, sich auszuruhen!

DIE KRAFT

Äußere Identität

Ob mental stark oder Muskelprotz, beide haben den gewissen überzeugenden Sanftmut in sich, mit dem sie selbst den hartnäckigsten Stubenhocker motivieren können Etwas zu unternehmen. Verabscheut Gewalt.

Innere Identität

Wer zum Schreien und zur Gewalt neigt, hat die Lust am Leben verloren und hinter jeder harten Fassade steckt ein weicher Kern. Krallen schützen, doch letzten Endes schafft ein Schnurren eher Vertrauen, denn lautes Gebrüll.

Motto: *Wer schreit, der lügt und wer Gefühle zulässt, weiß, was Leben ist.*

DER EREMIT

Äußere Identität

Introvertiert, zieht das Alleinsein vor, eben, weil er so ist und nicht, weil er die anderen nicht mag. Gehört nicht zu den Schnellsten und handelt nicht unüberlegt. Fehler werden nicht ignoriert, sondern in ihrer Ursache versucht zu erforschen. Oberflächlichkeit wird abgelehnt. Er hat lieber *einen* guten Freund als fünf lockere Bekanntschaften.

Innere Identität

Ich möchte das Leben und die Menschen verstehen. Doch bei allem Verständnis, bin ich mir am Wichtigsten und darf meine Bedürfnisse nicht aus den Augen verlieren.

Motto: *Das Leben ist ein Geschenk und nicht dazu da, mit halbherzigen Aktionen vergeudet zu werden!*

DAS RAD DES SCHICKSALS

Äußere Identität

Dieser Mensch glaubt noch an die Wahrhaftigkeit der Liebe, der Freundschaft etc. Instinktiv hält er sich aus Dingen heraus, die nicht klar für ihn durchschaubar sind. Er ist ein Meister der Organisation, plant vorausschauend und schafft es immer, dass das, wofür er zuständig war, am Ende wie am Schnürchen läuft und reibungslos abgewickelt wird.

Innere Identität

Jede Erfahrung macht klug und jeder Fehler klüger. Wer sich nicht den Herausforderungen stellt, wird seine Grenzen nie kennenlernen, und wer sich ihnen stellt, weiß, wozu er alles imstande ist.

Motto: *Kann ich nicht – gibt es nicht!*

DIE GERECHTIGKEIT

Äußere Identität

Dieser Mensch versucht nach außen seine Geradlinigkeit aufrechtzuerhalten und sein Bild von Anständigkeit und Tugend nicht durch *Ausrutscher* (unziemliches, unkontrolliertes Benehmen, Fehlverhalten) zu zerstören. Klug, fair und stets auf der Seite der Legalität stehend, geht er durchs Leben und ist immer der richtige Ansprechpartner, wenn es um Schlichtung geht.

Innere Identität

Für uns alle gibt es auf der Welt einen Plan und daran haben wir uns zu halten. Ohne Recht und Ordnung würde die Welt vollends untergehen.

Motto: *Holzauge sei wachsam – dann kann dir nichts passieren.*

DER GEHÄNGTE

Äußere Identität

Dieser Mensch kaut jedes Thema dreimal durch und ist sich auch dann häufig noch nicht schlüssig, ob er dafür oder dagegen sein soll und so mancher Mitmensch in seinem Umfeld würde sich wünschen, er würde sich einfach mal gehenlassen, fallenlassen, spontan sein, ohne alle Für und Wider erst analysieren zu müssen. Wer aber ähnlich veranlagt ist, findet in ihm einen perfekten Gesprächspartner.

Innere Identität

Die Menschen sind viel zu oberflächlich und ahnen gar nicht, was sie durch ihre einseitige Betrachtungsweise alles verpassen. Alles ist eine Frage der Sichtweise.

Motto: *Das Glas ist halb voll – oder doch halb leer?*

DER TOD

Äußere Identität

Dieser Mensch gehört nicht zu denen, die auf dem Speicher oder im Keller alten Krempel lagern und schon gar nicht in den Urlaub fährt, ohne noch den Schreibtisch aufgeräumt zu haben, als würde er nicht mehr zurückkehren. Großartig in die Zukunft zu planen gehört eher nicht zu seinen Eigenschaften. Wo andere in der Vergangenheit Fehler gemacht haben, da ist er der ideale Aufräumer, um die

Innere Identität

Was sollen bloß die Leute denken, wenn mir mal was passiert und hier alles rumliegt? Man muss immer mit dem Unmöglichen rechnen und vorbereitet sein, wer weiß, ob ich morgen noch aufwache?

Motto: *Das Ende kommt gewiss, doch soll das nicht dem Nächsten sein Schaden sein!*

Spuren zu beseitigen damit der Nachfolgende nahtlos weitermachen kann.

DIE MÄSSIGKEIT

Äußere Identität

Dieser Mensch ist mit sich und seinem Leben zufrieden, ihn zeichnen Gelassenheit und Ruhe aus. Er verzichtet zugunsten des anderen. Er provoziert nicht und führt ein Leben, in welchem Streitigkeiten keinen Platz haben.

Innere Identität

Es ist genug für alle da, es lohnt sich nicht, pausenlos um alle möglichen Dinge im Leben zu kämpfen. Ich bin gesund, mir geht es gut, ich fühl mich wohl – was will man mehr?
Motto: *Morgen ist auch noch ein Tag!*

DER TEUFEL

Äußere Identität

Dieser Mensch weiß im Grunde genommen nie wirklich, was er will. Heute so – morgen anders. Was andere haben, muss er auch haben. Was andere tun, muss er auch tun. Er unterscheidet dabei nicht, ob es ihm wirklich gut tut oder dienlich ist. Einen eigenen Willen und das Verfolgen selbstentwickelter Ziele sind ihm fremd. Er bewegt sich meist immer im Rahmen irgendwelcher Abhängigkeiten: sei es finanziell, emotional oder auch in Form von selbstschädigendem Verhalten (z. B. durch Drogen, Alkohol oder andere Suchtfaktoren).

Innere Identität

Alles gehört mir. Was andere können, kann ich schon lange, was andere haben, gehört mir sowieso schon. Ich pfeif auf die Schönredner und Ermahnungen. Was wissen die anderen schon, was mir gut tut? – Gar nichts!
Motto: *Ich will auch!*

DER TURM

Äußere Identität

Dieser Mensch hat Schutzmauern um sich aufgebaut, ihn emotional zu erreichen, ist schwer. Er hat sich zurückgezogen und sein Leben entweder durch selbst auferlegte Entsagungen begrenzt oder fühlt sich solchen aufgrund entstandener anderer Lebensumstände (wie z. B. Verschuldung) unterworfen. Ihn aus seinem selbst geschaffenen Gefängnis herauszuholen ist ebenso schwer, wie ihn von seinen einmal gefassten Überzeugungen abzubringen.

Innere Identität

Mir geht es gut, lasst mich alle in Ruhe. Ich will nicht raus, ich brauche euch nicht. Da draußen ist man sowieso nicht sicher, das Leben ist ein einziger Kampf. Es ist nun mal wie es ist – und damit habe ich mich abgefunden. Niemand kann daran etwas ändern.
Motto: *Ich kann nicht!*

DER STERN

Äußere Identität

Kein Mensch, der kopflos handelt. Sein Erfolg liegt in der langfristigen Entwicklung eingegangener Aufgaben. Mit klaren Zielen und gut durchdachten Vorgaben macht er sich ans Werk – und das nahezu immer erfolgreich.

Innere Identität

Was nützt mir ein Erfolg auf dem Fuße, der genauso schnell vergänglich ist? Ich möchte den langfristigen Erfolg, auf welchem ich mich eine Weile ausruhen kann, der mich weiterträgt, ohne dass ich noch viel dazu beitragen muss.
Motto: *Gut Ding will Weile haben!*

DER MOND

Äußere Identität

Dieser Mensch ist eher ängstlich, unsicher, zögerlich. Während er noch dabei ist, den Anforderungen des aktuellen Tages gerecht zu werden, macht er sich schon Gedanken, ob ihm das morgen auch wieder gelingen wird. Er kann sich und seine Gedanken besonders gut über kreative Gestaltung zum Ausdruck bringen und erkennt in Kunstwerken das, was der Künstler ausdrücken wollte.

Innere Identität

Das Leben ist ein täglicher Kampf, jeder will irgendwas von einem, hinter jedem Lächeln steckt eine Falle, Gratisangebote kommen einem doppelt so teuer zu stehen, traue niemandem über den Weg. Da schuftet man ein Leben lang, und was bleibt einem am Schluss – nichts.
Motto: *Wieder einen Tag geschafft!*

DIE SONNE

Äußere Identität

Ein absolut optimistischer Mensch; kommt er durch die Tür, dann ist die schlechte Stimmung wie weggeblasen. Egal, wie entgegenkommend, nachsichtig und manchmal auch nobel er sein mag, für ihn selbst bleibt immer noch genügend übrig. Er weiß das Leben einfach zu genießen und auch, dass er mindestens genau so viel zurückbekommt wie er gibt.

Innere Identität

Das Leben ist viel zu schön, um es mit Egoismus und Neid zu erfüllen. Es gibt genügend Elend auf der Welt und die Stärkeren sind gefordert, den Schwächeren zu helfen.
Motto: *Das Leben ist eine Reise in der 1. Klasse, in welcher jeder Platz finden sollte!*

DAS GERICHT

Äußere Identität

In diesem Menschen findet sich immer der richtige Ansprechpartner, wenn es um das Lösen von Problemen geht. Wenn keiner mehr eine Antwort weiß – er hat sie garantiert. Er durchbohrt den harten Kern und macht sich auf die Suche nachdem weichen Inhalt. Aussagen wie „das geht nicht", „das funktioniert nicht", „der ist nicht zu gebrauchen" etc. nimmt er nicht kommentarlos hin, er überprüft es auf die Tatsächlichkeit.

Innere Identität

Es gibt keine Versager, jeder hat gewisse Qualitäten und Fähigkeiten; der Mensch muss nur den Mut haben, Anders-denkende und Andersartige in ihrer Wahrhaftigkeit zu sehen.
Schwierigkeiten sind dazu da, um aus ihnen zu lernen und sie zu korrigieren.
Motto: *Wo ein Problem – da eine Lösung!!*

DIE WELT

Äußere Identität

Dieser Mensch ist angekommen. Er weiß, wo er hingehört, er weiß, was seine Aufgaben sind und wie er sie erfüllen kann. Doch ruht er sich nicht auf seinen Lorbeeren aus, sondern öffnet sich der Welt mit all ihren Möglichkeiten. Allerdings gehört er zu den Glücklichen, der ein außerordentliches Gespür dafür hat, immer auf der sicheren Seite zu stehen und Schlechtes von Gutem zu unterscheiden.

Innere Identität

Ich muss wissen wer ich bin, wo ich hingehöre, was ich kann und wie ich es am wertvollsten zum Ausdruck bringen kann. Von einer gesunden Basis aus kann man viele neue Wege beschreiten, Hauptsache *der Weg zurück* bleibt frei. Mit dem nötigen Ehrgeiz, der richtigen Haltung, dem korrekten Verhalten kann die Welt dir gehören.
Motto: *Es ist alles eine Frage der persönlichen Einstellung!*

Übungen (1)

(1) Wie lauten die dazugehörigen Karten der großen Arkana zu den römischen Nummerierungen? Bitte ergänzen Sie diese.

XVII	____________	XIII	____________	VI	____________	XVI	____________
I	____________	V	____________	III	____________	II	____________
X	____________	0	____________	IX	____________	XIX	____________
XX	____________	XV	____________	XI	____________	VII	____________
IV	____________	XVIII	____________	XXI	____________	XII	____________
XIV	____________	VIII	____________				

(2) Was ist eine Lemniskate? Auf welchen Karten findet man diese? Welche Bedeutung hat sie?

(3) Erklären Sie den Deutungshintergrund für Links und Rechts.

(4) Rufen Sie sich die Karte DER MOND in Erinnerung. Was war für den dort abgebildeten Krebs wichtig zu erkennen?

(5) Was ist die Quintessenz?

(6) Welche Karten werden dem Element Feuer zugeordnet und welche Sternzeichen gehören zu welcher Karte?

(7) Welche Karten werden dem Element Erde zugeordnet und welche Sternzeichen gehören zu welcher Karte?

(8) Welche Karten werden dem Element Luft zugeordnet und welche Sternzeichen gehören zu welcher Karte?

(9) Welche Karten werden dem Element Wasser zugeordnet und welche Sternzeichen gehören zu welcher Karte?

(10) Bitte kreuzen Sie das jeweilige Feld an:

Aufgabe	**Ja**	**Nein**
DER MAGIER muss achtsam sein, nicht zu sehr von seiner Macht beherrscht zu werden.		
Die Quersumme von DIE HERRSCHERIN ist 4.		
DER HERRSCHER sorgt für Ordnung.		
DER GEHÄNGTE wurde am linken Bein aufgehängt.		
DER EREMIT ist eine Karte des Rückzugs.		
DER TOD ist Karte des Skorpions.		
DIE LIEBENDEN treffen eine Herzensentscheidung.		
DER TEUFEL steht für Besessenheit.		
DER TURM bietet neue Möglichkeiten.		
Die Karte DIE GERECHTIGKEIT trägt den Wert XI.		
DIE KRAFT warnt vor Überheblichkeit.		
DER STERN trägt 7 Sterne auf seiner Karte.		
DER NARR steht für Leichtigkeit, Unbekümmertheit.		

DER STERN steht für klare Gefühle in der Liebe.		
Die Quintessenz von DER HIEROPHANT rät vom Vertrauen ab.		
DER TURM zeigt, dass einen etwas gefangen hält.		
DER EREMIT trägt eine blaue Kutte.		
DER MOND steht für die warmen Monate.		
DIE HOHEPRIESTERIN steht für Spiritualität.		
Unterbewusstsein und Bewusstsein bilden eine Ebene – so behauptet DIE SONNE.		
Unter der Karte DER HERRSCHER wird gewissenhaftes Arbeiten erwartet.		
DER TOD steht für Ende und Neubeginn.		
Im RAD DES SCHICKSALS steht der Begriff TAROT.		
DER GEHÄNGTE steht für Stillstand.		
Die Hintergrundfarbe auf DER MAGIER ist Blau.		
Beruflich gesehen steht DER MOND auch für Lampenfieber.		
Die Quintessenz der Karte DIE KRAFT wird bis zur Zahl 2 gebildet.		
DER WAGEN wird von zwei Pferden gezogen.		
DIE MÄSSIGKEIT steht dafür, eine höhere Sichtweise einzunehmen.		
DIE SONNE steht für lustlose Sexualität.		
DIE HERRSCHERIN ist die Karte der Fruchtbarkeit.		
DAS GERICHT steht für den Beginn einer Leidenszeit.		
Die Karte DIE GERECHTIGKEIT trägt den Wert VIII.		
DER TEUFEL trägt die negative Eigenschaft: manipulierend.		
Mit DIE LIEBENDEN geht man den Weg des Herzens.		
DIE WELT steht für den Schicksalsweg:		
Die Quintessenz von DER NARR hat den Wert 0.		
DAS GERICHT konfrontiert ggf. mit etwas verloren geglaubtem.		
DAS RAD DES SCHICKSALS ermöglicht uns eine Lösung.		
Ein nacktes Kind tanzt im Lorbeergeflecht der Karte DIE WELT.		
DER HIEROPHANT steht in der Liebe für Vertrauen.		
DIE MÄSSIGKEIT ist nicht mit Enthaltsamkeit gleichzusetzen.		
DER WAGEN ist die Karte des Aufbruchs.		
DIE HOHEPRIESTERIN sitzt zwischen zwei schwarzen Säulen.		

(11) Nennen Sie die Hauptcharakteristik der

a) Feuer-Elemente,
b) Luft-Elemente,
c) Wasser-Elemente und
d) Erde-Elemente.

Teil III - Die kleine Arkana

Allgemeines zu den Karten

Wie schon eingangs erwähnt, setzt sich die kleine Arkana aus 4 x 14 Karten zusammen, die entsprechend ihren Farbgebungen aufgegliedert sind und den vier Elementen zugeordnet werden.

DIE STÄBE	⇒	Kreuz-Reihe	⇒	Element Feuer
DIE SCHWERTER	⇒	Pik-Reihe	⇒	Elemente Luft
DIE KELCHE	⇒	Herz-Reihe	⇒	Element Wasser
DIE MÜNZEN	⇒	Karo-Reihe	⇒	Element Erde

Zur Ermittlung der Quintessenz (s. Kapitel „Die Quintessenz“) ist auch hier der jeweilige Wert der Karte wichtig. Die Asse werden mit 1 gewertet, die übrigen Karten entsprechend dem auf der Karte angegebenen Wert, die Hofkarten bleiben mit dem Wert 0 unberücksichtigt.

Die Karten einer Reihe vom As bis zur X zeigen die Entwicklung eines Geschehens auf, hierbei ist es unwichtig, ob positiv oder negativ.

As ⇒ Das Thema / die Chance, worum es geht.
II ⇒ Das Abwägen von Für und Wider aus der Chance vom As.
III ⇒ Gewonnene Erkenntnisse, ggf. Umstände, die berücksichtigt werden müssen.
IV ⇒ Ein entweder freudiger Moment des Ausruhens oder ein verdrießlicher Stillstand. Es gilt weiter zu planen.
V ⇒ Das Abwägen und Bereinigen möglicher Schwierigkeiten, die entgegenstehen könnten.
VI ⇒ Die Durchsetzung Richtung Erfolg durch Beharrlichkeit.
VII ⇒ Eine Handlung, die aus den bis hierher gemachten Erkenntnissen resultiert.
VIII ⇒ Die Fortführung.
IX ⇒ Die Vollendung der Entwicklung.
X ⇒ Übergang in eine Stufe.

Die Karten der *kleinen Arkana* bauen also – jede Reihe für sich – in ihren Bedeutungen aufeinander auf. Wenn Sie z. B. bei *II STÄBE* den Hinweis finden, „... erhält das *AS DER STÄBE* einen Dämpfer...“, dann muss nicht zwangsläufig das *AS DER STÄBE* ausgelegt sein. Doch als vorhergehende Karte zu *II STÄBE* darf man davon ausgehen, dass es eine Chance oder Möglichkeit gab, die man möglicherweise an sich hat vorbeiziehen lassen oder auch, dass man sie zwar ergriffen hat, aber nunmehr ratlos ist, wie man weiter verfahren soll.

Um Ihnen sozusagen den „aktuellen Stand“ einer Situation anzuzeigen, finden Sie bei der *kleinen Arkana* vom As bis zur X jeweils die Rubrik ***VERLAUF***, die die Fortführung von der Entstehung des Themas (As) bis zum Umbruch in eine neue Phase (X) von Karte zu Karte mit erläutert.

As und Hofkarten

In jeder Reihe symbolisieren:

- Die *ASSE* eine Chance, eine Möglichkeit, die Idee, den Beginn.
- Die *PAGEN* ebenfalls eine Chance, auch eine von außen einwirkende Anregung.
- Die *RITTER* die Stimmungslage/Atmosphäre.
- Die *KÖNIGINNEN* den weiblichen Aspekt des jeweiligen Elements, die nachgefragte Personen oder den Ratsuchenden selbst (egal ob weiblich oder männlich).
- Die *KÖNIGE* den männlichen Aspekt des jeweiligen Elements, direkt nachgefragte Personen oder den Ratsuchenden selbst (egal ob weiblich oder männlich).

Ich möchte an dieser Stelle darauf hinweisen, dass ich bei den Beschreibungen „Königin der ...“/„König der ...“ ursprünglich geschlechtsspezifisch die Erklärungen vorgenommen habe. Das hat natürlich keine Auswirkung auf die obigen Informationen, dass es sich bei der Person sowohl um eine Frau wie auch um einen Mann handeln kann. Bitte nicht vergessen, dass sämtliche Hofkarten sowohl eine weibliche als auch männliche Person darstellen können.

Kurzcharakteristik

DIE STÄBE

Wille, Stärke, Intuition. Hoffnung. Energie. Anerkennung und Erfolg durch Fleiß. Das innere Feuer. Optimismus. Zuversicht. Wachstum und Fortschritt. Entwicklung.
Sie repräsentieren das gewöhnliche, eher unscheinbare Volk, das sich durch Fleiß alles erarbeiten muss wie Angestellte und Arbeiter, Landwirte, Handwerker.

DIE SCHWERTER

Denken, Intellekt, Gewalt. Ehrgeiz, Aggression. Macht. Mut. Autorität. Vollendung zum Sieg oder Verlieren. Aktivität. Disziplin, Strenge. Zerstörung.
Sie repräsentieren oft sehr kühle und hochmütige Menschen, die distanziert und abweisend wirken.

DIE KELCHE

Gefühle geben und empfangen, Instinkt, Fürsorge, Sehnsucht, Zufriedenheit, Freude, Enttäuschung, Heiterkeit, Rückzug, Wunscherfüllung. Leidenschaft.
Sie repräsentieren oft sehr emotionale, sensitive und intuitive Menschen.

DIE MÜNZEN

Materielles, Praktisches, Wohlstand, Reichtum. Gewinn.
Sie repräsentieren häufig Menschen, die mit materiellen (z. B. Verkäufer, Einzelhändler) und finanziellen Dingen (z. B. Bankangestellte, Finanzbeamte) zu tun haben.
Auf allen Münzen findet sich ein so genannter Fünfstern, dessen Ecken jeweils für die vier Elemente Feuer, Luft, Wasser, Erde stehen, während die fünfte Spitze das Bewusstsein vertritt.

DIE STÄBE

AS DER STÄBE

Der Blick wird magisch angezogen von der rechten (= das Gute und Aufrichtige) Hand unseres Schöpfers, die aus einer Wolke ragt und einen kräftigen Stab festhält. Die Wolke symbolisiert hier die Segnung des Schöpfers, ermahnt aber gleichzeitig an die Flüchtigkeit einer solchen, wenn sie nicht genutzt wird. Die Hand selbst vertritt die Darreichung (hier: die einer Chance) und ist gleichzeitig als symbolische Aufforderung zum Handeln zu werten An dem Stab sprießen zehn Blätter: sieben auf der einen und elf auf der anderen Seite, weitere acht fallen zu Boden. Übertragen auf die *große Arkana* vertreten die sieben Blätter die Karte *DER WAGEN*, welcher zum Handeln ebenso auffordert wie die Hand selbst, während analog der elf Blätter *DIE KRAFT* in ihrer Interpretation hinzugezogen werden darf als Hinweis, dass diese gebotene Chance mit einem Gleichgewicht aus innerer wie äußerer Stärke von Erfolg gekrönt sein wird. Worum es insgesamt bei dieser Chance geht, ist noch nicht ersichtlich. Aber die acht herabfallenden Blätter können durchaus auf die *VIII STÄBE* Bezug nehmen, die verkünden, dass freudige Nachrichten den Ratsuchenden schon bald über die Hintergründe in Kenntnis setzen werden. Diese Momentaufnahme vom *AS DER STÄBE* findet statt über grünem Land mit fruchtbaren Bäumen sowie klarem Gewässer. All das spricht für das gute und nicht herbeigezwungene, sondern das natürliche Gedeihen aus dieser Chance. Selbst die Burg und Berge im Hintergrund, sonst imponierende Erhebungen im Land, wirken klein und schmächtig, fallen kaum ins Auge des Betrachters. Während der Stab selbst auch schon in der Bibel immer wieder ein Zeichen für die Unterstützung Gottes war, so verweisen auch die Berge auf ein Bündnis mit Gott, also auf eine Chance, der man vertrauen darf. Die Möglichkeiten, die mit dem *AS DER STÄBE* geboten werden, entsprechen weder materiellen Geschenken noch sonstigen Sachlichkeiten, die hilfreich für ein Unterfangen sein könnten. Vielmehr geht es um eine gebotene Chance, durch eigenes Engagement und interessierter Bereitschaft mental zu wachsen und so bereichernde Erfahrungen sammeln zu können. Auch hier sei noch einmal auf die grünen Bäume hingewiesen, die das Wachstum des Menschen repräsentieren. Der graue Hintergrund überlässt es dem Ratsuchenden, ob er die Chance nutzt oder nicht. Der Schöpfer hat die Möglichkeit geboten, nun liegt es an ihm, das Beste daraus zu machen.

GRUNDAUSSAGE

Dem Fragenden wird eine wunderbare Chance geboten, an der er wachsen kann, wenn er mit ein wenig Experimentierfreude und Willenskraft beschließt, dieser gebotenen Möglichkeit zu folgen. Sie wird auf jeden Fall bereichernden Charakter haben und ebenfalls die Chance bieten, ein wenig mehr von sich und seinen Fähigkeiten und

Ansichten etc. nach außen tragen zu können, um sie auf ihre Werthaltigkeit zu überprüfen.

VERLAUF
Eine gebotene Chance, die die Bereitschaft zur Umsetzung erfordert.

STEHT FÜR …
Möglichkeiten, Chancen, Inspiration und Impulse, Neubeginn, begeisterte Zustimmung, Entfaltungsmöglichkeiten, Energie, erfinderischer Geist, Kreativität, bereit sein für ein Risiko, (Bereitschaft zum) Handeln.

WARNT VOR …
unkontrollierten Handlungen, Hitzköpfigkeit, Sturheit („mit dem Kopf durch die Wand wollen"), Chancen ungenutzt verstreichen zu lassen, seine Möglichkeiten nicht erkennen.

LIEBE
In Partnerschaft Befindliche haben die Möglichkeit, angeknackste Beziehungen zu heilen oder bestehende Verbindungen zu intensivieren. Dieses kann durch mehr gemeinsame Aktivitäten ebenso wie durch eine andere (neue) Form der Sexualität etc. erfolgen.
Schüchterne Singles haben nun die Chance, ihre Flirtqualität am lebenden Gegenüber unter Beweis zu stellen und Partnersuchende können durchaus jemand Interessantes kennen lernen.
Hinweis: Als *Empfängniskarte* steht das *AS DER STÄBE* auch für Schwangerschaft und Geburt (wofür man bekanntlich nicht verheiratet oder gebunden sein muss).

SONSTIGE VERBINDUNGEN
Stabile familiäre Verhältnisse. Aussichtsreiche Verbindungen/Verträge. Zuverlässige Freunde. Im Freundes-/Bekanntenkreis so angenommen werden wie man ist.

BERUF
Schlummernde Talente werden zutage gefördert und können hilfreich sein, seine Fähigkeiten unter Beweis zu stellen. Ein neues Aufgabengebiet, die Versetzung auf einen anspruchsvolleren Posten ebenso wie die Möglichkeit, in einem neuen Unternehmen sich ins beste Licht zu rücken und andere von den eigenen Qualitäten zu überzeugen, wird mit dem *AS DER STÄBE* geboten. Wer genügend Ehrgeiz hat und nicht auf halber Strecke schlapp macht, kann hier die Saat für etwas langfristig Erfolgreiches aussäen.

EIGENSCHAFTEN
Im positiven Sinne: Optimistisch, risikofreudig, engagiert, ehrgeizig, vital, aktiv, interessiert, motiviert, die Chance bejahend.
Im negativen Sinne: Hitzköpfig, stur, unkontrolliert, unübersichtlich vorgehend, seine Fähigkeiten nicht lebend, seine Talente nicht nutzend, desinteressiert, ablehnend.

II STÄBE

Die *II STÄBE* ist die Karte der Neutralität. Ein Mann hält in der linken (= schwankend) Hand den einen Stab, während der andere Stab an einer Mauer lehnt, er selbst steht zwischen beiden. In der rechten (= das Gute, das Vollkommene) Hand hält er die Weltkugel, blickt dabei gelangweilt wirkend auf das Land und Meer vor sich, schaut auf Erreichtes und noch Erreichbares, vielleicht aber auch auf etwas Verlorenes. An jedem Stab befinden sich drei Knospen mit jeweils daraus entspringenden drei Blättern (je Seite = 9 Blätter). Die IX. Karte der kleinen Arkana entspricht der Vollendung. Da auf beiden Seiten die Vollendung angekündigt wird, darf man davon ausgehen, dass dem Mann mehrere Möglichkeiten zur Verfügung stehen, um dort hinzugelangen. Allerdings steht er still da, steht zwischen diesen Möglichkeiten. Auch das Andreaskreuz aus kaminroten Rosen (= Symbol der Verschwiegenheit) und Lilien (= Symbol der Be-/Reinigung) steht in der Form für das Stehen zwischen den Stühlen von Schweigen oder Reden/Handeln. Dabei schaut er auf das Meer hinaus, welches in der angelehnten Bildersprache zur Bibel sowohl Angst als auch Ratlosigkeit symbolisiert, ebenso wie die insgesamt 18 Blätter auf den *MOND* aus der großen Arkana verweisen, der ebenfalls diesen Aussagen entspricht. Das Meer wird umsäumt von Bergen als Zeichen des Bündnisses. Der kleinere blaue Berg (= Verbindung von irdischen und geistigen Gesichtspunkten auf dem Weg zum Erfolg) wird allerdings fast von den violetten (= Reue, Angst) Bergen verdrängt. Ob es sich hierbei tatsächlich um Angst handelt, sich zu entscheiden, oder um Reue, gerade eine Entscheidung nicht getroffen zu haben, kann aus dieser Karte allein nicht ermittelt werden. Wir erinnern uns, dass die II einer Reihe immer das Abwägen des Für und Wider aus einer gebotenen Chance (vom vorhergehenden As) ist, das Ausspielen der Polaritäten zwischen dem, was möglich ist und was nicht. Mit *II STÄBE* erhält das *AS DER STÄBE* einen kleinen Dämpfer: die lodernden Flammen des risikofreudigen und unternehmungslustigen Vorgehens wurden fast erstickt, denn nahezu gleichgültig steht dieser Mann dem Erreichten gegenüber, kann seinen Erfolg nicht wirklich genießen oder auch den Sinn einer gebotenen Chance nicht erkennen. Allerdings ist seiner stehenden Haltung zu entnehmen, dass er bereit ist zu handeln oder zu dienen – jedoch nicht unüberlegt, sondern mit Respekt und Achtung. Weiterhin steht der Mann auf einer Burg. Eine solche repräsentiert auf der einen Seite einen Ort der Sicherheit, ebenso wie die eigene Stärke. Ein Spruch Salomos (18,10) lautet: *„Der Name des Herrn ist eine feste Burg; der Gerechte läuft dorthin und wird beschirmt."* Hieraus resultiert der Schutz und gleichzeitig verbirgt sich in diesen Zeilen folgender Sinn: die Burg symbolisiert den Rückzug ins eigene Innere, um frei von äußeren Einflüssen – und somit neutral – eine Entscheidung treffen zu können oder sich auch einfach nur zurückzuziehen, um aus Angelegenheiten herausgehalten zu werden.

GRUNDAUSSAGE
Was habe ich warum getan? Wieso wende ich mich wem zu? Soll ich mich einbringen oder nicht? Und wenn ja, warum? Worum auch immer es jetzt geht, ein Heraushalten oder allenfalls eine neutrale wie unverbindliche Haltung und Einstellung sind mit dieser Karte einfach der bessere Weg, bis Klarheit herrscht, welchen Weg man einschlagen möchte. Diese Entscheidung sollte allerdings frei von allen Beeinflussungen möglicher Beteiligter getroffen werden. Dafür wäre u. U. auch ein Moment des Rückzugs anzuempfehlen. Anderenfalls ist die Gefahr gegeben, in ein Lippenbekenntnis zu verfallen, jener Lüge, wenn man sich jemandem oder etwas zuwendet, ohne sich wirklich damit identifizieren zu können.

VERLAUF
Eine gebotene Chance, die die Bereitschaft zum Umsetzen erfordert → die neutrale Bewertung der tatsächlichen Gefahren, die darin verborgen liegen, aber auch der Möglichkeiten, die sie mit sich bringen könnte.

STEHT FÜR …
inneren Konflikt, zwischen den Stühlen sitzen, Zwickmühle, Scheinzufriedenheit, unbefriedigt sein, Widerspruch, Neutralität, Ratlosigkeit, Entnervung.

WARNT VOR …
Gleichgültigkeit, nicht gewollte Kompromisse (nur des lieben Friedens willen), nicht umsetzbare Vorsätze und Zusagen.

LIEBE
Typische WG-Beziehung: nebeneinanderher leben, routinierte Partnerschaft, unbefriedigende Sexualität, kein wirkliches Aufeinanderfreuen mehr, Disharmonie. Doch kommt es unter dieser Karte noch nicht zur Trennung, hier wird sich vor einer Wandlung (oder Entscheidung) einfach gedrückt. Partnersuchende würden hier eher den Freund mit der Schulter zum Anlehnen denn den Partner fürs Leben finden.

SONSTIGE VERBINDUNGEN
Halbherzige Zusagen, die später – auch unangenehme – Konsequenzen haben können. Nicht wirklich entscheidungsfreudig und interessiert bei der Sache sein, sich auf Verträge/Verbindungen einlassen, die einen in Wirklichkeit gar nicht sonderlich interessieren. Unverbindliche Freundschaften.

BERUF
Routiniertes, aber mit wenig Engagement versehenes Arbeiten, wenig Interesse am Hochklettern der Karriereleiter. Es wird getan, was getan werden muss – nicht mehr, nicht weniger.

EIGENSCHAFTEN
Im positiven Sinne: Neutral, lässt sich nicht beeinflussen, bereit zum Handeln.
Im negativen Sinne: Halbherzig, drückebergerisch, verantwortungslos, gleichgültig, unentschlossen, apathisch, müde, passiv, gelangweilt.

GESUNDHEIT
Erschöpfungszustand. Nervlich angespannt.

III STÄBE

Ein Mann steht auf einem Plateau. Zwei Stäbe befinden sich hinter ihm; diese sind jene beiden Stäbe aus der vorherigen Karte, die ihn alle Für und Wider haben abwägen lassen. Doch ist er durch sie hindurchgegangen und hält in der rechten (= Bewältigung von Schwierigkeiten) einen weiteren Stab. So finden sich an dem dritten Stab auch zehn Blätter; angelehnt an die *große Arkana (DAS RAD DES SCHICKSALS)* ist er das Thema, welches es zu lösen galt, angegangen, hat seine Unsicherheit (18 Blätter an den beiden anderen Stäben, siehe *II STÄBE*) überwunden – und das erfolgreich, wie die vorherrschende Farbe Goldgelb ohne Zweifel erahnen lässt. Er schaut in die Ferne, beobachtet Schiffe, die im goldenen Schein dahingleiten, der so kräftig ist, dass selbst das Meer sich in ein kräftiges Goldgelb verwandelt hat. Diese Situation repräsentiert den Glauben daran, sich für den richtigen Weg entschieden zu haben.

Die Karte selbst symbolisiert also das Erreichen einer gesunden und stabilen Basis, von der aus alle weiteren Aussichten mit Hoffnung (grünes Tuch) auf Gelingen genährt werden, auch wenn der Weg bis hierhin nicht immer einfach. Die Farbe Rot des Umhangs steht sowohl für die negativen als auch positiven Seiten, die die Pfade des Lebens mit sich bringen.

Wenngleich die stehende Körperhaltung des Mannes auf seine Bereitschaft zum Handeln oder Dienen verweist, so können wir bei der Motivanalyse dieser Karte noch einen Schritt weiter gehen. Seine linke Schulter wird durch ein grünes Tuch betont. Aus verschiedenen Geschehnissen innerhalb der Bibel geht immer wieder hervor, dass die, die *auf ihren Schultern tragen*, Gehorsamkeit und Dienstbereitschaft zeigen. Der Mann auf der Karte *III STÄBE* war in gewisser Weise also auch „gehorsam", da er die Chance aus den beiden vorhergehenden Karten nicht nur gesehen, sondern auch seine Hin- und Hergerissenheit überwunden und schlussendlich folgerichtig ergriffen hat. Dafür wird er mit *III STÄBE* langfristig belohnt.

Auch verweisen die zehn Blätter an dem gehaltenen Stab, dass der Betroffene bereit ist, konsequent seinen Weg weiter zu gehen, bis er die Vollendung (Karte *IX STÄBE*) dieser Reihe erfahren hat.

GRUNDAUSSAGE

Eine im wahrsten Sinne des Wortes aussichtsreiche Karte. Es wurde ein solider Grundstock geschaffen, der weitere erfreuliche Aussichten in sich birgt. Mit Respekt darf man jetzt auf das Geschaffene schauen und darauf vertrauen, dass von dieser Stelle aus künftige Geschehnisse bereichernden Charakter haben.

VERLAUF

Eine gebotene Chance, die die Bereitschaft zum Umsetzen erfordert → die neutrale Bewertung der tatsächlichen Gefahren, die darin verborgen liegen, aber auch der Möglichkeiten, die sie mit sich bringen könnte → die wahrgenommene Chance mit der daraus resultierenden Erkenntnis des langfristigen Erfolges.

STEHT FÜR …
Lichtblicke, gute Aussichten, Erreichtes festigen, Tugend, Erfolg, solide Grundlage, Selbstsicherheit, Einsatz, Weitblick, Bodenständigkeit, Besonnenheit, Lebensziele definieren, Dienstbereitschaft, Gehorsam.

WARNT VOR …
übertriebener Selbstzufriedenheit und Leichtsinnigkeit (ein solider Grundstock ist geschaffen, doch ist es kein Grund, stehen zu bleiben, egal wie groß der Erfolg ist!).

LIEBE
In Partnerschaft Befindlichen wird es gelingen, ihre Beziehung auf jenen festen Boden zu rücken, von welchem aus sie künftig gemeinsam agieren werden, um in eine stabile gemeinsame Zukunft zu gehen.
Partnersuchende werden sich aus dem Single-Leben verabschieden und ihren Partner finden, mit dem sie etwas aufbauen werden. Selbst absolut überzeugte Singles, für die eine feste Beziehung bisher unvorstellbar schien, werden nun eines Besseren belehrt.

SONSTIGE VERBINDUNGEN
Etwas aufgebaut haben, woraus man lange schöpfen bzw. man weiterhin aufbauen kann. Gewinnbringende Verbindungen. Seit langem bestehende Freundschaften, verlässliche Freunde, die einem in der Not den Rücken stärken.

BERUF
Sich hochgearbeitet haben, durch Fleiß und Ausdauer sich im Betrieb eine solide Basis geschaffen haben, die einem Anerkennung bringt. Eine Führungsposition angeboten bekommen oder bereits innehalten. Gesicherter Arbeitsplatz, gute Karrierechancen. Gesichertes Einkommen.

EIGENSCHAFTEN
Im positiven Sinne: Solide, klar, tüchtig, ehrlich, zuversichtlich, bodenständig, unabhängig, strebsam, gehorsam, anpassungsfähig.
Im negativen Sinne: Selbstzufrieden, leichtsinnig, unüberlegt, das Erreichte aufs Spiel setzend.

IV STÄBE

Zwei der *IV STÄBE* sind mit einer Girlande aus Wein und Trauben verbunden, laden ein, hindurchzugehen, um die winkenden Menschen vor der Burg zu erreichen. Eine kleine Gruppe weiterer Personen scheint diesen Weg schon gegangen zu sein, denn sie werden bereits in die Burg geführt, von welcher sich Türme mit roten Spitzen erheben. In der Bibel findet sich im Psalm 104,15 (Lob des Schöpfers) der Ausspruch *„... dass der Wein erfreue des Menschen Herz ...“* wie auch in vielen weiteren Stellen der Bibel der Wein immer wieder in Verbindung gebracht wird mit Freude. Möglicherweise symbolisiert die Abbildung dieser Karte auch den Tag der Weinlese, also einen Tag der Freude, des Feierns und Genießens. Denn auch die Sträuße, mit denen die willkommen heißenden Menschen winken, bestehen aus Weinlaub. Unlängst wissen wir ferner, dass die Burg ein Symbol der Sicherheit ist, ebenso wie die Türme Schutz repräsentieren. In Anlehnung an die Bedeutung der IV. Karte einer jeden Reihe der kleinen Arkana darf hier folglich davon ausgegangen werden, dass man das Beste aus einer Situation gemacht hat und nun ein wenig ausruhen und den Erfolg feiern darf. Das, was erschaffen wurde, geht nicht mehr verloren. Es wird in der Sicherheit der Burg gewogen und unter den roten Gauben der Türme geschützt. Das Rot der Turmspitzen bietet die Chance, auf das zurückzuschauen, was man erreicht hat, sich nun mit weiteren Möglichkeiten auseinander zu setzen unter Abwägung aller Für und Wider, bevor man seinen Weg weiter geht. Auch der goldgelbe Hintergrund und Boden verweisen auf das Gedeihen, die Menschen wirken fröhlich und offen, winken dem Betrachter einladend zu, es gibt keinen Grund, diese Möglichkeit des Ausruhens und Genießens nicht anzunehmen. Letzten Endes liegt es aber an dem Menschen selbst, dieses zu erkennen und durch das einladende Tor der *IV STÄBE* hindurch zu gehen.

GRUNDAUSSAGE

Ein wichtiger Abschnitt neigt sich dem Ende zu und es ist die Zeit gekommen, sich für einen Moment auszuruhen und den Erfolg zu genießen. Dieses sollte allerdings nicht im stillen Kämmerlein stattfinden. Die Karte *IV STÄBE* fordert auf, sich der Gesellschaft zuzuwenden, wieder mehr soziale Kontakte zu knüpfen, denn Angst vor Ablehnung braucht man nicht zu haben. Wer andere willkommen heißt, wird auch selbst eine offene Tür finden. Dieses Gefühl, welches einen noch in der Annahme unterstützt, auf dem richtigen Weg zu sein, kann sich dahingehend förderlich auswirken, die sich nun anschließenden Möglichkeiten auf ihre Haltbarkeit zu prüfen, ohne Gefahr zu laufen, bisher Erreichtes zu verlieren.

VERLAUF

Eine gebotene Chance, die die Bereitschaft zum Umsetzen erfordert → die neutrale Bewertung der tatsächlichen Gefahren, die darin verborgen liegen, aber auch der Möglichkeiten, die sie mit sich bringen könnte → die wahrgenommene Chance mit der daraus resultierenden Erkenntnis des langfristigen Erfolges → ein erfolgreicher Etappensieg, von welchem aus in Ruhe weiter geplant werden kann.

STEHT FÜR ...

wohlverdiente Pause. Zeit, um Erreichtes zu sichern, Rücklagen schaffen, Optimismus, Wohlstand, Harmonie, Vollendung, Lebensfreude, Willkommen sein, Eigeninitiative, Freude, das Leben bejahen, Erfolg.

WARNT VOR ...

Stillstand (egal, wie stark das Fundament schon ist), mangelnder Eigeninitiative (im Erfolg der anderen mitschwimmen, ohne sich selbst einzubringen), Verschlossenheit, unüberlegtem Beschreiten weiterer Wege im übermütigen Glauben, dass grundsätzlich im Leben nichts mehr schiefgehen könnte.

LIEBE

Feste Beziehungen sind geprägt von Vertrautheit, der gegenseitigen Achtung voreinander ebenso wie das Freuen aufeinander. Sollte das Vorstellen der künftigen Schwiegereltern anstehen, werden diese den Partner ihres Kindes in der Familie willkommen heißen. Wer noch nicht zusammenwohnt, könnte unter dieser Karte bald mit seinem Partner die gemeinsamen vier Wände teilen – und es würde auch noch gut funktionieren. Partnersuchende können nur dann jemanden finden, wenn sie selbst den ersten Schritt tun. Von alleine klopft niemand an die Tür.
Hochzeit.
Nachwuchs (egal ob gebunden oder ungebunden).

SONSTIGE VERBINDUNGEN

Lange Freundschaft, in der Gesellschaft anerkannt sein, sich in Gruppen (z. B. Vereinen) angenommen fühlen. Interesse an gemeinsamen Unternehmungen. Frieden. Erfolgversprechende neue Verbindungen.
Wer sozial eher zurückgezogen lebt und Sehnsucht nach mehr Kontakten hat, sollte spätestens jetzt den Schritt vor die Tür wagen und sich Gleichgesinnten anschließen. Ist der erste Schritt erst einmal getan, wird man sich fragen, warum man nicht schon viel früher den Mut dazu hatte.

BERUF

Sich im Team integrieren, offenes Miteinander, Erfolg versprechende Pläne, seine Ideen vorstellen, Bereitschaft auch für andere oder zusätzliche Tätigkeiten zeigen – wer sich jetzt nicht versteckt, kann die Aufmerksamkeit der verantwortlichen Personen auf sich ziehen und davon durchaus profitieren. Gutes Arbeitsklima, gegenseitige Hilfe.

EIGENSCHAFTEN

Im positiven Sinne: Optimistisch, fröhlich, in Feierlaune befindlich, motiviert, auf andere zugehend, anpassungsfähig, andere akzeptierend wie sie sind, das Leben bejahend.
Im negativen Sinne: Mangelnde Eigeninitiative, sich verschließend, Spielverderber, nach dem Haar in der Suppe suchend, misstrauisch.

V STÄBE

Fünf junge Burschen stellen auf der Karte *V STÄBE* eher spielerisch ihren Kampfgeist unter Beweis, erproben Talent, Geschick und Ausdauer frei von Feindseligkeit. Sie haben sich dafür in ein Gebiet zurückgezogen, dessen Erdboden allenfalls von Grassoden hier und dort durchzogen wird, ansonsten aber wertlos ist. Analog hierzu gewertet geht es bei diesem Kampf also weder um Sieg noch Niederlage. Unter strahlend blauem Himmel halten sie allesamt ihre Stäbe in die Höhe, versuchen ihren Willen über ihren Verstand durchzusetzen. Allerdings wird es ihnen so nicht gelingen, die geistige mit der körperlichen Kraft (blauer Himmel, kleiner blauer Berg im Hintergrund) zu verbinden, was in einem wirklichen Kampf vonnöten wäre. Auch über diesen Hinweis erhalten wir noch einmal Bestätigung, dass es hier um das gegenseitige Erproben, um das testende Ausdehnen von möglichen Grenzen geht, ohne in einen wirklichen Kampf auf Sieg und Niederlage zu verfallen. Dieses Verhalten stützt die Bedeutung der V. Karte einer Reihe, bei der es um das erneute Abwägen ebenso geht wie um das Überprüfen, was außer dem bisher Erreichten noch möglich wäre.

GRUNDAUSSAGE

Zerstörerische, machtvolle und bedrohende Gebärden bringen niemanden weiter, führen nur zu sinnlosen Auseinandersetzungen und mögliche Chancen werden vertan. Es ist das spielerische Erproben von Fähigkeiten und Austesten von Grenzen. Es bedeutet *nicht*, sich einer Herausforderung gar nicht erst zu stellen, sondern diese als eine Art Kraftprobe zu werten. Das Bestreben sollte dabei nicht unbedingt auf Sieg gerichtet sein, sondern eher darauf ausgerichtet, aus den Erfahrungen für die Zukunft zu lernen.

VERLAUF

Eine gebotene Chance, die die Bereitschaft zum Umsetzen erfordert → die neutrale Bewertung der tatsächlichen Gefahren, die darin verborgen liegen, aber auch der Möglichkeiten, die sie mit sich bringen könnte → die wahrgenommene Chance mit der daraus resultierenden Erkenntnis des langfristigen Erfolges → ein erfolgreicher Etappensieg, von welchem aus in Ruhe weiter geplant werden kann → das Erproben, inwieweit die gegebenen Möglichkeiten noch dehnbarer sind, ohne das bisher Erreichte zu gefährden.

STEHT FÜR ...

Kraftprobe, Training, Wettkampf, Kräftemessen, sich erproben, seine Grenzen austesten, sich einer Herausforderung stellen, fairer und sportlicher Ehrgeiz, sich zusammenraufen, Sport, Spiele, Streben nach Glück und Anerkennung.

WARNT VOR ...

Rechthaberei, sinnlose Diskussionen, Bedrängung zur Zielerreichung, zu starkes Streben, zerstörerisches Vorgehen, Gewaltanwendung.

LIEBE

Selbst wenn es in einer Beziehung kriselt, muss damit noch nicht alles zu Ende sein. Jetzt wäre die Möglichkeit, die Hinweise dieser Karte dahingehend zu nutzen, die Partnerschaft mit neuen Spielregeln neu zu gestalten und die gegenseitigen Grenzen festzumachen, um der Liebe eine neue Chance zu geben. Je eher – desto besser. Je länger man wartet, desto schwieriger wird es. Sind die Fronten erst einmal verhärtet, mag keiner mehr von seinem Standpunkt abweichen.

Partnersuchende treffen hier eher auf jemanden, der nicht sofort den Idealvorstellungen entspricht und mit dem es möglicherweise auch gar nicht in eine feste Beziehung gehen wird. In diesem Fall verweisen die *V STÄBE* eher darauf, wieder das Flirten zu lernen, das Vertrauen in den anderen (z. B. nach einer schmerzhaften partnerschaftlichen Erfahrung) oder auch sich mit der Bereitschaft anzufreunden, sich grundsätzlich wieder auf jemanden einlassen zu können (z. B. nach Verlust des Partners oder wenn man lange Single war).

SONSTIGE VERBINDUNGEN

Alte Verbindungen, in denen die Standpunkte geklärt werden müssen. Neue Beziehungen, bei denen von vornherein die Grenzen festgemacht werden. Auf ein Miteinander statt Gegeneinander achten. An einem Strang ziehen, dabei die jeweiligen Fähigkeiten unter Beweis stellend, ohne sich gegenseitig im Weg zu stehen. Fairer Konkurrenzkampf.

BERUF

Es geht nicht darum, verbissen die Karriereleiter emporzusteigen. Natürlich versucht jeder, das Beste aus seinem Job zu machen und eine möglichst besser dotierte Stelle zu bekommen. Doch versucht dabei niemand, dem anderen bewusst zu schaden und an seinem Weg zu hindern. Vielmehr geht es darum, seine Fähigkeiten mit denen der anderen zu messen und zu optimieren, dabei jedoch frei von unfairem Verhalten möglichen Mitstreitern gegenüber.

Bei Ausschreibungen oder Bewerbungen darf man ruhig ein wenig mehr Mut an den Tag legen und bereit sein, auch höhere Erwartungen erfüllen zu können.

EIGENSCHAFTEN

Im positiven Sinne: Fair, kompromissbereit, ehrgeizig, kreativ, sportlich, lebendig, optimierend, anpassungsfähig, erfolgsorientiert, klar strukturiert, überlegt handelnd, nichts aufs Spiel setzend, gefahrlos.

Im negativen Sinne: Die Übersicht verlierend, mit dem Kopf durch die Wand wollend, auf Sieg setzend, koste es, was es wolle. Bedrängend, unzufrieden, stressig, zerstörerisch, kränkend, gewalttätig.

VI STÄBE

Ein Botschafter reitet auf einem weißen (= Freude) Pferd (= Stolz), welches von einem grünen (= Zuversicht) wallenden Tuch bedeckt ist. Er hält in seiner rechten Hand einen Stab (= Überwinden von Schwierigkeiten), an dessen oberen Teil ein Lorbeerkranz (= Symbol für Sieg) mit einer roten Schleife befestigt ist. Die Menge im Hintergrund hält ihm ihre Stäbe in Siegespose entgegen. Dass ein solcher errungen wurde, stellt auch der Lorbeerkranz als Krone (= Zeichen von Ehre und Ruhm) sicher.

Analog zu den Lorbeerkränzen verkündet der Botschafter also den Erfolg, bringt die Gewissheit, dass man schon ein gutes Stück auf seinem Weg erfolgreich gemeistert hat. Gleichwohl dürfen wir die Bedeutung, dass der Botschafter nicht z. B. vor seiner Truppe steht, sondern hoch zu Ross über sein Umfeld schaut, nicht außer Acht lassen. Auch wenn ein wichtiger Etappensieg erreicht wurde und der Weg weiter in Richtung Erfolg geht, so heißt es doch, trotzdem wachsam zu bleiben, den Überblick zu wahren und nicht in seiner Beharrlichkeit (VI einer jeden Reihe) nachzulassen.

GRUNDAUSSAGE

Zumindest ein erster Streckensieg konnte schon erreicht werden. Die Karte bedeutet Beharrlichkeit und Vertrauen, dass auch die letzten Abschnitte dieses Weges gut verlaufen werden, der Ratsuchende hier wirklich als Sieger hervorgehen kann. Trotz allem sollte er aber nicht in Übermut oder gar Stillstand verfallen, sondern wachsam seiner Wege gehen, nicht in Selbstüberschätzung alles aufs Spiel setzen.

VERLAUF

Eine gebotene Chance, die die Bereitschaft zum Umsetzen erfordert → die neutrale Bewertung der tatsächlichen Gefahren, die darin verborgen liegen, aber auch der Möglichkeiten, die sie mit sich bringen könnte → die wahrgenommene Chance mit der daraus resultierenden Erkenntnis des langfristigen Erfolges → ein erfolgreicher Etappensieg, von welchem aus in Ruhe weiter geplant werden kann → das Erproben, inwieweit die gegebenen Möglichkeiten noch dehnbarer sind, ohne das bisher Erreichte zu gefährden → der erreichte Erfolg aus der vorhergehenden Erprobung

STEHT FÜR …

Erfolgreich zurückgelegte Strecke, guter Anfang, Erfolg, Sieg, Optimismus, gute Nachrichten, Lob, Anerkennung, Aufschwung, Aufstieg, Wertschätzung, Verdienst, Unterstützung erhalten, Wendepunkt zum Guten, Durchsetzung, positive Erwartung, mit Beharrlichkeit zum Sieg.

WARNT VOR …

Selbstüberschätzung, sich zu sehr in Sicherheit zu wiegen, wichtige Aspekte der Situation außer Acht zu lassen, nachlassendem Engagement.

LIEBE
In Partnerschaft Befindliche werden mit dieser Karte mögliche Beziehungsprobleme ebenso überwinden wie den allzu grauen Alltag, der still nagend die Partnerschaft zu zerstören drohte. Das Unglück einer Trennung konnte noch einmal abgewendet werden, doch ein Garant dafür, dass es immer so bleibt, ist es nicht. Dazu bedarf es der weiteren gemeinsamen Entwicklung.
Partnersuchende machen sich langsam wieder bereit für eine Beziehung und können erste Flirtergebnisse verzeichnen sowie interessante Begegnungen verbuchen. Es muss dabei noch gar nicht der neue Partner über den Weg laufen, vielmehr geht es um das (auch neue) Wahrnehmen, dass man für eine Beziehung bereit ist und durchaus die Chancen bestehen, eine solche einzugehen.
Wer als Suchender allerdings schon jemanden ins Auge gefasst hat und nicht mit der Tür ins Haus fällt, sondern es langsam angehen lässt, wird keine Ablehnung erfahren.

SONSTIGE VERBINDUNGEN
Gute vertragliche Abschlüsse und Absicherungen, erfolgreiche Pläne, Anerkennung, finanzieller Aufschwung, Zusicherung von Aufträgen, in die engere Auswahl kommen, innerhalb des Freundes-/Bekanntenkreises ein Stimmungstief überwunden haben, in einer geschlossenen Gesellschaft Aufnahme finden.

BERUF
Auf der Karriereleiter eine Stufe höher klettern, Erfolg und Anerkennung, Gehaltserhöhung.

EIGENSCHAFTEN
Im positiven Sinne: Optimistisch, beharrlich, wertvoll, zuversichtlich, erfolgreich.
Im negativen Sinne: Überschätzt sich selbst, gibt zu früh auf.

VII STÄBE

Auf einem Felsen steht ein Mann in Abwehrhaltung. Wie ein Akrobat auf einem Seil hält er den Stab quer vor seinem Körper, um sein Gleichgewicht zu halten. Sein energischer Gesichtsausdruck lässt darüber hinaus ohne Zweifel erkennen, dass er bereit ist das, was er sich erschaffen hat, zu verteidigen. Die Anhöhe ist mit kräftigem Grasbewuchs versehen. Gras ist ein Symbol für das rasche Erwachen, aber auch für das ebenso rasche Vergehen. Passend hierzu findet sich in der Bibel der Psalm 90, 5.6 *„...wie ein Gras, das am Morgen noch sprosst, das am Morgen blüht und sprosst und des Abends welkt und verdorrt.“* Erinnern wir uns nun, dass die VII. Karte einer Reihe der kleinen Arkana eine Handlung repräsentiert, die aus bisher gemachten Erkenntnissen resultiert. Der bisherige Weg war jener, in kleinen Schritten vorwärts Richtung Vollendung zu gehen, dabei von Station zu Station überlegend, was der nächstklügere Schritt wäre. Der Mann auf der Karte weiß, dass das, was er sich bisher erschaffen hat, oftmals mit Mühen und Anstrengungen verbunden war, nichts ist ihm in den Schoß gefallen, hat von ihm taktisches Vorgehen erfordert. Hier wurde also durch Eigeninitiative ein Gewinn erzielt, ein Sieg errungen. Der Betreffende weiß allerdings, dass alles vergänglich ist, deswegen nimmt er hier immer die schützende Abwehrhaltung ein, um Angriffe abzuwehren. Was gestern noch große Wichtigkeit hatte, kann morgen nichtig sein. Wie das Wachsen und Verdorren von Gras. Das Verdorren wird hier – im übertragenen Sinne – versucht zu verhindern. Dadurch, dass der Mann auf einer Anhöhe steht, behält er den Überblick über die Situation. Seine leicht in den Knien gebeugte Haltung und sein kämpferischer Gesichtsausdruck verdeutlichen aber seine Entschlossenheit. Sein grünes Oberteil bezeugt seine Hoffnung, dass es ihm mit dieser Einstellung und Haltung gelingen wird, zu schützen, was ihm wichtig ist.

GRUNDAUSSAGE

Sofern nicht nach einer bestimmten Angelegenheit gefragt wurde, dürfen wir davon ausgehen, dass der Ratsuchende grundsätzlich zu denen gehört, die für alles kämpfen müssen, denen nichts von alleine in den Schoß fällt.

Wurde gezielt nach einem Thema gefragt, so hat der Ratsuchende sicher sein Ziel weitestgehend erreicht, doch kann er sich nicht in Sicherheit wiegen. Die eifersüchtigen und missgünstigen Gemüter Außenstehender machen es erforderlich, seine Position und seine Entscheidungen konsequent zu verteidigen.

VERLAUF

Eine gebotene Chance, die die Bereitschaft zum Umsetzen erfordert → die neutrale Bewertung der tatsächlichen Gefahren, die darin verborgen liegen, aber auch der Möglichkeiten, die sie mit sich bringen könnte → die wahrgenommene Chance mit der daraus resultierenden Erkenntnis des langfristigen Erfolges → ein erfolgreicher Etappensieg, von welchem aus in Ruhe weiter geplant werden kann → das Erproben, inwieweit die gegebenen Möglichkeiten noch dehnbarer sind, ohne das bisher Erreichte zu gefährden → der erreichte Erfolg aus der vorhergehenden Erprobung → die Verteidigung des bisher Erreichten.

STEHT FÜR …

Missgunst, sich aktiv einbringen, seine Position verteidigen, die Übersicht behalten, konsequentes Vorgehen, Neid, Eifersucht, sich bewähren, wachsam bleiben, Tatendrang, Abwehrhaltung, Bedrohung.

WARNT VOR …

Überhastigkeit, ängstlichem Gegenangriff, Gelassenheit, Gleichgültigkeit, Passivität.

LIEBE

Gebundene Ratsuchende werden ihre Beziehung gefährdet sehen. Dieses kann geschehen durch missgünstige Äußerungen Außenstehender, durch begründete wie auch unbegründete Eifersucht des Partners oder auch dem tatsächlichen Seitensprung. Wodurch die Krisenstimmung auch immer ausgelöst wurde: wenn man zurückschaut auf das, was einen bisher miteinander verbunden hat, dann lohnt es sich, um die Beziehung zu kämpfen und den Widersachern Grenzen aufzuzeigen.

Partnersuchende würden auf jemanden treffen, der entweder selbst noch nicht wirklich frei ist oder dessen Ex-Partner(in) noch nicht die Einsicht gewonnen hat, dass es tatsächlich zu Ende ist. Hier ist mit Störungen zu rechnen und eifersüchtigen Angriffen.

SONSTIGE VERBINDUNGEN

Charmante Vertreter und vielversprechende mündliche Zusagen, doch letzten Endes enthalten angebotene Verträge ein unüberschaubares Risiko. Brodelnde Gerüchteküche, deren „Köche“ man schnellstmöglich zur Rede stellen sollte. Bedrohung von Verbindungen durch missgünstige Außenstehende. Eifersuchtsszenen im Freundes- wie Bekanntenkreis.

BERUF

Kollegen tauchen auf, die sich als „Trittbrettfahrer“ entpuppen und auf den Wagen des Erfolges mit aufspringen und sich damit brüsten wollen, ohne selbst auch nur einen Handschlag getan zu haben. Mobbing, Intrigen. Konkurrenz. Wer sich jetzt nicht ins Abseits drängen lassen möchte, sollte nicht nur seiner Arbeit beharrlich nachgehen, sondern sich auch konsequent gegen die üblen Machenschaften der Kollegen zur Wehr setzen.

EIGENSCHAFTEN

Im positiven Sinne: Aktiv, kämpferisch, verteidigend, besonnen, die Situation überblickend, erfolgreich seine Position verteidigend, taktisch kluges Vorgehen.

Im negativen Sinne: Neidisch, missgünstig, eifersüchtig, passiv, gleichgültig, depressiv, Trittbrettfahrer, sich im Erfolg der anderen sonnen.

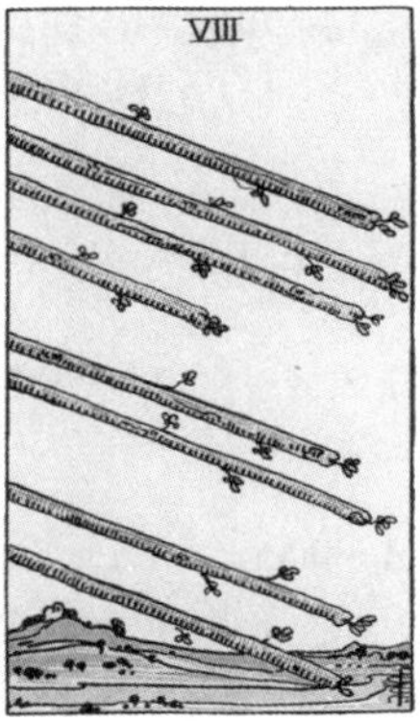

VIII STÄBE

VIII STÄBE wie im Flug von links nach rechts. Unter dem strahlend blauen Himmel eine grüne Landschaft und ein Fluss, der sich durch die Natur schlängelt, mit seinem Wasser dafür sorgt, dass diese ausreichend versorgt ist und fruchtbaren Boden trägt. Auf einer Anhöhe steht ein Gebäude. Die VIII. Karte einer Reihe steht für die Fortführung und so vermitteln uns die *VIII STÄBE*, dass es weiter geht. Etwas ist schon im Werden, kommt auf einen zu. Doch ist es zum Zeitpunkt der Fragestellung weder sicht- noch greifbar, für sehr intuitive Menschen allerdings durchaus schon spürbar. Die fruchtbare Natur, der ruhige Fluss und die harmonische Anordnung der Stäbe versichern allerdings schon jetzt, dass es gute Eingebungen oder Nachrichten sind, die in ihrem Wert aussichtsreich sind. Der Flug der Stäbe versprüht das Gefühl von Schnelligkeit und Tatendrang. Doch erst wenn die Stäbe gelandet, respektive die Nachricht angekommen ist, kann der Umgang damit konkretisiert werden.

GRUNDAUSSAGE

Gute Nachrichten oder wertvolle Impulse werden mit dieser Karte angedeutet. Sie sind noch nicht greifbar, doch werden sie eventuell schon gespürt. Es sind wichtige Mitteilungen und sie kommen binnen kürzester Zeit. Doch nützt es überhaupt nichts, jetzt schon anzufangen sich auszumalen, was es sein könnte. Erst wenn sie „gelandet" sind bzw. bewusst wahrgenommen wurden, wird sich der Ratsuchende eingehend damit beschäftigen und dann entsprechend handeln können.

VERLAUF

Eine gebotene Chance, die die Bereitschaft zum Umsetzen erfordert → die neutrale Bewertung der tatsächlichen Gefahren, die darin verborgen liegen, aber auch der Möglichkeiten, die sie mit sich bringen könnte → die wahrgenommene Chance mit der daraus resultierenden Erkenntnis des langfristigen Erfolges → ein erfolgreicher Etappensieg, von welchem aus in Ruhe weiter geplant werden kann → das Erproben, inwieweit die gegebenen Möglichkeiten noch dehnbarer sind, ohne das bisher Erreichte zu gefährden → der erreichte Erfolg aus der vorhergehenden Erprobung → die Verteidigung des bisher Erreichten → positive Entwicklungen.

STEHT FÜR ...

Schnelligkeit, Nachrichten, unerwartete Kontaktaufnahme, Bewegung, Begeisterung, Schwung, Bewegungsdrang, Erregung, Entscheidendes ist unterwegs, bereichernde Entwicklung, überraschende Impulse, neue Ideen, Kreativität, starke Intuition, Eingebungen, Flugreisen, rasantes Tempo.

WARNT VOR ...

voreiligen Entschlüssen, Leichtfertigkeit, ziellosem Handeln, Ungenauigkeit.

LIEBE

Gebundene sollten sich überlegen, ihre Beziehung neu aufleben zu lassen. Entfliehen Sie dem Alltagstrott und der Routine und planen Sie einfach mal etwas Außergewöhnliches. Vielleicht gibt es auch Interessen, denen Sie beide schon viel zu lange keine Beachtung mehr geschenkt haben. Tun Sie es jetzt, um sich an das Glück Ihrer Beziehung zu erinnern.

Partnersuchende werden von Amors Pfeil getroffen, und zwar schneller als sie sich vorstellen können. Selbst hartnäckige Singles können sich kaum gegen das Aufleben von Gefühlen zur Wehr setzen.

Hinweis: Auch Affäre, Verhältnis, verführen und verführen lassen (egal ob gebunden oder frei).

SONSTIGE VERBINDUNGEN

Neue vertragliche wie auch gesellschaftliche Verbindungen, gemeinsame Unternehmungen, geboren aus einer spontanen Idee oder Laune heraus. Wertvolle Bekanntschaften, helfende Freunde. Selbst wenn jemand nicht persönlich helfen kann, hat aber gerade dieser Jemand häufig die Lösung, wo die geeignete Hilfe zu finden ist. Positive Entwicklungen im sozialen Umfeld.

BERUF

Wenn in Ihrer Firma jetzt Ausschreibungen sind oder zum Brainstorming eingeladen wird, dann nur zu: gute Ideen und spontane Eingebungen tragen zur Überraschung aller bei und die Feedbacks werden einen schier begeistern.

Wer sich beworben hat oder bewerben möchte, hat nun gute Chancen, angenommen zu werden. Wer allerdings an seinem Arbeitsplatz bleiben möchte, wird bemerken, wie viel mehr Spaß ihm die Arbeit wieder macht. Dieses Gefühl fördert nicht nur das eigene Engagement, es künftig noch besser zu machen, sondern auch die Kreativität, die neue Gedanken bringt, den Arbeitsablauf zu optimieren.

EIGENSCHAFTEN

Im positiven Sinne: Schnell, glücklich, lebendig, verführerisch, kreativ, ideenreich, sich wie beflügelt fühlen.

Im negativen Sinne: Voreilig, leichtfertig, ziellos, ungenau, zu schnell, negativ zerdenkend (alles negativ analysierend), ungläubig.

ZEIT

Schnell, eilig.

IX STÄBE

Wie eine Bretterwand sind acht Stäbe im Hintergrund aufgereiht, während sich davor ein Mann auf den neunten Stab stützt. Der weiße Kopfverband zeigt, dass er einen Kampf hinter sich hat. Er wirkt in seiner Haltung bereit, jeden weiteren Angriff abzuwehren, schaut mit wachsamem Blick umher, ist auf der Hut vor möglicher neuer Gefahr. Da sich die abgebildete Person der Auseinandersetzung, mit daraus hervorgeholten Blessuren gestellt hat, zeigt uns diese Karte also, dass er für seine Ziele gekämpft hat und sich heute schützend davor stellt und auch weiterhin bereit ist, sich für eben diese einzusetzen oder auch zu verteidigen. Entsprechend stehen acht aufgereihte Stäbe vor einer wunderschönen grünen Landschaft, die sich hügelig unter blauem Himmel erhebt. Jeder einzelne dieser acht Stäbe steht für eine der Stufen von I bis VIII, die durchlaufen werden mussten, um das erreicht zu haben, was jetzt geschützt wird. Der neunte Stab dient als Stütze und Mittel der Verteidigung, macht aber die Reihe erst vollkommen, wenn er die Lücke füllt. Die Karte IX ist die Karte der Vollendung. Auch wenn einige schmerzhafte Erinnerungen den Weg ausgeschmückt haben, so ist man seinen Weg weiter gegangen, ist standhaft geblieben. Allerdings ist bei der Haltung der Person in Frage zu stellen, ob tatsächlich eine Bedrohung vorliegt oder er sich gegen das unbekannte Mögliche wappnet und deswegen diese auf den Betrachter ablehnende bzw. abwehrende Haltung einnimmt.

GRUNDAUSSAGE

Der Weg wird nicht immer leicht sein, evtl. muss man auch Blessuren einstecken. Doch ist es auf jeden Fall ratsam, mit wachem Verstand und offenen Augen den Weg weiter zu gehen, nicht in alte Muster zu verfallen oder sich verführen zu lassen zu Dingen, mit denen man sich nicht identifizieren kann. Auf dieser Karte ist eine Bedrohung von außen nicht erkennbar, doch sollte man trotzdem auf der Hut sein.
Oftmals wird die Karte „Neun Stäbe" auch mit dem Gedanken: „Das passiert mir nicht noch einmal!" verbunden, mit einer abwehrenden Haltung aus Angst, noch einmal die schmerzvollen Erfahrungen der Vergangenheit durchleben zu müssen.
Allerdings ermahnt die Karte auch zur Überprüfung, ob die Abwehrhaltung realistische Gründe hat oder aus einem nicht nachvollziehbaren Gedankengut resultiert.

VERLAUF

Eine gebotene Chance, die die Bereitschaft zum Umsetzen erfordert → die neutrale Bewertung der tatsächlichen Gefahren, die darin verborgen liegen, aber auch der Möglichkeiten, die sie mit sich bringen könnte → die wahrgenommene Chance mit der daraus resultierenden Erkenntnis des langfristigen Erfolges → ein erfolgreicher Etappensieg, von welchem aus in Ruhe weiter geplant werden kann → das Erproben, inwieweit die gegebenen Möglichkeiten noch dehnbarer sind, ohne das bisher Erreichte zu gefährden → der erreichte Erfolg aus der vorhergehenden Erprobung → die Verteidigung des bisher Erreichten → positive Entwicklungen → das Absichern dessen, was erreicht wurde, man sich erschaffen hat.

STEHT FÜR ...
Auf der Hut sein, ein gebranntes Kind sein, Wachsamkeit, Zurückhaltung, Verlockungen widerstehen, Abwehrhaltung, Bedrohung, Hindernisse, erhöhte Aufmerksamkeit, innere Ruhe halten, Vollendung, Standfestigkeit, Konflikte, Wächter, Beobachter, seinen Weg weiter gehen, Unsicherheit, Schutz.

WARNT VOR ...
Rückfall, Ermüdung, übertriebener Sorge, Verteidigung ohne Angriff, falschem Stolz, kein Vorwärtskommen aufgrund eigener Erstarrung.

LIEBE
Gebundene werden hier voneinander entfernt, sind emotional einander nicht mehr zugänglich. Irgendetwas ist vorgefallen, was einen tiefen Riss verursacht hat und echoartig in einem nachhallt. Vergebung wäre möglich, ein Vergessen zurzeit nicht zu erwarten.
Partnersuchende sind noch nicht bereit, sich wirklich auf eine neue Beziehung einzulassen. Zu groß ist noch der Schmerz der Erinnerung an etwas Vergangenes. Bevor das nicht aufgearbeitet wurde, hat ein neuer Partner kaum die wahre Chance, die Schutzmauer des Suchenden zu durchbrechen.

SONSTIGE VERBINDUNGEN
Bei angebotenen Verträge Vorsicht walten lassen, mit Wachsamkeit auch das Kleingedruckte lesen. Innerhalb von neuen Bekanntschaften ist es eher das vorsichtige Annähern; man kann sich nicht sofort allen gegenüber öffnen, da schlechte Erfahrungen der Vergangenheit dieses verhindern. Allerdings kann zu große Verschlossenheit auch dazu führen, von den anderen ausgegrenzt zu werden, weil sie mit der ablehnenden Haltung nicht umgehen können.

BERUF
Unwohlsein im Arbeitsumfeld, sich beobachtet fühlen, Feindseligkeit spüren. Seinen Platz verteidigen, Veränderungen eher ablehnend gegenüberstehend. Um seinen Arbeitsplatz kämpfend.

EIGENSCHAFTEN
Im positiven Sinne: Wachsam, verteidigend, vorsichtig, genau prüfend, konzentriert.
Im negativen Sinne: Nicht zugänglich, emotional verhärtet, trotzig, verschlossen, nicht veränderungswillig.

X STÄBE

Vornüber gebeugt trägt ein Mann die *X STÄBE* in allerdings solch ungünstiger Art Weise, dass er sich nicht nur selbst die Sicht nimmt, sondern auch Gefahr läuft, zu stolpern. Sein Körperbau weist auf einen kräftigen Mann hin, doch die Haltung, mit der er seine Last trägt, zeigt, dass ihm all die körperliche Kraft nicht hilft, wenn er seine geistige Kraft nicht nutzt, um – in diesem Fall – eine günstigere Trageform zu wählen. Sein Weg führt ihn über lehmhaltigen Boden in Richtung eines Dorfes, welches in schöner Natur eingebettet ist. Der lehmhaltige Boden zeigt die Wertlosigkeit seines Tuns und verdeutlicht seine Erschöpfung, wie dieses auch schon durch seine Körperhaltung repräsentiert wird. Allerdings wird es nur eine vorübergehende Ermüdungserscheinung sein, denn das Dorf liegt schon in erreichbarer Nähe. Wahrscheinlich ist, dass er sich eines Tages fragen wird, ob diese ganzen Bemühungen überhaupt Sinn machen. Doch wissen wir, dass die X. Karte einer Reihe der kleinen Arkana für den Übergang in eine neue Phase steht. Der abgebildeten Person wurde eine neue Aufgabe zugeteilt, nämlich das Tragen der Stäbe. Er stellt sich dabei noch ein wenig ungeschickt an, doch je häufiger der junge Mann die zehn Stäbe von einem zum anderen Ort wird tragen müssen, desto eher wird er lernen, dass es bessere denn die von ihm gewählte Form gibt. Er hat die Verbindung von Verstand und Kraft zurzeit allerdings noch nicht erkannt.

GRUNDAUSSAGE

Unter dem Aspekt dieser Karte finden sich häufig Menschen, die sich immer mehr aufladen, obwohl sie kaum noch in der Lage sind, ihre bisherigen Aufgaben zu bewältigen und Bürden zu schultern. Leider wurde verlernt, auch mal „Nein“ zu sagen oder um Hilfe zu bitten. Die eigene Kraft wird überschätzt und unter dem Druck der schier endlosen, selbst auferlegten und angenommenen Verpflichtungen, allen gerecht zu werden, werden die eigenen Bedürfnisse und Ziele aus den Augen verloren.

VERLAUF

Eine gebotene Chance, die die Bereitschaft zum Umsetzen erfordert → die neutrale Bewertung der tatsächlichen Gefahren, die darin verborgen liegen, aber auch der Möglichkeiten, die sie mit sich bringen könnte → die wahrgenommene Chance mit der daraus resultierenden Erkenntnis des langfristigen Erfolges → ein erfolgreicher Etappensieg, von welchem aus in Ruhe weiter geplant werden kann → das Erproben, inwieweit die gegebenen Möglichkeiten noch dehnbarer sind, ohne das bisher Erreichte zu gefährden → der erreichte Erfolg aus der vorhergehenden Erprobung → die Verteidigung des bisher Erreichten → positive Entwicklungen → das Absichern dessen, was erreicht wurde, man sich erschaffen hat → der Stillstand durch das Gefühl von „mehr geht nicht, mehr kann ich nicht“.

STEHT FÜR …
Verausgabung, Bürde, an seine Grenzen stoßen, Kraft, unter Druck, mit seinen Schwächen konfrontiert werden, Probleme, Überlastung, Belastung, befristete Überforderungssituation, Last, fehlende Weitsicht, Aufwand, Stress.

WARNT VOR …
Überforderung, ständigem Alleingang, Ablehnen von Hilfe.

LIEBE
Partnerschaften werden von Krisen geschüttelt. Alles scheint ausweglos, die Perspektive auf bessere gemeinsame Zeiten ist verloren gegangen. Doch lässt sich mit Gewalt leider gar nichts verändern. *Beide* sind für diesen Verlauf ihrer Beziehung verantwortlich, niemand sollte hier die Schuld allein auf seinen Schultern tragen.
Partnersuchende sind im Grunde genommen für eine Partnerschaft nicht wirklich bereit, denn eine solche würde den Lasten, die aus der Vergangenheit noch mit sich getragen werden, nicht standhalten. Bei diesen Lasten muss es sich nicht um eine alte Beziehung handeln, es kann dabei auch um finanzielle Verpflichtungen, vertragliche Bindungen etc. gehen, also um etwas, was noch nachhaltig auf die Gegenwart und Zukunft wirkt und das eigene Leben unfrei erscheinen lässt.

SONSTIGE VERBINDUNGEN
Verpflichtung, Gefühl des Alles-allein-machen-Müssens, keine Perspektive, ohne Hoffnung. Freunde, die nicht hinter einem stehen. Erlaubt sei in Frage zu stellen, warum gewisse Freundschaften und Verbindungen überhaupt eingegangen wurden und aufrechterhalten werden.

BERUF
Es ist nicht jeder zur höchsten Karriere geeignet und man wird diese auch nicht erreichen, wenn man sich mit Überforderung versucht selbst zu überzeugen. Sollten neue Aufgabengebiete an einen herangetragen werden, kann man sie bewältigen. Doch wird es als mühsam empfunden und bis man eine gewisse Routine entwickelt hat, vergeht eine kleine Weile. Denn das *richtige Händchen* zum Gelingen will erst gefunden und erlernt werden.

EIGENSCHAFTEN
Im positiven Sinne: Kräftig, verantwortungsvoll, aufopfernd, immer für andere da sein.
Im negativen Sinne: Sich selbst überfordernd, hoffnungslos, gestresst, ungeschickt, seine Kräfte nicht ausgewogen nutzend, sich selbst überschätzend, sich selbst stets hinten anstellend.

PAGE DER STÄBE

Der *PAGE DER STÄBE*, mitten in einer Wüste stehend, betrachtet staunend einen Stab mit grünen Blättern, als ob er die Bedeutung des Stabes erst noch erforschen muss. Drei Sandpyramiden erheben sich im Hintergrund. Eine rote Feder ziert seine Hutkrempe. Seine Stiefel, der Umhang und auch sein Oberteil in der Sonnenfarbe Gelb, als Zeichen des Feuerelementes und des damit verbundenen Eifers verziert mit zahlreichen Feuersalamandern. Selbst der Stoffumschlag an seinen Stiefeln ist im Muster von Flammen gezackt. Die Karte wirkt insgesamt frei von Kummer oder Ärgernissen, es ist kein von außen einwirkender Druck spürbar, in seiner Haltung wirkt der *PAGE DER STÄBE* fast ein wenig kindlich („Bauklötzer staunend"). Aus seinem Blick ist erkennbar, dass er Neuem aufgeschlossen gegenübersteht, sich mit Feuer und Flamme (Wüste = Hitze) begeistern und mitreißen lassen wird, mögliche Ängste und Hemmschwellen bereit ist, zu überwinden. Für diese bejahende Einstellung sprechen auch der orangefarbene Untergrund sowie die orangefarbenen Pyramiden. Dass der *PAGE DER STÄBE* einen grünenden Stab mitten in der Wüste gefunden hat, unterstützt die Interpretation, dass es, egal wie schwierig eine Situation ist, eine Lösung gibt. Hierfür steht auch die weitere Bedeutung der Pyramiden. Angelehnt an die ägyptische Mythologie um den Sonnengott Re wurde die Pyramide geschaffen, damit er nach seinem Ableben über die Stufen der Pyramide zu seinem Vater, dem Sonnengott, gelangen konnte. So finden wir sowohl auf diese Weise, wie auch gekennzeichnet durch den blauen Himmel, das Bündnis zwischen Irdischem und Göttlichem. Analog hierzu die Bedeutung, aus einem nicht immer erklärbaren Geschehen (wie z. B. dem Stab in der Wüste) oder Gedanken etwas zu verwirklichen.

GRUNDAUSSAGE

Etwas Interessantes, ggf. auch Neues kündigt sich an, welchem man aufgeschlossen und offen gegenüberstehen sollte. Eventuell muss man eine Schwelle der Zurückhaltung überwinden, um sich darauf einzulassen, vielleicht wird man auch gleich Feuer und Flamme sein. Ob man sich blindlings darauf einlassen sollte, kann man nur aus der Situation heraus individuell beantworten. Manchmal kann die günstige Gelegenheit nämlich auch ein zu heißes Eisen im Feuer sein.

STEHT FÜR …

Anregung, Inspiration, (auch verrückte) Ideen, neuer Lebensabschnitt, etwas Neues lernen, Abenteuer, Unternehmungen, Chance, Spiele, Offenheit, Impulse, Schmeicheleien, Bote, Überbringer.

WARNT VOR …

Unzuverlässigkeit, nicht erklärbaren Ängsten, völliger Aufgabe von Altbewährtem, Scheinheiligkeit, Übermut, nicht kalkulierte Risiken.

LIEBE

Wäre es nicht ein aufregender Plan, die Partnerschaft durch eine außergewöhnliche Idee aufzupeppen, einmal dem Alltagstrott zu entfliehen und sich wieder einander er-

innern, warum man sich einst ineinander verliebt hat? Schon ein leidenschaftlicher Wochenendtrip kann dabei Wunder wirken.
Für Partnersuchende besteht die heiße Chance, einem aufregenden Gegenüber zu begegnen. Ob sich daraus etwas Langfristiges entwickelt, vermag diese Karte allein weder zu bejahen noch zu verneinen. Aber immerhin hat der Ratsuchende es in der Hand zu entscheiden, ob und wie weit er sich einlassen möchte. Auf jeden Fall lohnt es sich, Einladungen zu folgen und sich unters Volk zu mischen. Hinterher Nein zu sagen ist immer noch besser, als von vornherein jedwede Möglichkeiten zu umgehen.
Hinweis:
Möglichkeit einer leidenschaftlichen Affäre (egal ob gebunden oder ungebunden).

SONSTIGE VERBINDUNGEN
Nicht immer die zuverlässigsten Freunde, dafür sind sie zu neugierig aufs Leben und zu interessiert an allen möglichen Sinn machenden, wie auch manchmal sinnlosen Ideen. Spannende Vorschläge, Einladungen zum lustigen Beisammensein. Neue Ideen und/oder Projekte, aber meist alles mit einem Hauch von Risiko verbunden.

BERUF
Eine Stufe höher auf der Karriereleiter gehen, aber um nicht wieder herunterzufallen, ist absolute Motivation vonnöten. Ein neues Angebot wird unterbreitet, jedoch in einem gewissen Maß an ein Wagnis gekoppelt. Es ist wie der „Sprung ins kalte Wasser“.

EIGENSCHAFTEN
Im positiven Sinne: Begeisterungsfähig, risikofreudig, motiviert, spannend, leidenschaftlich, interessant, (ein-)schmeichelnd, neugierig.
Im negativen Sinne: Naiv, weil unwissend bzw. grundsätzlich zu unbekümmert. Desinteressiert, scheinheilig. Unzuverlässig immer dann, wenn neue Impulse ihn von seinem vorgefertigten Weg abbringen. Es ist dieses typische „Ich bin gleich wieder da!“ – und dann trifft er unterwegs einen Bekannten und aus dem „gleich“ werden Stunden später.

PERSONENKARTE
- Junger Mensch (weiblich/männlich), Schüler, Azubi, Student – meistens hellerer Typ, neugierig und begeisterungsfähig.
- Bote/Überbringer.
- Freund(in).

RITTER DER STÄBE

Das Pferd bäumt sich auf, bereit, im rasanten Galopp mit dem *RITTER DER STÄBE* voranzupreschen. Seine rote Zeichnung unterstreicht sein feuriges Temperament, das Tier sprüht über vor Unternehmungslust und Bewegungsdrang. Über der Ausrüstung trägt der *RITTER DER STÄBE* zusätzlich einen Umhang mit vielen Feuersalamandern, dessen Saum in Flammen gezackt ist. Es mutet an, als ob Flammen aus seiner Rüstung züngeln würden, was noch einmal deutlich das Element Feuer unterstreicht. Wie schon der *PAGE DER STÄBE* so befindet sich auch der *RITTER DER STÄBE* im heißen Gebiet der Wüste, wiederum sind drei Sandpyramiden erkennbar. Aus den Hinweisen zur kleinen Arkana ist bekannt, dass Ritter für eine Stimmungslage oder Atmosphäre stehen. Diese Karte verdeutlicht eindrucksvoll, dass es sich hierbei eher um ein feuriges Temperament handelt, um eine hitzige Stimmung, wobei das Feuer schon übers Ziel hinauszuschießen scheint, dass sogar schon Flammen aus der Rüstung schlagen. Im Gegensatz zum *PAGEN DER STÄBE* löst der *RITTER DER STÄBE* das Empfinden von „Jetzt oder Nie!“ aus. Er wirkt gehetzt, in Eile, voller Begeisterung und Tatendrang, dass selbst sein Pferd von dieser überschwänglichen Energie angesteckt scheint und in einem Aufbäumen seine Kraft noch einmal zum Ausdruck bringt. Ob dieses feurige Vorgehen am Ende immer noch hell lodert oder in Schall und Rauch versinkt, kann mit dieser Karte allein nicht entschieden werden.

GRUNDAUSSAGE

Abenteuerlust und Unternehmungsdrang kennzeichnen diese Karte. Doch gilt es, nicht über das Ziel hinauszuschießen. Auch wenn man am liebsten zurzeit alles auf einmal machen oder sofort haben möchte, sollte trotzdem der Überblick erhalten bleiben. Leicht kann man sich beim *RITTER DER STÄBE* verzetteln und außer Schall und Rauch wird einem dann nichts mehr bleiben. Wer allerdings trotz heißen Enthusiasmus und vielversprechender Vorschläge sein Köpfchen einschaltet, kann durchaus Berge versetzen.

STEHT FÜR …

Erlebnis (-hunger), Abenteuer (-lust), Unternehmungslust, Hitze, Draufgängertum, Ungeduld, Temperament, spannende Situationen, heiße Herausforderungen, verlockende Angebote, Enthusiasmus, Begeisterung, Flug- oder Schiffreise, Reise mit unbekanntem Ziel, Abreise, Aufbruch (auch Auswandern, Umzug an einen anderen Ort), unerwartete Veränderungen.

WARNT VOR …

Unüberlegten Handlungen, Hitzköpfigkeit, Alles-oder-Nichts- bzw. Jetzt-oder-Nie-Einstellungen.

LIEBE

Eine bestehende Liebe, die mit neuer Leidenschaft erfüllt wird. Es scheint wie in der heißesten Zeit des Kennenlernens. Sex bekommt auf einmal eine völlig neue, übergeordnete Rolle. Das *Warum?* vermag keiner so recht zu erklären. Meistens hält diese Phase jedoch nicht lange an.

Die Hormone von Partnersuchenden scheinen außer Kontrolle, die Begierde ist groß, da wird selbst vor einem One-Night-Stand nicht Halt gemacht. Eher selten findet hier ein Suchender seinen wirklichen Lebenspartner, meistens bleibt es bei einer allerhöchstens kurzfristigen Beziehung – diese aber heiß und leidenschaftlich. Doch wenn das erste Feuer verglüht, erlischt auch das Interesse.

Hinweis: Möglichkeit einer heißen wie leidenschaftlichen (egal ob gebunden oder ungebunden) Begegnung, aber mehr als ein One-Night-Stand sollte nicht erwartet werden.

SONSTIGE VERBINDUNGEN

Lust, mit Freunden und Bekannten etwas zu unternehmen, die Welt erobern, am liebsten aus den Angeln heben wollen. Ideen für neue Hobbys oder Interesse am Beitritt zu neuen Vereinen etc., allerdings verfliegt das Interesse oftmals schon nach kurzer Zeit. Angebote und alle möglichen Formen von vertraglichen Vereinbarungen verleiten zum schnellen Unterschreiben, verheißen großen Erfolg und noch größere Gewinne. Doch manchmal bleibt am Ende nichts übrig denn heißer Wind.

BERUF

Hitziges Arbeitsklima, voller Ungeduld die Karriereleiter stürmen wollen. Oft so genannte Risiko-Berufsgruppen (Chemie, Forschung, alles, was mit Hitze zu tun hat). Arbeitsfelder, in denen ohne langes Überlegen Entscheidungen getroffen werden müssen (z. B. Börse) oder rasches Agieren erforderlich ist (z. B. Notaufnahme im Krankenhaus).

EIGENSCHAFTEN

Im positiven Sinne: Neugierig, begeisternd, begeisterungsfähig, aufmerksam, lebhaft, eifrig, flink, blitzschnell.

Im negativen Sinne: Ungeduldig, draufgängerisch, unausgeglichen, unbeständig, ungestüm, hitzköpfig, aggressiv, voreilig, unüberlegt.

ZEIT

Warme Monate, heißer Sommer.

PERSONENKARTE

- Junger Erwachsener (weiblich/männlich), meist vom brünetten Typ, mit dem man „Pferde stehlen kann", für jeden Spaß zu haben, aber manchmal dabei über das Ziel hinaus galoppierend.
- Sohn/Tochter, Freund(in), Nachbar(in), Bekannte(r).

KÖNIGIN DER STÄBE

Die *KÖNIGIN DER STÄBE* sitzt aufrecht auf ihrem Thron, hält in der linken Hand eine Sonnenblume und in der rechten einen Stab. Während die Sonnenblumen, ebenfalls, in die Rückenlehne des Throns gezeichnet, eher die liebevolle Seite näher bringen, symbolisieren die Löwen als stützende Armlehnen des Throns aber auch die willensstarken und durchsetzungsfähigen Anteile. Eine Krone mit Flammen ziert ihr Haupt, was die feurigen Eigenschaften von Durchsetzungskraft und -fähigkeit unterstreicht. Eine dritte Sonnenblume ist im Muster eines Wappens in der Rückenlehne des Throns verarbeitet. Zwei kleine Löwen als Schildträger umringen diese schützend, ihre rote Zeichnung spiegelt die leidenschaftliche Hingabe zum Leben wider. Während die Löwen die königliche Würde repräsentieren, leitet sich aus der Sonnenblume die Beständigkeit persönlichen Wachstums ab. Dass selbst die Pyramiden in ein eben solch strahlendes Gelb wie auch ihr Umhang gefärbt sind, unterstreicht abermals ihre königliche Haltung. So macht die *KÖNIGIN DER STÄBE* mit der Sonnenblume in der Hand zwar deutlich, dass sie die weichen und zarten Seiten des Lebens kennt, sich jedoch von schwankenden Emotionen (links) und Gefühlsausbrüchen nicht beeinflussen lässt. Sie verfügt über einen kühlen und klaren Kopf und (Stab rechts) setzt sich zeitig dafür ein, wenn es gilt, Ordnung zu schaffen. Aber genau diese verschiedenen Facetten des Daseins, die die *KÖNIGIN DER STÄBE* hier präsentiert, machen sie interessant und begehrenswert. Vor dem Sockel des Throns sitzt eine schwarze Katze in aufrechter Körperhaltung, frei von Scheu und Ängstlichkeit. Sie hat der *KÖNIGIN DER STÄBE* sogar den Rücken zugewandt, was erkennen lässt, dass hier Vertrauen und Treue zu- und füreinander herrschen. Die Katze als wendiges Tier symbolisiert die sanften Übergänge von Emotionen und die rasche Beweglichkeit, wenn Handlungsbedarf besteht. Katzen sind gleichfalls Symbol für Intuition, Freude, Wahrnehmung. Dabei handelt die *KÖNIGIN DER STÄBE* nie unrealistisch oder geleitet von nicht nachvollziehbaren Eingebungen. Der Stand ihres Throns auf einem quadratischen Sockel steht sinnbildlich für das Irdische wie Realistische.

GRUNDAUSSAGE

Eine selbstbewusste und willensstarke Frau wird für den Ratsuchenden Bedeutung haben, möglicherweise hat sie etwas Wichtiges mitzuteilen. Bitte erst hinhören und ihr nicht gleich die Tür vor der Nase zuwerfen oder gar schroff zurückweisen. Die Karte kann aber auch eine(n) Ratsuchende(n) selbst darstellen oder auffordern, den Rat einer solchen Frau einzuholen.

Steht die *KÖNIGIN DER STÄBE* im Legemuster für eine(n) Ratsuchende(n), darf jene(r) sich von einer mutigen, großzügigen, liebevollen, aber auch selbstbewussten Seite zeigen.

LIEBE/SONSTIGE VERBINDUNGEN

- Eigene(r) Partner(in), liebevoll, aber auch selbstbewusst und willensstark.
- Nebenbuhler(in)/Konkurrent(in).

- Eine Frau mit den Charakterzügen der *KÖNIGIN DER STÄBE*, die hilfreich für die Partnerschaft oder sonstige Verbindungen sein kann oder sich als Widersacherin entpuppt.

BERUF
Selbständig oder in einer Führungsposition tätige Frau (kann auch ein(e) Ratsuchende(r) selbst sein oder eine im Umfeld wichtige Person), in gewissem Maße risikobereit, u. U. schon als Persönlichkeit in der Gesellschaft anerkannt.

EIGENSCHAFTEN
Im positiven Sinne: Selbstbewusst, positiv eingestellt, herzlich, impulsiv, temperamentvoll, willensstark motivierend/motivierbar, attraktiv, hilfsbereit, willensstark, treu.
Im negativen Sinne: Störend.

PERSONENKARTE
- Selbstbewusste Frau (ggf. selbständig, evtl. dunkelhaarig).
- Ratsuchende(r) selbst oder spiegelt die eigene Haltung als *KÖNIGIN DER STÄBE* wider.
- Person, die im Umfeld des Ratsuchenden wichtig ist (z. B. auch Nebenbuhlerin, Konkurrentin).
- Positiv eingestellte, herzliche, impulsive und temperamentvolle Partnerin mit starkem Willen.
- Als Mann trägt er eher die passiv-feurigen Anteile in sich, d. h. er lässt sich motivieren und mitreißen.
- Mutter/Schwiegermutter.

KÖNIG DER STÄBE

Der *KÖNIG DER STÄBE* sitzt auf seinem Thron. Im Gegensatz zur *KÖNIGIN DER STÄBE*, die zwar aufmerksam das Geschehen zu verfolgen scheint, doch trotzdem entspannt dasitzt, wirkt der *KÖNIG DER STÄBE* eher wie auf ein Startzeichen wartend, jederzeit bereit, vom Thron aufzuspringen und ins Geschehen einzugreifen. Ein kleiner Salamander steht ein wenig abseits zu seinen Füßen. Zusammen mit den eingezeichneten Salamandern in der Rückenlehne des Throns, wie auch geschmückt auf der königlichen Robe, wird das Feuerzeichen repräsentiert. Ebenso verhält es sich mit der königlichen Insignie, der Krone. Die flammenförmigen Zinken stehen ebenfalls stellvertretend für das Element Feuer und die damit verbundenen Eigenschaften (siehe *Die Sternzeichen und Elemente*). Der *KÖNIG DER STÄBE* trägt einen Löwenkopf als Kette und unterstreicht auf diese Weise neben seine Herrscherwürde (Löwe = König der Tiere) auch seinen Tatendrang. Die zwei Löwen in der Rückenlehne vertreten nicht nur seine Position als König, sondern ihre schwarze Zeichnung verweist ebenso auf die Eigenständigkeit wie auch auf den Machtanspruch dieses Königs. Mit seiner Körperwendung nach rechts (Vollkommenheit, Geraderücken von Schwierigkeiten) versucht er sich grundsätzlich von schwankenden Emotionen abzuwenden, würdigt diesem Aspekt des Lebens keinen Blick. Dieses Verhalten kann sich durchaus negativ in dem Sinne auswirken, dass die etwas zart besaiteten und weniger dynamischen Mitmenschen sein Verhalten als intolerant werten. Auch sein Thron steht auf einem viereckigen Podest und verweist auf sein realistisches Vorgehen. Den Stab hingegen hat er auf orangefarbenen Boden abgestellt und zeigt zusammen mit seinem orangefarbenen Kleid, dass er durchaus dem Leben bejahend gegenübersteht, er jedoch nicht gewillt ist, (hier sei noch einmal verwiesen auf die schwarzen Löwen) sich unnützen Dingen zu widmen oder seine Zeit mit Sinnlosigkeit zu vertun. Aus diesem Grund nähert sich der kleine Salamander auf dem Sockel auch nur vorsichtig. Er weiß, dass man den König begeistern kann. Doch durch die übrige Motivanalyse weiß er auch, dass er ihn nicht mit wertlosen Ideen belangen sollte, er ansonsten seine Macht zu spüren bekäme.

GRUNDAUSSAGE

Ein selbstbewusster und willensstarker Mann wird für den Ratsuchenden Bedeutung haben. Er bietet Hilfe und Unterstützung. Die Karte kann aber auch eine(n) Ratsuchende(n) selbst darstellen oder ihn auffordern, den Rat eines solchen Mannes einzuholen.

Steht der *KÖNIG DER STÄBE* im Legemuster für eine(n) Ratsuchende(n), darf jene(r) sich von einer mutigen, großzügigen, liebevollen, aber auch selbstbewussten Seite zeigen.

LIEBE/SONSTIGE VERBINDUNGEN

- Eigene(r) Partner(in).
- Nebenbuhler(in)/Konkurrent(in).

- Ein Mann mit den Charakterzügen vom *KÖNIG DER STÄBE*, der hilfreich für die Partnerschaft oder sonstige Verbindungen sein kann oder sich als Widersacher entpuppt.

BERUF

Selbständig oder in einer Führungsposition tätiger Mann (kann auch ein(e) Ratsuchende(r) selbst sein oder eine im Umfeld wichtige Person), in gewissem Maße risikobereit, u. U. schon als Persönlichkeit in der Gesellschaft anerkannt.

EIGENSCHAFTEN

Im positiven Sinne: Sympathisch, zufrieden, leidenschaftlich, stolz, kräftig, sozial engagiert, treu, willensstark, dynamisch, impulsiv, selbstbewusst, herzlich.
Im negativen Sinne: Störend, ungeduldig.

PERSONENKARTE

- Selbstbewusster Mann (ggf. selbständig, evtl. rothaarig).
- Ratsuchende(r) selbst oder spiegelt die eigene Haltung als *KÖNIG DER STÄBE* wider.
- Person, die im Umfeld des Ratsuchenden wichtig ist (z. B. auch Nebenbuhler, Konkurrent).
- Der positiv eingestellte, herzliche, impulsive und temperamentvolle Partner mit starkem Willen.
- Als Frau trägt sie eher die aktiv-feurigen Anteile in sich, d. h. sie motiviert und reißt einen mit.
- Vater/Schwiegervater.

Übungen (2)

(1) Beschreiben Sie mit wenigen Worten die einzelnen Etappen vom As bis X einer Reihe der kleinen Arkana.

(2) Welchem Element werden DIE STÄBE zugeordnet? Geben Sie stichpunktartig die charakteristischen Merkmale ihres Elementes wieder.

(3) Nennen Sie:

a) die Hofkarten,
b) welchen Wert sie tragen,
c) was sie symbolisieren.

(4) Kreuzen Sie das jeweilige Feld an:

Frage	**Ja**	**Nein**
II STÄBE versprechen die große Liebe.		
Die *VIII STÄBE* fliegen von rechts nach links.		
Der *KÖNIG DER STÄBE* ignoriert mitunter langsamere Mitmenschen.		
Das Meer auf *III STÄBE* ist gelb.		
Der *RITTER DER STÄBE* ist immer männlich.		
VII STÄBE stehen für Mobbing und Intrigen.		
Mit *X STÄBE* stoßen wir an unsere Grenzen.		
V STÄBE lassen uns auf beruflichen Erfolg verzichten.		
Das *AS DER STÄBE* bringt gute Chancen.		
VI STÄBE setzen auf totalen Sieg.		
IX STÄBE ermahnen an Wachsamkeit.		
In der Liebe stehen *VII STÄBE* für Eifersucht.		
Die *KÖNIGIN DER STÄBE* wendet ihren Körper nach rechts.		
Der *PAGE DER STÄBE* ist immer männlich.		
Im negativen Sinne wirken *V STÄBE* zerstörerisch.		
Mit *VI STÄBE* werden Schwierigkeiten in der Liebe überwunden.		
Der *PAGE DER STÄBE* steht am Ufer.		
Der *PAGE DER STÄBE* symbolisiert den Studenten.		
V STÄBE vertreten auch Sport und Spiel.		
Der *RITTER DER STÄBE* ist ein langsamer Vertreter.		

Die *KÖNIGIN DER STÄBE* kann auch die Nebenbuhlerin sein.		
II STÄBE zeugen von Gleichgültigkeit.		
VIII STÄBE verkünden gute Nachrichten.		
IV STÄBE charakterisieren ein schlechtes Arbeitsklima.		
Die Fragestellerin wird über die *KÖNIGIN DER STÄBE* symbolisiert.		
X STÄBE zeugen von körperlicher Kraft.		
VI STÄBE warnen vor Selbstüberschätzung.		
Das *AS DER STÄBE* steht für instabile Familienverhältnisse.		
Bei *IX STÄBE* entfremden sich die Partner.		
Der *RITTER DER STÄBE* ist ein alter Mensch.		
Der *KÖNIG DER STÄBE* ist sehr forsch und dynamisch.		
IV STÄBE fordert auf, auf andere offen zuzugehen.		
II STÄBE versprechen, nun den Partner fürs Leben zu finden.		
VIII STÄBE warnen vor voreiligen Entschlüssen.		
Bei *V STÄBE* geht es ums Kräftemessen.		
VII STÄBE warnen vor Vertragsabschlüssen.		
Der *RITTER DER STÄBE* bietet einen One-Night-Stand.		
III STÄBE ist die Karte für Führungskräfte.		
Unter *III STÄBE* bleiben Partnersuchende allein.		
IX STÄBE ist die Karte der Vollendung.		
Bei *VIII STÄBE* muss noch lange auf eine Nachricht gewartet werden.		
Mit *X STÄBE* trägt man eine Bürde.		
IV STÄBE symbolisiert die depressive Lebensphase.		
Unter *IV STÄBE* kann es zur Hochzeit kommen.		
Fünf Pyramiden sind auf der Karte *PAGE DER STÄBE*.		
Mit *VII STÄBE* verteidigt man sein Revier.		
Die *KÖNIGIN DER STÄBE* ist eine hilfsbereite Frau.		
Der *KÖNIG DER STÄBE* hat wenig Selbstbewusstsein.		
Das *AS DER STÄBE* steht für Schwangerschaft.		

DIE SCHWERTER

AS DER SCHWERTER

Die Schöpferhand ragt aus einer dichten dunklen Wolke und hält das *AS DER SCHWERTER*, welches geschmückt ist mit einer goldenen Krone und einem verwelkten sowie einem grünen Zweig. So wie der blühende und verwelkte Zweig auf das Pro und Contra verweisen, wird dieses auch über die beiden unterschiedlich eingefärbten Schneiden des Schwertes demonstriert. Auf jeder Seite des Schwertes fallen drei Tropfen herunter. Angelehnt an die *große Arkana* entspricht dies der Karte *DIE HERRSCHERIN* – somit dem natürlichen Fluss des Lebens. Zusammen finden sich sechs Tropfen, für die Bezug zur Karte *DIE LIEBENDEN* genommen werden kann, nämlich die Entscheidung aus freiem Herzen, hier: entweder dafür (rechte Seite = blühender Zweig = dem Fluss zu folgen) oder dagegen (linke Seite = verwelkter Zweig = den Fluss unterbrechen). Selbst über die Farbgestaltung der Berge ist keine Hilfe zu erwarten in Richtung einer Entscheidung. Auch ihr Farbenspiel vermengt sich in Blau und Violett, was bedeutet, dass – egal, für welchen Weg man sich entscheidet – man hinterher seine Wahl nicht bereuen, sondern ganzen Herzens dahinterstehen sollte. Dies erwartet auch symbolisch gesehen die Krone an der Schwertspitze: ein entschlossenes Vorgehen ohne Wenn und Aber.

GRUNDAUSSAGE
Die Chance dieses Asses besteht einzig und allein darin, sich für ein klares Ja oder Nein zu entscheiden. Selbst wenn man um die Lösung weiß, ist ein entschlossenes Vorgehen vonnöten, um diese herbeizuführen. Allerdings sollte man sich dabei nicht von Gefühlen wie Maßlosigkeit oder Egoismus führen lassen, sondern eine objektive Haltung einnehmen und prüfen, wo man selbst in diesem Entscheidungsspiel steht und inwieweit mögliche Resonanzen aus der Wahl anderen zugemutet werden können.

VERLAUF
Es geht um das Entweder/Oder.

STEHT FÜR ...
Einsicht, Erkenntnis, Klärung, Pro und Contra, Dafür oder Dagegen, Aktivität, Klarheit, Macht, geistige Kraft, Entschlussfähigkeit, Entschlossenheit, Entscheidung, Urteilskraft, Sieg, Klugheit, Plötzlichkeit.

WARNT VOR ...
rechthaberischem Getue, purem Egoismus, verletzenden Worten, vernichtenden Handlungen, Fehleinschätzung, Gewalt, Maßlosigkeit, nicht einhaltbare Versprechen, falschen Diagnosen.

LIEBE

Eingefahrene Beziehungen und krisenhafte Partnerschaften sollten über klärende Gespräche angegangen werden, um zu prüfen, ob noch Gemeinsamkeiten vorhanden sind oder ob doch eher der Weg aus der Beziehung der Bessere ist.
Partnersuchenden wird empfohlen zu überprüfen, wo sie selbst stehen, ob sie wirklich für eine feste Partnerschaft bereit sind oder doch eher noch ein wenig das Single-Dasein genießen und frei flirten möchten. Weswegen wird überhaupt gesucht? Weil man es selbst von Herzen will oder weil man nicht mehr der ewige Single im Umkreis lauter Pärchen sein möchte?

SONSTIGE VERBINDUNGEN

Es gilt die Spreu vom Weizen zu trennen: Aus welchen Gründen suchen gewisse Menschen Ihre Nähe, wünschen Ihre Freundschaft? Wären diese genauso für Sie da wie umgekehrt oder ist es nicht besser, sich jetzt von Personen zu lösen, die einem einfach nicht mehr guttun?
Verbesserungen in zwischenmenschlichen Beziehungen wie auch innerhalb vertraglicher Vereinbarungen können nur dann erreicht werden, wenn man ehrlich prüft, was noch Gewinn bringend sein kann oder eben nicht. Das Auflösen von Verträgen kann hierzu genauso gehören wie der Verkauf von Aktien, die mehr auf der Verlust- denn Gewinnseite stehen. Eine Zeit des Aufräumens und Entscheidens, wer und was noch zum Leben dazu gehören soll oder auch nicht.
Doch nicht vergessen: diese Entscheidungen sollten klug und weise und ohne spätere Reue getroffen werden!

BERUF

Nun wird die Chance gewährt, sich für den alten oder einen neuen Job zu entscheiden. Ein Richtungswechsel ist durchaus möglich. Es ist das berühmte Licht, welches einem aufgeht, was bisher verworren und undurchsichtig schien, ist plötzlich klar und völlig logisch. Auf einmal weiß man, warum man bisher den Mut zu einem Wechsel nicht gehabt hat oder dass das, was man täglich verrichtet, nicht dem wahren Lebensinhalt entspricht. Haben Sie trotzdem nicht den Mut, von diesem Zug des Gewohnten abzuspringen, dann bleiben Sie aber bitte ohne spätere Tränen weiter an Bord. Für die, die vom fahrenden Zug abspringen, könnte es ein Sprung ins kalte Wasser werden – auch dieser sollte frei von späterer Reue sein.

KLAUSUR, PRÜFUNG, TEST

Oftmals Vollstreckungsbeamte, Gerichtsvollzieher, Inkasso, aber auch Berufe mit analytischem Inhalt (Statistiker, Controller etc.).

EIGENSCHAFTEN

Im positiven Sinne: Klärend, einsichtig, gerecht, weitsichtig, gesund (bei Krankheit: Heilung), entschlussfreudig.
Im negativen Sinne: Tyrannisch, autoritär, egoistisch, maßlos, gewalttätig, (auch selbst-) zerstörerisch, rechthaberisch, verbal verletzend, gnadenlos.

II SCHWERTER

Die *II SCHWERTER* zeigt eine Frau auf einer Steinbank sitzend, in einem grauen Gewand, die Arme vor der Brust gekreuzt und in den Händen jeweils ein Schwert mit der Spitze nach oben haltend. Die Augen sind verbunden. Auch die Schneiden ihrer Schwerter sind in zwei Farben unterteilt. Die Karte drückt eine trübe Stimmung aus, der See im Hintergrund liegt ruhig da, ist von kleinen Felsen unterbrochen. Eine Mondsichel wirft ein schwaches Licht. Die über Kreuz gehaltenen Schwerter stehen für den Zwiespalt oder inneren Konflikt, durch welche versucht wird, eine Lösung zu finden. Die graue Steinbank und das graue Gewand symbolisieren das Herstellen eines gewissen Gleichgewichts zwischen zwei gegenteiligen Polen. Der See als Symbol der Tiefe und *DER MOND* als Zeichen der Seele in Verbindung mit den verbundenen Augen zeigen, dass hier im Inneren nach einer Lösung gesucht wird, wobei äußere Eindrücke die Entscheidungsfindung nicht beeinflussen sollen. Denn die eigenen Überzeugungen scheinen in der Vergangenheit schon häufiger durch von außen einwirkende Faktoren verworfen worden zu sein, denn der See wird durch kleine Felsen unterbrochen. So kann die Haltung der Frau auch insgesamt dafür sprechen, dass man ihr im Moment der inneren Klärung nicht zu nahe kommen sollte, sie zu diesem Zeitpunkt weder bereit noch in der Lage ist, etwas zu ändern. Das spricht für ihre körperliche Abwehrhaltung. Sie versperrt für andere den Weg zu sich und auch zu ihrem bisherigen Leben. Nur durch diese Ruhe ist es ihr möglich, ihr (inneres) Gleichgewicht zu finden und zu halten, bis sie für sich die Angelegenheit durchschaut hat, um dann aus der erkannten Wahrheit heraus zu handeln oder die Erkenntnisse so zu akzeptieren wie sie sind und Verzicht zu üben.

GRUNDAUSSAGE
Mit *II SCHWERTER* wird der Ratsuchende oftmals vor die Qual der Wahl gestellt. Für eine weitreichende Entscheidung mit all ihren Konsequenzen ist es allerdings der falsche Zeitpunkt, denn dafür fehlt dem Ratsuchenden noch das nötige Know how und die Aufmerksamkeit, um alle Aspekte gebührend zu berücksichtigen. Grundsätzlich empfiehlt es sich, eher kritisch und misstrauisch zu bleiben. Vielleicht ist es dem Ratsuchenden möglich, eine akzeptable Zwischenlösung zu finden, bis er in der Lage ist, endgültig zu entscheiden.

VERLAUF
Es geht um das Entweder/Oder → mit dem Rückzug zur Klärung ohne äußere Beeinflussung.

STEHT FÜR ...
das Gleichgewicht (wieder-) finden, Unentschiedenheit, Beilegen von Streitigkeiten, Zweifel, Konflikt, Suchen der inneren Ausgeglichenheit, Standfestigkeit, Logik, mangelndes Vertrauen, Veränderungen prüfen, innere Zerrissenheit, Haarspalterei.

WARNT VOR …
Hinhalte- und Verzögerungstaktik, Scheinfrieden, falschen Freunden, weigernde Haltung, selbst Entscheidungen zu treffen.

LIEBE
Gebundene Ratsuchende sollten sich trauen, ihre Beziehung aus einem ruhigen Blickwinkel frei von jedweden Emotionen heraus zu betrachten: wo liegen die Vorteile, wo die Nachteile. Es ist an der Zeit für sich selbst Klarheit zu schaffen, ob man diese Partnerschaft so noch will. Der schleichende Prozess des Auseinandergehens hat im Grunde genommen schon eingesetzt – nur dieses bewusst zu erkennen und anzusprechen hat sich noch keiner getraut.
Partnersuchende würden sich hier in keiner Beziehung der Liebe wiederfinden und schon bald ihre Entscheidung bereuen, sich eingelassen zu haben.
Hinweis: Mit *II SCHWERTER* geht es häufig um das Anzweifeln von vorgegebenen Gefühlen. Vielleicht gab es in der Vergangenheit auch einen Vorfall, der es einem nicht mehr möglich macht, seinem Partner das für eine Beziehung nötige Vertrauen wieder zu gewähren oder – für Partnersuchende – einem neuen Partner dieses jetzt schon einzuräumen.

SONSTIGE VERBINDUNGEN
Von Schuldnern oder Auftraggebern hingehalten werden oder aufgrund eigener Lebensumstände in die Situation geraten sein, andere hinhalten zu müssen. Verzögerungstaktik, keine klaren Entscheidungen, Differenzen. Konflikte sollten erst durch akzeptable Zwischenlösungen beizulegen versucht werden, um Raum und Zeit für Klarheit zu schaffen, die dann zu einer befriedigenden Endlösung führen kann.

BERUF
Infrage stellen der eigenen Fähigkeiten. Zweifel an der Berufswahl. Mangelndes Zugehörigkeitsgefühl. Berufliche Veränderungen sollten aber nicht aus einer Laune oder unschönen Situation (wie z. B. Mobbing) heraus herbei gezwungen werden, denn dann käme man vom Regen in die Traufe: Zeit, sich zurückzuziehen, die Lage in Ruhe zu überdenken, um dann neue berufliche Wege aus klaren Entscheidungen heraus zu begehen.

EIGENSCHAFTEN
Im positiven Sinne: In sich ruhend, friedlich, ausgeglichen, im Gleichgewicht, harmonisch, sorgsam, logisch, aufmerksam, um Klärung bemüht, eigenständig, steht zu seinen Entscheidungen.
Im negativen Sinne: Falsch, verlogen, untreu, gespalten, ungesund, verzweifelt, deprimiert, launisch, zweifelnd, abwehrend, hinauszögernd, lehnt eigene Entscheidungen ab, beeinflussbar, nicht authentisch, da der „Typ Mitläufer“ – orientiert sich vorwiegend an anderen.

III SCHWERTER

Im Vordergrund der *III SCHWERTER* findet sich ein leuchtend rotes Herz, welches von eben jenen Schwertern durchbohrt wird. Als ob dieses Bild nicht schon trübe genug erscheint, wird die Botschaft des Kummers noch untermauert durch die tief hängenden grauen Wolken und den prasselnden Regen. Beim genaueren Hinsehen fällt allerdings auf, dass das durchbohrte Herz ***vor*** den Regenwolken seinen Platz gefunden hat; auch wurde es nicht durch die Schwerter in Einzelteile gespalten. Man muss diese Karte von zwei Seiten betrachten, auch wenn ihre Botschaft schmerzhaft ist. Wenden wir uns dem Regen zu: Er kann ein Segen sein, wenn er die Erde nährt und das Gedeihen unterstützt. Gleichfalls hat er die Kraft, Zerstörungen anzurichten, wenn er wie ein prasselndes Gericht auf die Erde fällt und mit Überschwemmungen ganze Ortschaften vernichtet. Ebenso zweideutig sind die Wolken: Wie wir schon auf der Karte *DIE LIEBENDEN* erfahren haben, können sie auf der einen Seite ebenfalls einen Segen repräsentieren, aber auch die Vergänglichkeit. Die Schwerter selbst sind in ihrem oberen Anteil zweifarbig gestaltet, während der untere Teil im gleichmäßigen Blau gehalten ist; ihre Spitzen sind abgerundet. In Anbetracht dessen, dass die *III* einer Reihe für das Einbringen von Erkenntnissen und/oder nachwirkenden Umständen steht, dürfen wir die gesamte Anordnung der Motive in dem Sinne verstehen, dass dieser Prozess wohl schmerzlich ist, vielleicht auch Tränen fließen. Letzten Endes kann nach Zulassen und Akzeptieren dieser Erfahrung durch Einbringen der daraus resultierenden Erkenntnisse aber diese kummervolle Zeit überwunden werden. Oftmals werden unter *III SCHWERTER* zwar unliebsame Entscheidungen getroffen und lassen den Nachgeschmack der Verbitterung zurück, doch in vielen Fällen sind sie trotzdem sinnvoll.

Ich möchte an dieser Stelle ein schönes Lied in Erinnerung rufen, welches die meisten Leser sicher kennen. Es ist von Jimmy Cliff und heißt „I can see clearly now“, in welchem er singt: *“I can see clearly now the rain is gone. I can see all obstacles in my way, gone are the dark clouds that had me blind...”* (Jetzt, wo der Regen weg ist, kann ich klar sehen. Erkenne die Hindernisse auf meinem Weg. Fort sind die dunklen Wolken, die mich blind gemacht haben…”).Genau das drückt diese Karte aus.

GRUNDAUSSAGE

Wenn zwei Seelen in einer Brust schlagen, spielen Herz und Verstand gegeneinander. Was der eine weiß, versucht der andere zu leugnen und umgekehrt. Doch weder Weglaufen noch Verleugnen sind wirkliche Lösungshilfen. Je länger der Ratsuchende schweigt und/oder nicht handelt, umso länger wird er leiden. Was hier geklärt werden soll und muss, wird durch Schweigen und Inaktivität nicht umgangen, sondern lediglich hinausgezögert. Auch muss der Ratsuchende damit rechnen, dass ihm eine Entscheidung abgenommen und er letzten Endes vor vollendete Tatsachen gestellt wird. Um diesem Leid zu entrinnen, ist seine eigene Mobilität vonnöten: je länger er abwartet, desto länger hält dieser Zustand an.

Fragen nach ausstehenden Entscheidungen, wie z. B. die Beantwortung von Gesuchen, müssen hier negativ bewertet werden: es wird nicht gelingen.

VERLAUF
Es geht um das Entweder/Oder → mit dem Rückzug zur Klärung ohne äußere Beeinflussung → welche wiederum durch das Erkennen der Richtigkeit schmerzvoll sein kann.

STEHT FÜR …
Kummer, Schmerz, Verletztheit, Streitigkeiten, Trennung, geplatzte Illusionen, sorgenvolle Nachrichten, Enttäuschung, schmerzhafte Wahrheit, traurige (aber durchaus sinnvolle) Entscheidung, Probleme, Grausamkeit, Verzögerung, Ablenkung, Gefühle werden nicht erwidert.

WARNT VOR …
Unruhe, Fehler; Angst, den Schmerz zuzulassen bzw. anzuerkennen; sich in seinem Kummer zu verlieren, Inaktivität, mutwilliger Stagnation.

LIEBE
Was hält dieses Paar noch zusammen? Die Liebe von einst kann es heute nicht mehr sein. Das hängt möglicherweise damit zusammen, dass man seinen *wahren* Partner erst jetzt richtig erkennt und feststellt, dass man sich in ihm, in seinen (oder auch den eigenen) Gefühlen getäuscht, den anderen vielleicht zu sehr idealisiert hat. Doch stellt sich der Verstand nun vors Herz und öffnet die Augen – es tut weh, doch eines Tages weiß man, dass die Trennung die beste Lösung war.
Partnersuchende haben unter dieser Karte zurzeit keine Chance, einen geeigneten Partner zu finden. Sollten sie bereits jemanden im Visier haben, wird der andere nicht erfüllen können was man sich erhofft.

SONSTIGE VERBINDUNGEN
Das „wahre Gesicht" des anderen erkennen, enttäuschende Erkenntnis, Trennung, Entscheidungen schweren Herzens treffen, vorgetäuschte Freundschaft, Gutmütigkeit wird ausgenutzt. Solange die Geschäfte gut laufen, man seinen Verpflichtungen nachkommt, immer für andere da ist, wird Gemeinschaft gelebt (oder auch nur vorgegaukelt). Doch wenn schlechte(re) Zeiten anbrechen sollten, lässt der andere einen sozusagen im Regen stehen.

BERUF
Absage. Versetzung. Schlechtes Betriebsklima. Kollegen, die vorne herum nett sind, aber hinten herum einem am Stuhl sägen.

EIGENSCHAFTEN
Im positiven Sinne: Offen, bereit zu reden und/oder zu handeln, erlösend, sinnvoll handelnd, vernünftig entscheidend, klärend.
Im negativen Sinne: Schmerzend, traurig, desillusionierend, einsam, schwierig, grausam, enttäuscht, verletzt.

ZEIT
Verzögernd, die richtige Zeit ist noch nicht gekommen.

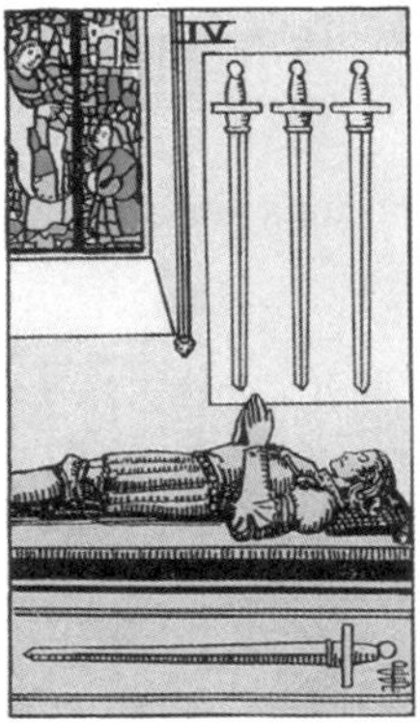

IV SCHWERTER

Ein Mann liegt, die Hände zum Gebet aneinandergelegt, auf einem steinernen Sarkophag. An seiner Vorderseite findet sich eines der *IV SCHWERTER*, während drei weitere in einem viereckigen (= das Irdische) Mauervorsprung neben ihm aufgehängt wurden. Keines der Schwerter wird in der Hand getragen, sie scheinen ihre Funktion zumindest für den Moment erfüllt zu haben. Die Person ebenso wie der Sarkophag und das einzelne Schwert werden im göttlichen Licht Gelb/Gold dargestellt. Doch wird dieses durchbrochen von gestricheltem Schwarz, sodass hier noch nicht etwas Endgültiges angekündigt wird. Allerdings wird das tiefe Schwarz, welches die Abwesenheit der geistigen Erkenntnis repräsentiert, mehr und mehr nach unten gedrückt (schwarze Balken am Sarkophag). Mit dieser Karte wird also nicht zwangsläufig etwas Endgültiges gekennzeichnet. Es ist eher eine Phase der Leere, in welcher sich die Person befindet, nicht wissend, wieso etwas so ist, wie es zurzeit ist. Die Spitzen der drei aufgehängten, gänzlich grauen Schwerter zeigen nach unten, als wäre die daniederliegende Person besiegt oder als wollten sie sie zur Ruhe zwingen, um in der Stille Erklärungen zu finden oder auch Entscheidungen für den weiteren Weg zu treffen. Im Hintergrund ist ein Bleiglasfenster zu sehen, auf welchem eine kniende Person den Segen empfängt. So wird über *IV SCHWERTER* auch die Botschaft des meditativen Rückzugs und der Innenschau vermittelt. Neben dem Bleiglasfenster befindet sich ein Seilzug mit einem Widderkopf als Drehknauf (ähnlich, wie früher die ersten mechanischen Klingeln konstruiert wurden). Mit dem Griff am Seilzug läutet die Person das Ende des Stillstands ein. Dann wird sie die geistigen und irdischen Komponenten sinnvoll verbunden haben und wissen, wie es weiter gehen soll.

GRUNDAUSSAGE

Für den Ratsuchenden geht in dieser Angelegenheit nichts vor und nichts zurück. Da bleibt nur als einzig sinnvolle Empfehlung, sich aus dem Aktiven zurückzuziehen, bis sich die Gemüter ein wenig beruhigt haben oder man eine Zeit der Innenschau insoweit genutzt hat, dass man weiß, was zu tun ist.

Liegt eine kraftraubende Zeit hinter dem Ratsuchenden, sollte er sich nun dazu entschließen, sich von den Anstrengungen zu erholen, um auch künftigen Anforderungen wieder gewachsen zu sein.

VERLAUF

Es geht um das Entweder/Oder → mit dem Rückzug zur Klärung ohne äußere Beeinflussung → welche wiederum durch das Erkennen der Richtigkeit schmerzvoll sein kann → gefolgt von einem bewusst gewählten oder auch anempfohlenen Zustand der Besinnung und Stärkung.

STEHT FÜR ...

Stillstand, Stagnation, Zurückgezogenheit, Alleinsein, Zwangspause, Introvertiertheit, Meditation, Waffenruhe, Verzögerung, Pause, Regeneration, Nichtstun, Zeit der Erholung (auch nach Erkrankung), Ohnmacht, Atempause, Isolation, Sicherheit, Erschöpfung, Besinnung.

WARNT VOR …
Pessimismus, mit Gewalt etwas herbeizwingen wollen, Verfall in andauernde Trägheit, Überbeanspruchung, zu ausgeprägtem Ego.

LIEBE
Wenn man sich nichts (mehr) zu sagen hat und nur noch dabei ist, sich zu arrangieren, ist es oftmals sinnvoll, eine Beziehungspause einzulegen. Es ist der Rückzug, der es erlaubt, in Ruhe über die Partnerschaft nachzudenken und darüber, wie es weiter gehen soll. Ob es bei einer vorübergehenden Trennung bleibt oder der endgültige Schlussstrich gezogen wird, zeigt diese Karte alleine nicht.
Partnersuchende sollten diese Zeit für sich nutzen, anstatt mit der Situation zu hadern.
Hinweis:
Weder Gebundene noch Suchende sollten zu lang im *Schneckenhaus* verweilen, denn dem Rückzug müssen auch Taten folgen.

SONSTIGE VERBINDUNGEN
Sich immer wieder arrangieren, vorübergehender Waffenstillstand, Erschöpfung nach einer aufreibenden Zeit, Aufschub (in z. B. finanziellen Angelegenheiten), Verzögerungen bei Verträgen.

BERUF
Beruflich geht es nicht so voran wie erwünscht – die Antworten, warum das so ist, finden sich häufig in einem selbst. Erschöpfungszustand aufgrund Überforderung, in dem man nicht mehr die gewohnte (und ggf. geforderte) Leistung bringen kann wie bisher.

URLAUBSREIF. KRANKSCHREIBUNG
Arbeitslose finden zurzeit noch keinen neuen Job. Ihnen wird empfohlen, ihren beruflichen Weg noch einmal zu durchleuchten: von der Vergangenheit – über die Gegenwart – in die Zukunft. Was war – was ist – was stellt man sich vor? Meist wurde versucht, etwas zu erreichen, was so einfach nicht erreichbar ist. Doch wenn man ein klein wenig eine andere Richtung einschlägt, könnte sich durchaus etwas Ansprechendes ergeben.

EIGENSCHAFTEN
Im positiven Sinne: Regenerierend, wachsam, stabilisierend, genesend, erholend.
Im negativen Sinne: Erschöpft, pessimistisch, introvertiert, festgefahren, unbeweglich, sorgenvoll, faul, krank, ohnmächtig, kraftlos.

V SCHWERTER

Aggressiv gezackte Wolken ziehen über das Geschehen auf der Karte *V SCHWERTER*. Im Vordergrund steht ein hämisch grinsender Mann mit feuerroten Haaren, die wie Flammen wirken, zwei Schwerter geschultert, eines will er wohl gerade anheben. Steht er auch in Stiefeln, die mit ihrem Orange die Lebensfreude und das Gute bejahen, so denkt er aber hierbei zuerst an sich. Seine negativen Eigenschaften (rotes Oberteil, rote Hose, roten Haare) versucht er noch durch das Tragen einer grünen Tunika zu vertuschen. Er ist der Sieger dessen, was hier passiert ist, hat seinen Willen durchgesetzt mit scheinbar leidenschaftlicher Wut und Aggression ohne Rücksicht auf andere. Ein Mann weiter im Hintergrund hält weinend die Hände vors Gesicht, ein anderer geht auf ihn zu, ihre beiden Schwerter haben sie bei dem Sieger zurückgelassen. *V SCHWERTER* ist ohne Frage die Karte des verlorenen Kampfes, der Niederlage und auch Demütigung. Wenn wir von bisherigen Karten gelernt haben, dass Wolken Symbol des Segens aber auch des Vorübergehenden sein können, lässt ihre aggressive Zeichnung keinen Zweifel, dass es um etwas Vergangenes geht. Die Schwierigkeit liegt aber darin zu erkennen, ob der Sieger von vornherein schon auf der anderen Seite denn der eigenen stand oder sich im Laufe der Entwicklungen erst gegen einen entschieden und auf die andere Seite geschlagen hat. Auch ist nicht zu erkennen, ob ein wirklicher Kampf geführt wurde oder die Verlierer „das Handtuch geworfen“ und sich gekränkt von ihrem Widersacher abwendet haben. Doch trotz der bedrohenden Wolken am Himmel werden sich die Wogen auch wieder glätten. Denn parallel zu den Wolken müsste auch das Meer in tosenden Wellen seinen Unmut zeigen – was aber nicht der Fall ist. Stattdessen wird es von violetten Wellen durchzogen, die mit ihrer Farbgebung auf die schon bestehende oder noch einsetzende Reue verweisen (z. B. in der Form „hätte ich doch nur nicht blind vertraut“, „hätte ich das nur nicht getan“). Unschuldig am Entstehen dieser Fiaskos war übrigens keine der Parteien, jeder hat seinen Teil dazu beigetragen. Insofern sollte der Betreffende hier nicht nur die Schmach des Versagens sehen, sondern auch den Gewinn. Durch den Schmerz hat er die Möglichkeit, seine Denk- und Handlungsstrukturen zu überprüfen, um es beim nächsten Mal besser zu machen bzw. gar nicht erst soweit kommen zu lassen.

GRUNDAUSSAGE

Falsche Rücksichtnahme und Schwäche kann sich der Ratsuchende in dieser Situation überhaupt nicht leisten, denn wer gestern noch sein Freund schien, kann heute schon zur feindlichen Gegenseite gewechselt sein. Der Ratsuchende sollte sich warm anziehen, um so den aggressiven und kalten Wolken zu trotzen, darüber hinaus mit allen Mitteln der Kunst kämpfen. Auch wenn der „Feind“ vertrauensvoll lächelt – bitte nicht in diese Falle tappen. Dem anderen ist jedes Mittel Recht, um den Sieg davonzutragen.

VERLAUF
Es geht um das Entweder/Oder → mit dem Rückzug zur Klärung ohne äußere Beeinflussung → welche wiederum durch das Erkennen der Richtigkeit schmerzvoll sein kann → gefolgt von einem bewusst gewählten oder auch anempfohlenen Zustand der Besinnung und Stärkung → um unfairen Machenschaften standhalten zu können, aber sich auch nicht zu selbigen hinreißen zu lassen.

STEHT FÜR …
Demütigung, Niederlage, Fiasko, Schwäche, Zerstörung, Rückzug, Verlust (auch Wohnung, Haus, Diebstahl), Versagen, Verleumdung, Schande, Streit, Verschlechterung, Boshaftigkeit, Gemeinheiten, Niedertracht, Strenge, Überläufer (Freund wird Feind), Neid, Schikane, Widersacher, Angriff, Rache, Unglück, Beerdigung, Feinde.

WARNT VOR …
Hoffnung, dass sich die Probleme von alleine im Nichts auflösen; blindem Vertrauen; die Schuld nur bei anderen zu suchen.

LIEBE
Für Gebundene zeichnet sich eine Zeit der heftigen Beziehungskrise ab. Angefangen von Eifersucht bis hin zum bitterbösen „Rosenkrieg“ kann diese Karte alles beinhalten, dass man sich fragt, warum man den anderen überhaupt jemals so geliebt hat, um sich mit ihm einzulassen.
Partnersuchende würden sich hier auf jemanden einlassen, mit dem es ein böses Erwachen gibt.
Sexuell finden sich bei *V SCHWERTER* häufig jene, die die etwas „andere (auch härtere) Version“ (SM, Bondage etc.) bevorzugen.

SONSTIGE VERBINDUNGEN
Harter Konkurrenzkampf, geplatzte Verträge, finanzieller Ruin durch falsch angelegtes Vermögen, bei Ausschreibungen überboten werden, Schutzgelderpressung, Misserfolg. Aus ehemaligen Freunden werden Feinde, Gutmütigkeit wird ausgenutzt.

BERUF
Kündigung. Zerstörerisches Intrigenspiel. Kaltes Arbeitsklima, feindliche Kollegen. Mobbing. Intrigen. Konkurs.

EIGENSCHAFTEN
Im positiven Sinne: Abwehrend, nicht ausharrend, nach eigenen Fehlern suchend.
Im negativen Sinne: Falsch, intrigant, gemein, boshaft, kalt, demütigend, streitend, provozierend, schwach, zerstörerisch, sadistisch, brutal.

VI SCHWERTER

Eine Familie, die auf einem Boot ein Gewässer überquert. Die Farb- und Bildgestaltung löst ein beklemmendes Gefühl aus. Während die verhüllte Frau und das Kind in der vordersten Reihe in gebeugter, niedergeschlagen anmutender Haltung sitzen, steht der Mann aufrecht hinter ihnen und setzt sie sicher zur anderen Seite über. Im vorderen Teil des Bootes sind die *VI SCHWERTER* mit der Spitze nach unten aufgestellt. Das Wegfahren von einem Ufer zum anderen soll ausdrücken, dass hier Schwierigkeiten und problembehafteten Lebensphasen der Rücken zugedreht und zu neuen Ufern aufgebrochen wird. Die Betroffenen wissen, was sie zurücklassen, kennen die Gründe ihres Weggangs – aber wissen nicht um das, was sie auf der anderen Seite tatsächlich erwarten wird. Der nach unten gerichtete Blick und auch insbesondere die Decke, die sich die Frau übergelegt hat, symbolisieren diese Ungewissheit ebenso wie den inneren Schmerz, dass hier nicht verstanden wurde, warum es hat soweit kommen müssen, warum geschehen ist was geschah. Trotzdem die *VI SCHWERTER* im vorderen Teil des Bootes angeordnet wurden, drückt ihr Gewicht das Boot aber nicht nach unten, sodass davon ausgegangen werden darf, dass die unangenehmen Seiten des Lebens als solche trotz allem akzeptiert wurden, und diese einen nicht mehr aus dem Gleichgewicht bringen. Jedoch sind sie mit dem Weggang nicht beseitigt. Das langsame Gleiten des Bootes über den ruhig daliegenden See verweist auf das zeitliche Geschehen: diese Entwicklung braucht Zeit, die man sich auch geben sollte. Es lässt sich nichts erzwingen.

GRUNDAUSSAGE

Wer die halbe Strecke schon zurückgelegt hat, sollte sich nicht umschauen und wieder zurückgehen. Der Schritt aus der Situation heraus war wichtig und richtig, auch wenn man hier mit einem großen *WARUM?* seines Weges geht. Die Ursachen des Geschehens sind mit dem Weggang nicht automatisch erloschen. Es wird seine Zeit brauchen, bis dieses geschieht und der Sinn des Ganzen verstanden wird. Gewalt und Illusionen, von Heut auf Morgen alles zu erneuern und wie Phönix aus der Asche zu steigen, funktionieren nicht. Das ist aber auch gar nicht nötig. Denn wenn die Angelegenheiten, welche Sorgen bereiten, geordnet sind, gibt es nichts, was den Betroffenen wirklich bedroht. Es ist lediglich das Ungewisse, ob es wirklich funktioniert und was ihn tatsächlich erwartet, was hier die Stimmung drückt. Allerdings hat er jederzeit die Möglichkeit, Hilfe in Anspruch zu nehmen – er braucht nur darum zu bitten.

VERLAUF

Es geht um das Entweder/Oder → mit dem Rückzug zur Klärung ohne äußere Beeinflussung → welche wiederum durch das Erkennen der Richtigkeit schmerzvoll sein kann → gefolgt von einem bewusst gewählten oder auch anempfohlenen Zustand der Besinnung und Stärkung → um unfairen Machenschaften standhalten zu können, aber sich auch nicht zu selbigen hinreißen zu lassen → was das Einschlagen in eine neue Richtung nach sich zieht.

STEHT FÜR …
Veränderung, Umzug, sich vom Negativen abwenden, Neubeginn, Geheimnis, Unsicherheit, Ausweg, Aufbruch, Introvertiertheit, um Hilfe bitten, langsamer Prozess der Loslösung und des Einlassens auf Neues, Angst, Befürchtung, Wechsel, Ideen brauchen Zeit der Entwicklung, Reise (auch zu Wasser), etwas lässt auf sich warten, Einigung erzielen, Ordnung ins Leben bringen.

WARNT VOR …
Umkehr, Inaktivität, Herbeizwingen wollen, Ungeduld, mangelndem Vertrauen in die eigenen Fähigkeiten (*sein Licht unter den Scheffel stellen*), sich weiterhin nicht den Tatsachen stellen wollend, uneinsichtig gegenüber bestehenden Problemen.

LIEBE
Häufig Partnerschaften, in denen wichtige Entscheidungen anstehen, auf die es schwerfällt, sich einzulassen, weil der bisherige Rahmen verlassen und ein neuer betreten werden müsste. Doch dessen Folgen kommen einem bedrohlich/beängstigend vor (z. B. Trennung: *Wie geht es allein weiter?* Bau eines eigenen Hauses: *Können wir die Kosten auf Dauer tragen?* Umzug: *Werden wir uns dort wohl fühlen?* etc.)
Partnersuchende werden hier nicht die Liebe auf den ersten Blick treffen. Mindestens einer von beiden ist ein *gebranntes Kind* in Bezug auf vergangene Beziehungen und braucht eine gewisse Zeit, um wieder jemanden emotional nahe an sich heranzulassen und die Schutzmauern ums Herz Stein für Stein abzubauen.

SONSTIGE VERBINDUNGEN
Auf dem richtigen Weg sein, doch der Sieg ist noch nicht ganz in der Tasche. Neustrukturierungen. Angelegenheiten ordnen, sich mit (z. B.) Gläubigern einigen. Neue Ideen einbringen. Altes optimieren/ergänzen. Langsamer Fortschritt. Loslösen aus Freundschaften, die einem nicht gut tun; die eigene Gutmütigkeit wurde zu häufig ausgenutzt.

BERUF
Versetzung mit Ortswechsel. Innerbetriebliche Veränderung. Darum wissend, dem Neuen gewachsen zu sein, aber ängstlich, ob die anderen es genauso sehen. Der *Sprung ins kalte Wasser* – noch einmal beruflich neu durchstarten.

EIGENSCHAFTEN
Im positiven Sinne: Auf Neues einlassend, vertrauend, nicht zurückblickend, aussprechend, Hilfe in Anspruch nehmend.
Im negativen Sinne: Ungeduldig, unwirsch, aggressiv, wütend, ängstlich, introvertiert, geheimniskrämerisch, sich selbst quälend (weil alles mit sich alleine ausmachend), einsam.

ZEIT
Über den längeren Weg, mit Geduld, zeitaufwändig.

VII SCHWERTER

Zunächst fällt der leuchtend gelbe Hintergrund ins Auge, vor welchem ein Zeltlager errichtet ist. Noch weiter im Hintergrund sieht man um ein Lagerfeuer Menschen sitzen. Im Vordergrund der Karte *VII SCHWERTER* schleicht ein Mann auf Zehenspitzen mit fünf Schwertern im Arm davon, schaut sich noch einmal prüfend um, ob sein Handeln auch wirklich unentdeckt bleibt. Sein Gesichtsausdruck wirkt zufrieden, trotzdem er zwei der sieben Schwerter zurücklassen musste. Die *VII SCHWERTER* ist eine der schwierigeren Karten aus ihrer Reihe. Auf den ersten Blick meint man Diebstahl und Betrug zu erkennen, auf der anderen Seite aber auch das Gefühl von Sich-davon-Schleichen oder Sich-aus-der-Affäre-Ziehen. Welche Aussage auch immer für die Situation zutreffend sein mag, die zwei zurückgelassenen Schwerter verheißen dabei nichts Gutes. Es scheint sich eher um eine nicht wirklich durchdachte, recht impulsive Tat zu handeln, die keine Dauerlösung verspricht. Die beiden Schwerter repräsentieren eine Art Mahnmal in Erinnerung daran, dass einem das Zurückgelassene irgendwann entweder fehlen oder ihr Zurückbleiben bei dem Geschädigten in Erinnerung bleiben wird. Das wäre umso bedauerlicher, wenn man eines Tages auf genau seine Hilfe vielleicht angewiesen wäre. Das strahlende Gelb des Hintergrundes kann durchaus für gewonnene Erkenntnisse angesehen werden wie auch für die Entscheidung, neue Wege einzuschlagen. Diese Aussage geht konform mit der Bedeutung der VII. Karte einer Reihe aus der kleinen Arkana. Da jedoch mehrere Personen auf der Karte erkennbar sind, die von dem Geschehen augenscheinlich nichts mitbekommen, muss davon ausgegangen werden, dass hier im Alleingang gehandelt wurde. Allerdings zeigen die zurückgebliebenen zwei Schwerter, dass es wohl schlauer gewesen wäre, den Rat Außenstehender einzuholen.

GRUNDAUSSAGE

Etwas Zugesagtes wird nicht eingehalten, das erträumte Resultat kann nicht erreicht werden, was man verleiht, bekommt man nicht wieder. Die Verantwortlichen werden sich jedoch rechtzeitig dem Zugriff entzogen haben, sodass man mit der Enttäuschung zurückbleibt. Wenn es der Ratsuchende ist, der hier plant, sich auf leisen Sohlen davonzuschleichen, sollte er sich diesen Schritt noch einmal gut überlegen. Ohne ein Wort der Erklärung zu gehen, kann nicht die Lösung sein.

VERLAUF

Es geht um das Entweder/Oder → mit dem Rückzug zur Klärung ohne äußere Beeinflussung → welche wiederum durch das Erkennen der Richtigkeit schmerzvoll sein kann → gefolgt von einem bewusst gewählten oder auch anempfohlenen Zustand der Besinnung und Stärkung → um unfairen Machenschaften standhalten zu können, aber sich auch nicht zu selbigen hinreißen zu lassen → was das Einschlagen in eine neue Richtung nach sich zieht → dieses möglicherweise sogar in Form des *sich leise Davonstehlens.*

STEHT FÜR …
auf leisen Sohlen davonschleichen, impulsives/unüberlegtes Handeln, Alleingang, Diebstahl, Unehrlichkeit, Heimlichtuerei, Verzicht, List und Tücke, Hin- und Hergerissenheit, Hoffnung (auf etwas Besseres), Falschheit, Tricksen, sich nicht klar äußern, unnütze Ratschläge, Klatsch und Tratsch, Neugierde, Unbeständigkeit, sich vor etwas drücken, etwas oder jemandem aus dem Weg gehen.

WARNT VOR …
voreiligen Entscheidungen und Taten, Unentschlossenheit, Verleumdung, mangelnder Vorsorge.

LIEBE
In dieser Partnerschaft wird nicht mehr viel gesprochen und wenn doch, dann leider nicht mit wahren Worten. Aber weder das eine noch das andere ist die richtige Lösung, denn die Ursache der Problematik wird so sicherlich nicht bewältigt.
Insgesamt steht diese Karte auch für den Seitensprung (sowohl real begangen als auch nur gedanklich durchgespielt). Möglicherweise plant einer der Beteiligten sogar schon seinen Weggang, während der andere davon noch nichts mitbekommt.
Partnersuchende würden hier die klassische Kinoszene erleben, wenn am nächsten Morgen klammheimlich die Klamotten zusammengerafft werden und man sich leise aus der Wohnung schleicht.

SONSTIGE VERBINDUNGEN
Die Absichten des anderen sind nicht immer klar erkennbar, doch meist ist das „Kind schon in den Brunnen gefallen“, bis man merkt, dass man ausgetrickst wurde. Unter diese Karte sollte man auch guten Freunden weder Geld noch sonstige Dinge leihen, denn wiederbekommen wird man es nicht. Vorsicht auch bei Vertragsabschlüssen: Zugesichertes wird am Schluss nicht gewährt, möglicherweise fällt man einem Betrug zum Opfer.

BERUF
Der versprochene Posten, die Beförderung, die Versetzung, geplante Geschäfte, in Aussicht gestellte Aufträge – es zerplatzt wie die Seifenblase. Hier wird insbesondere davor gewarnt, Waren auf Kommission zur Verfügung zu stellen, große Aufträge ohne Anzahlung zu erfüllen etc.: am Ende bleibt man auf einem Schadensberg sitzen. Auch der vorsätzliche Betrug findet sich hier: Der Chef sichert sich noch den größten Anteil, bevor er Konkurs anmeldet und die Belegschaft dann leer ausgeht.
Scheinfirmen, Briefkastenfirmen. Schwarzarbeit. Verschleierte Buchhaltung.
Berufe, in denen viel geleistet oder auch an körperlicher Kraft investiert werden muss, aber wenig dabei herauskommt (z. B. Landwirte, Fischer, Gärtner, Friseure etc.).

EIGENSCHAFTEN
Im positiven Sinne: Vertrauend, hoffend.
Im negativen Sinne: Betrügerisch, unehrlich, listig, verschleiernd, heimlich, feige, einzelgängerisch, mogelnd, neugierig, herumschnüffelnd.

ZEIT
Schnell. Nicht von langer Dauer, nicht beständig. Unverhofft, plötzlich.

VIII SCHWERTER

Eine Frau, gefesselt an Oberkörper und Armen, die Augen verbunden, mit nackten Füßen auf einem durchweichten, matschigen Untergrund stehend. Weiter im Hintergrund auf einem Berg ist eine Turmspitze zu erkennen. Ihr Kleid ist orangefarben sowie rot, was dafür spricht, dass ihre Lebensfreude wie zerrissen scheint. Die klare Perspektive fehlt, dieses symbolisiert auch der matschige Untergrund: stellenweise in der Farbe der Lebensbejahung (Orange), durchzogen von einem Rinnsal des Lebensflusses. Die Fläche, auf der sie steht, symbolisiert das, was sie an Wertvorstellungen hatte und worauf sie sich konzentrierte. Doch ist ihre kleine Stehfläche durch die *VIII SCHWERTER* abgegrenzt von dem, was tatsächlich möglich war (Grautöne im Hintergrund, der Berg, die Turmspitze). Die *VIII SCHWERTER* lassen unschwer erkennen, dass es um eine verneinende Karte geht, wobei diese Verneinung sowohl von außen, als auch durch einen selbst, auferlegt worden sein kann. Es kann hierbei ganz unterschiedliche Lebensbereiche betreffen, angefangen von einer Diät bis hin zum Abwenden von bestimmten Lebenssituationen, eventuell wurde aber auch der Ratsuchende „ins Aus" gestellt, hat Ablehnung erfahren. Die verbundenen Augen fordern auf, sich nicht (mehr) von äußeren Eindrücken beeindrucken und beeinflussen oder gar blenden zu lassen. Eine Innenschau ist hilfreich zu erkennen, wo Defizite liegen und die Schwierigkeiten herrühren können, die zur eingeschränkten Bewegungsfreiheit geführt haben. Die Arme, welche zusammen mit dem Oberkörper gefesselt wurden, sind Ausdruck der Handlungsunfähigkeit, d. h. hier muss sich mit einer Situation als solche abgefunden, diese respektiert werden; möglicherweise geht es aber auch darum, sich in Selbstdisziplin (z. B. im Rahmen von Diäten, Entzugsbehandlungen, Zwangsverhalten etc.) zu üben. Doch gemäß ihrer Sinnfindung als achte Karte einer Reihe, die für die Fortführung steht, ist es zwar wichtig zu erkennen, worum es bei der Einschränkung geht und dieses zu akzeptieren. Doch betrifft es nur einen bestimmten Teil, deshalb sollte hier nicht in gänzliche Trägheit und Interessenlosigkeit (Symbol der Fesselung) verfallen werden, zumal die Füße frei beweglich sind, um weiter zu gehen.

GRUNDAUSSAGE

Übt der Ratsuchende freiwilligen Verzicht (z. B. Diät, Sparsamkeit, Entzug), wird er aufgefordert diese Disziplin konsequent beizubehalten, gleichzeitig aber auch vor übertriebenem Durchsetzen gewarnt, weil es im ärgsten Fall auch zur Isolation führen kann. Kommt das Versagen durch Außenstehende, muss der Ratsuchende lernen, diese Situation als solche anzunehmen, und hat zu akzeptieren, dass es hier keinen Handlungsspielraum mehr gibt. Doch bedeutet das nicht, in absolute Hoffnungs- und Hilflosigkeit zu verfallen, sondern vielmehr, die Situation von einer höheren Warte aus zu betrachten und mit den daraus gemachten Erfahrungen weiter zu gehen.

VERLAUF

Es geht um das Entweder/Oder → mit dem Rückzug zur Klärung ohne äußere Beeinflussung → welche wiederum durch das Erkennen der Richtigkeit schmerzvoll sein kann → gefolgt von einem bewusst gewählten oder auch anempfohlenem Zustand der Besinnung und Stärkung → um unfairen Machenschaften standhalten zu können, aber sich auch nicht zu selbigen hinreißen zu lassen → was das Einschlagen in eine neue Richtung nach sich zieht → dieses möglicherweise sogar in Form des *sich leise Davonstehlens* → doch macht man sich damit nicht zwangsläufig freier.

STEHT FÜR …
Einschränkung, Enge, Krankheit, Sackgasse, Beschränkung, (Lebens-) Krise, Hindernis, Pech, Ablehnung, Verneinung, Diät, Frust, Hemmung, Not, Neid, Angst, Durcheinander sein, Entzug, Handlungsunfähigkeit, eingeschränkte Bewegungsfreiheit, Gefangensein/Befangenheit, üble Nachrede, Verzicht, Verbote, Probleme (sachlich/technisch), defekte Geräte und Maschinen, Störung, finanzieller Engpass, Sparsamkeit, steiniger Weg, körperliche Behinderung, auch psychische o. psychosomatische Erkrankungen.

WARNT VOR …
sich hilfloser zu machen als man ist, die Augen vor dem Ganzen zu verschließen (nur das Negative sehen), in Trägheit zu verfallen, sich aufzugeben.

LIEBE
Etwas in der Partnerschaft wird nicht gelebt, nicht angesprochen, unterdrückt (z. B. Wünsche die Gemeinsamkeit betreffend, sexuelle Fantasien etc.). Problembehaftete Beziehung, doch gibt es einen Weg daraus, wenn man handelt und nicht nur abwartet. Eifersucht. Partnersuchende können sich nicht wirklich öffnen für eine Beziehung oder trauen sich nicht, ihre eigenen Bedürfnisse anzumelden. Diese falsche Rücksichtnahme würde nicht nur zu Unverständnis beim anderen führen, sondern einem auch selbst auf Dauer die Freude an der Beziehung nehmen.

SONSTIGE VERBINDUNGEN
Mangelnde Auftragslage, schlechte Zahlungsmoral, finanzieller Engpass, Konflikte mit Freunden, Kunden etc., kritisiert werden.

BERUF
Kritische Bewertung der geleisteten Arbeit. Konflikthafte Auseinandersetzung mit Vorgesetzten o. Kollegen. Zuständigkeiten werden entzogen. Keine Aufstiegschancen. Sich für den falschen Job entschieden haben. *Hinweis:* Unter dieser Karte finden sich häufig Situationen, bei denen man auf der Arbeit (auch heftig) kritisiert wird, und um dem Ganzen aus dem Wege zu gehen, eine Krankenmeldung einreicht.

EIGENSCHAFTEN
Im positiven Sinne: Sich auf die Ursachen besinnend und weiter gehend. Diszipliniert. Im negativen Sinne: Neidisch, blind, abwartend, nicht handelnd, gehemmt, blockiert, sich vieles versagend, eingeschränkt, vermeidend.

ZEIT
Vorübergehend, nicht von langer Dauer. *Wichtiger Hinweis:* Fällt die Karte *VIII SCHWERTER* bei Legemustern in das Feld *Ziel, Ergebnis, langfristige Prognose* o. ä. (z. B. beim Keltischen Kreuz) dann folgt ein **langer Weg** des Engpasses, Verzichts und der Einschränkungen und das sollte nicht unterschätzt werden. Doch kann man mit wertvollen Erfahrungen eines Tages daraus hervortreten.

IX SCHWERTER

Die Karte wirkt in ihrer Gesamtdarstellung düster und bedrückend, der Kummer und der Schmerz der abgebildeten Person können sich dem Betrachter nicht entziehen. Die Dunkelheit wird unterbrochen durch die an der Wand angeordneten *IX SCHWERTER*. In den Rahmen des Bettgestells wurde ein duellierendes Paar geschnitzt, wobei ein Gegner dem anderen die Klinge aus der Hand geschlagen hat in einem Moment der Unachtsamkeit. Eine Person sitzt aufrecht im Bett, die Hände vors Gesicht geschlagen. Die Bettdecke ist im Patchwork gearbeitet aus Feldern mit roten Rosen sowie weiteren mit den Symbolen der 12 Sternzeichen. Der schwarze Hintergrund, der hier die dunkle Nacht widerspiegelt, zeigt an, dass jene sich grämende Person scheinbar den Glauben an die geistige Welt verloren hat, sich zumindest von selbiger im Stich gelassen fühlt. Die Rosen wie auch die astrologischen Zeichen deuten der verzweifelten Person an, sich Gott oder der geistigen Welt zuzuwenden. Auch wenn menschliches Fehlverhalten oder das Durchsetzen des eigenen Egos zu dieser erdrückenden Situation geführt haben, ist es doch gerade die Bettdecke mit ihren Symbolen, die darauf verweist, sich Hilfe suchend auch anhand kosmischer Möglichkeiten zu orientieren. Wenn jene kummervolle Person bereit wäre, die Hände vom Gesicht zu lösen und das Blickfeld zu erweitern, könnte sie durchaus erkennen, dass die Ursache des Problems nicht unbedingt dort verwurzelt ist, wo sie es vermutet, sondern einen ganz anderen Ursprung hat. Weiterhin würde sie erkennen, dass diese erdrückende, ohnmächtige Angst möglicherweise lediglich Ausdruck des eigenen Empfindens zu der Situation ist, aber nicht durch die Situation als solche auch wirklich ausgelöst wurde. Nur so kann im Sinne der IX (= Vollendung der Entwicklung) der zurückliegende Prozess, der zu dieser schlaflosen und von Bitterkeit erfüllten Nacht geführt hat, verstanden und abgeschlossen werden.

GRUNDAUSSAGE

Dem Ratsuchenden sollte empfohlen werden, der wahren Ursache seines ängstlichen, kummervollen Empfindens auf den Grund zu gehen. Nur dazusitzen und zu weinen, in der Hoffnung, dass dieser Alptraum irgendwann von alleine vorüber sein wird, verstärkt nur seine Angst. Was immer hier auslösend für die schlaflosen Nächte war, muss aus allen (auch bisher nicht wahrgenommenen) Blickwinkeln betrachtet und angegangen werden. Wird der Ratsuchende hier zu Recht kritisiert oder ihm Vorhaltungen gemacht, sollte er sich aufraffen und Größe zeigen, zu seinen Fehlern stehen und sie bereinigen.

VERLAUF

Es geht um das Entweder/Oder → mit dem Rückzug zur Klärung ohne äußere Beeinflussung → welche wiederum durch das Erkennen der Richtigkeit schmerzvoll sein kann → gefolgt von einem bewusst gewählten oder auch anempfohlenen Zustand der Besinnung und Stärkung → um unfairen Machenschaften standhalten zu können, aber sich auch nicht zu selbigen hinreißen zu lassen → was das Einschlagen in eine neue

Richtung nach sich zieht → dieses möglicherweise sogar in Form des *sich leise Davonstehlens* → doch macht man sich damit nicht zwangsläufig freier → bis zur bitteren Erkenntnis eines schlechten Gewissens aufgrund eigener, bewusst getroffener falscher Entscheidung oder des Verstoßenwerdens aufgrund richtiger Entscheidung, welche aber von den anderen nicht akzeptiert wurde.

STEHT FÜR …
Kummer, Probleme, Einsamkeit, Zukunftsängste, schlechtes Gewissen, Verzweiflung, Traurigkeit, Alpträume, schlaflose Nächte, Sorgen, Niedergeschlagenheit, Unglück, Fehlentscheidung, Isolation, Grausamkeit, ohne Kompromisse, Streitigkeiten, Besorgnis, sich seiner Verantwortung entziehen, Hiobsbotschaft, psychische Belastung.

WARNT VOR …
sich hängen zu lassen, auf ein Wunder zu warten (dass sich alles von alleine regelt), Rachegefühlen.

LIEBE
In dieser Partnerschaft findet kein Ausgleich zwischen Geben und Nehmen mehr statt. Es wird mehr gegeben als genommen.
Partnersuchende sind oftmals noch zu sehr mit einer vergangenen Liebe und den daraus resultierenden emotionalen und/oder materiellen Schäden beschäftigt, als dass sie wirklich schon bereit wären für eine neue Beziehung. Hier muss erst einmal wieder gelernt werden, Vertrauen zu haben, um sich emotional öffnen zu können. Das ist zurzeit aber nicht gegeben. Selbst wenn man es hier versuchen würde, wäre genau das der Grund, weswegen der andere schon bald Zweifel an der Aufrichtigkeit hätte. Betrügen und betrogen werden, Liebeskummer, Fehlgeburt. Der Betrug muss gar nicht real begangen sein. Alleine die innere Verzweiflung aus der Erkenntnis, dass die geführte Beziehung nicht die richtige ist, man aber trotzdem nach außen den Schein einer funktionierenden Partnerschaft aufrechterhält, muss hier schon als Betrug gewertet werden.

SONSTIGE VERBINDUNGEN
Kunden abwerben, vereitelte Geschäfte, Verleumdung, zerstörte Freundschaften, Rachegelüste, an die „falschen Freunde" geraten sein, sich ausgenutzt fühlen, immer für andere dagewesen, doch in der Zeit der eigenen Not von allen verlassen worden sein.

BERUF
Seine Fähigkeiten in Frage stellen. Zweifel, den gestellten Anforderungen wirklich gewachsen zu sein. Mehrarbeit, Überstunden, Überforderung. Mobbing, Intrigen (auch von einem selbst ausgehend).

EIGENSCHAFTEN
Im positiven Sinne: Sich der Situation stellend, Reue zeigend, ins Vertrauen gehend.
Im negativen Sinne: Kummervoll, ängstlich, zweifelnd, intrigant, verzweifelt, verdrängend, rächend, zurückziehend, starr, ohne Motivation.

ZEIT
Vorübergehend, nicht von Dauer.

X SCHWERTER

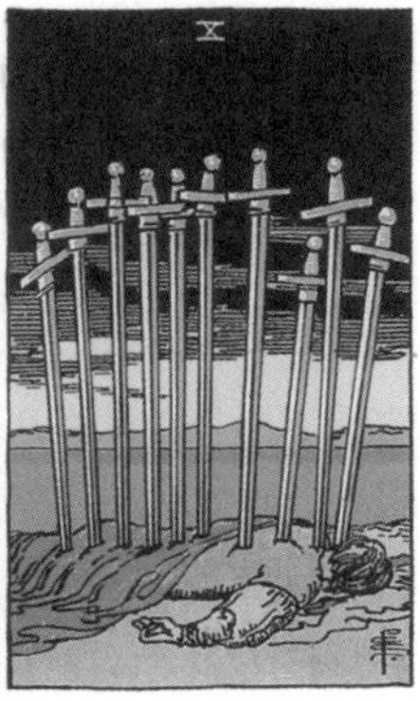

Die *X SCHWERTER* zeigen einen am Boden liegenden Mann, sämtliche Schwerter durchbohren seinen Körper. Sein Kopf ist zur Seite gedreht, sein letzter Blick galt dem schmalen goldenen (= göttlichen) Streif am Horizont, welcher sich zaghaft unter der erdrückenden Last der dunklen Nacht versucht zu erheben, die mit ihrem Schwarz die Abwesenheit des Vertrauens und Glaubens repräsentiert. Die X einer Reihe steht für den Übergang in eine neue Phase. Jene Person auf der Karte hat einen Wechsel vom Irdischen in die jenseitigen Sphären vollzogen. Doch solch ein dramatisches Ende muss und soll es nicht für den Ratsuchenden geben. Mit der drohenden und furchtauslösenden Darstellung der Situation möchte man vielmehr vor Augen führen, dass es oftmals erst der radikale Schlussstrich ist, welcher durch gewonnene Erkenntnis (Gelb) das Bedrohliche (Schwarz) sanft von sich schiebt und die aufgewühlten Wogen des Lebens glättet (das Meer im Hintergrund liegt still da).

Für den symbolischen Schlussstrich wurde die Person gleich von sämtlichen Schwertern durchbohrt, was den Eindruck von Brutalität aber auch Überdramatisierung erweckt und die Frage erlaubt, ob hier nicht übertrieben, ggf. sogar hysterisch bis panisch reagiert wurde. Auf alle Fälle soll die Karte jedoch ohne Wenn und Aber demonstrieren, dass die Person wirklich tot ist, um somit im übertragenen Sinne für den Betrachter und Ratsuchenden eines klarzustellen: es ist zu Ende. Und wie sich sanft ein gelber Streif der Hoffnung im Bild erhebt, so wird man sich mit der neuen Situation Schritt für Schritt anfreunden müssen und eines Tages bereit sein für etwas Neues.

GRUNDAUSSAGE

Je nach Thema ist es hier der Ratsuchende, der mit einem konsequenten Schlussstrich konfrontiert wird oder ein solcher ihm angeraten werden muss, um aus dem Trauma der hinterfragten Situation zu entfliehen. Es mag für den Moment schmerzlich sein, doch wird auch die Zeit kommen, in der er den wertvollen Gehalt einer solch endgültigen Entscheidung erkennen und wohlwollend akzeptieren wird.

VERLAUF

Es geht um das Entweder/Oder → mit dem Rückzug zur Klärung ohne äußere Beeinflussung → welche wiederum durch das Erkennen der Richtigkeit schmerzvoll sein kann → gefolgt von einem bewusst gewählten oder auch anempfohlenen Zustand der Besinnung und Stärkung → um unfairen Machenschaften standhalten zu können, aber sich auch nicht zu selbigen hinreißen zu lassen → was das Einschlagen in eine neue Richtung nach sich zieht → dieses möglicherweise sogar in Form des *sich leise Davonstehlens* → doch macht man sich damit nicht zwangsläufig freier → bis zur bitteren Erkenntnis eines schlechten Gewissens aufgrund eigener, bewusst getroffener falscher Entscheidung oder des Verstoßenwerdens aufgrund richtiger Entscheidung, welche aber von den anderen nicht akzeptiert wurde → sodass am Ende nur noch der rigorose Schlussstrich einzig sinnvoll ist, um noch einmal von vorne anfangen zu können.

STEHT FÜR …

Ende, Untergang, Panik, Schmerz, Schlussstrich, Enttäuschung, Zerstörung, Abschied, Tod, Beerdigung, Tränen, Niederlage, Hoffnungslosigkeit, Schwierigkeiten, Absage, Ablehnung, negatives Denken, Endgültigkeit, Drama.

WARNT VOR …

zwanghaftem Festhalten und Klammern an der Situation oder Person, übertriebener Hysterie und Panik, voreiligen Entschlüssen mit Neigung zu totaler Zerstörung auch erhaltungswürdiger Zusatzbereiche, Überreaktionen, sich emotional zu sehr in die Angelegenheit hineinzusteigern, Überreaktionen.

LIEBE

Für Partnerschaften kann diese Karte von zwei Seiten interpretiert werden: Zum einen kann sie das Aus einer Beziehung anzeigen. Unterlag die Partnerschaft aber schweren Schicksalsschlägen oder sonstigen, die Beziehung negativ beeinflussenden Faktoren, können die *X SCHWERTER* auch das Ende dieser bedrohlichen Außenwirkung bedeuten und den Betroffenen die Möglichkeit geben, ihre Beziehung neu zu gestalten.
Aus welchen Gründen auch immer Partnersuchende bisher noch Single sind: jetzt ist die Zeit gekommen, einen endgültigen Schlussstrich unter ihrem Single-Dasein zu ziehen und sich auf die Suche zu machen.

SONSTIGE VERBINDUNGEN

Beendigung von Freundschaften, Kontaktabbruch, vertragliche Verbindungen werden aufgelöst, erteilte Aufträge zurückgezogen, Zahlungseingange verschleppt, auf Anfragen erfolgen Absagen.

BERUF

Kündigung, zurückbehaltene Gehälter, Konkurs.

EIGENSCHAFTEN

Im positiven Sinne: Befreiend, akzeptierend.
Im negativen Sinne: Unwiderruflich, zerstörend, trennend, beendend, panisch, hysterisch, cholerisch, unbeherrscht, leicht erregbar.

ZEIT

Plötzlich, unerwartet.

PAGE DER SCHWERTER

Der *PAGE DER SCHWERTER* steht auf einer Anhöhe, seine Körperhaltung wirkt locker und entspannt, mit beiden Händen hält er ein Schwert hoch. Wolken ziehen vorbei, ebenso ein kleiner Vogelschwarm. Das Meer tobt in Wellen, seine Haare fliegen im Wind. Grundsätzlich bieten die Pagen Chancen und Impulse – so auch der *PAGE DER SCHWERTER*. Doch werden die von ihm ausgehenden Impulse eher stören, wenn nicht sogar nerven. Er gehört zu jenen, denen es selbst noch an (auch Lebens-) Erfahrung mangelt, was seine unsachgemäße Haltung des Schwertes widerspiegelt. Trotzdem nimmt er sich gerne die Freiheit heraus, andere zu kritisieren, handelt und spricht unüberlegt, fällt durch seine Impulsivität auf und kann Verwirrung stiften. Immerhin vermittelt die Abbildung eindrucksvoll, dass der *PAGE DER SCHWERTER* sich jedem Sturm in den Weg zu stellen bereit ist. Aber manchmal sind seine ausgesprochenen Gedanken gar nicht so dumm und können durchaus hilfreich sein. Doch egal, welche Emotionen er durch sein Reden und Handeln auslöst, so zieht er auch seinen eigenen Nutzen daraus und verbucht es unter „persönliche Erfahrungen", um für künftige Situationen besser gewappnet zu sein. Denn der *PAGE DER SCHWERTER* steht auf einem Hügel – und noch nicht auf einem Berg, sprich: einer höheren Ebene. Und die kann er nur erreichen, wenn er aus seinem Reden und Handeln lernt.

GRUNDAUSSAGE

Der *PAGE DER SCHWERTER* zeigt dem Ratsuchenden auf, dass er sicherlich lern- und wissbegierig ist, vielleicht auch innerlich so aufgewühlt, dass er gerne in ein Geschehen eingreifen möchte, evtl. sogar aus dem Gefühl heraus, jemand anderem damit dienlich zu sein. Doch verfügt der Ratsuchende unter Umständen noch gar nicht über das dafür erforderliche Wissen und muss am Ende selbst mit Belehrungen rechnen. Diese wären dann auch durchaus gerechtfertigt. In diesem Fall bliebe dem Ratsuchenden nur zu empfehlen, genau hinzuhören und nicht gleich auf Widerstand zu gehen. Denn das Gesagte kann ihm zu einem späteren Zeitpunkt durchaus dienlich sein.

STEHT FÜR …

Wachsamkeit, Aufmerksamkeit, Sticheleien, Streben nach Lösungen, Verrat, Kritik, verbaler Angriff, Impulsivität, Spionage, Hohn und Spott, Gedankenlosigkeit, List und Tücke, Neugierde, geschicktes Verhandeln, nicht im Detail geplante Lösungswege, den Hang zum Eingreifen (egal ob gewünscht oder nicht).

WARNT VOR …

voreiligen Entschlüssen und Handlungen, arroganter Ablehnung, mangelnder Vorbereitung, sich für etwas Besseres oder schlauer zu halten als andere.

LIEBE

In Partnerschaften kommt es von einer Seite immer mal wieder zu jenen „liebevollen Seitenhieben", die auf Dauer aber sehr verletzend sein können. Anspielungen und Anzüglichkeiten gehören sofort angesprochen und geklärt – denn hinter ihren Äußerungen steckt der Hinweis, dass jene Person ***tatsächlich*** etwas mitzuteilen hat, nur

nicht weiß, wie er es am Sinnvollsten anstellen soll und im schlimmsten Fall sogar versucht dem Partner den *schwarzen Peter* in die Schuhe zu schieben.
Partnersuchende treffen hier auf jemanden, mit dem sie sich gut austauschen und in Diskussionen verlieren können, weil einer von beiden immer noch einen Hieb hinterher setzt. Doch in die emotionale Tiefe oder gar Richtung Liebe geht es nicht.

SONSTIGE VERBINDUNGEN
Anspielungen, die das Vertrauen in Frage stellen und selbst lang bestehende Freundschaften in Gefahr bringen können. Auseinandersetzungen, hervorgerufen durch Spott oder Anzüglichkeiten. Vor anderen bloßgestellt werden.

BERUF
Vorhaltungen und offene Kritik, teils gerechtfertigt, teils auch nicht. Wer hier für seine Sache einsteht, sollte auf feindliches Hinterfragen vorbereitet sein, denn der andere gibt nicht so schnell auf. Arbeitnehmer oder Selbständige, die von ihren Kunden bis aufs Äußerste mit Ungeduld, unbegründeten Forderungen und/oder Vorwürfen konfrontiert werden, sollten sich überlegen, vielleicht einmal mehr zu schweigen und einfach nur zu lächeln. Denn worum es auch immer geht: selbst wenn die Erfahrung für die aktuelle Situation nicht dienlich ist, für eine andere zu einem späteren Zeitpunkt in jedem Fall.

EIGENSCHAFTEN
Im positiven Sinne: Einsichtig, wachsam, geistig rege, diskret.
Im negativen Sinne: Stichelnd, kritisierend, neugierig, arrogant, ausspionierend zynisch.

ZEIT
Schnell, geschwind.

PERSONENKARTE
- Junger Mensch (weiblich/männlich), Schüler, Azubi, Student – meistens dunkelblond bis brünett, in seinen Äußerungen schneller sprechend als denkend, in seinen Andeutungen zwischen unwissend und spottend.
- Freund(in), der/die einem nicht nach dem Mund redet, sondern offen Kritik übt.

RITTER DER SCHWERTER

Der rasende Galopp, die aggressiv angeordneten und gezackten Wolken, die sich im Sturm zur Seite neigenden Bäume, das hoch erhobene Schwert, die kurz gehaltenen Zügel, das Flattern seines roten Gewandes – all das präsentiert die angriffsfreudige, kalte Stimmung, mit der der *RITTER DER SCHWERTER* durch die Landschaft galoppiert. Auffallend ist, dass er *gegen* den Wind reitet. Hierüber wird symbolisiert, dass es mit dem *RITTER DER SCHWERTER* auch im täglichen Leben um das Dagegen geht (und nicht um das Dafür). Seine Haltung verrät Mut und Kampfesgeist, aber unter Umständen auch unüberlegtes Vorwärtspreschen. Vielleicht fehlt ihm aufgrund seines jungen Alters einfach noch das nötige Feingefühl und diplomatische Geschick, auch auf anderen, denn solch aggressiven Wegen, Probleme anzugehen und Schwierigkeiten zu überwinden. Der *RITTER DER SCHWERTER* verkörpert durch sein scheinbar furchtloses Durchsetzen seines Willens die aggressive Form des Klärungsprozesses, ohne Rücksicht auf die Gefühle der anderen und ohne Berücksichtigung, ob solch ein (aus seiner Sicht) tapferes und heldenhaftes Hervortun wirklich Früchte trägt oder am Schluss nur Verletzungen und Zerstörung zurückbleiben und im schlimmsten Fall der Angreifer selbst als Verlierer das Feld räumen muss.

GRUNDAUSSAGE

Im Sturm und mit Gewalt die Welt aus den Angeln heben und Feinde in die Knie zwingen – das ist bisher noch niemandem gelungen. Hier fehlt diplomatisches Geschick ebenso wie Einfühlungsvermögen. Je nach Fragestellung, wird dem Ratsuchenden hier in oben beschriebener Weise nach Manier des *RITTER DER SCHWERTER* begegnet oder er selbst ist es, der sich auf diese Art und Weise präsentiert. In ersterem Fall muss dieses gar nicht zwangsläufig mit ihm zu tun haben, sondern ist nur Ausdruck der Stimmung einer bestimmten Person; leider würde der Ratsuchende in diesem Fall als eine Art „Fußabtreter" benutzt werden. Von daher möge sich der Fragende darauf besinnen, nicht mit *gleichen Waffen* zurückzuschlagen, sondern sich vorerst auf seine innere Ruhe zu konzentrieren und die Situation aus einer anderen Perspektive zu betrachten. Gerät der Ratsuchende in eine beispielsweise brenzlige Situation, in welcher er meint, sich durch heldenhaftes Hervortun einmischen zu müssen, gilt auch hier zu prüfen, ob das wirklich der richtige Weg ist oder nicht akzeptablere Alternativen vorhanden sind.

STEHT FÜR ...

Mut, Heldentum, Begeisterung, Verfolgung, Tapferkeit, Macht, stürmisches Agieren, Furchtlosigkeit, Kälte, Aggressivität, Zorn, Draufgängertum, Geltungsbedürfnis, Feindschaft, Unüberlegtheit, verbale Verletzung, Stärke, aufs Schlimmste gefasst sein, sich Problemen stellen, Schärfe, frostige Stimmung.

WARNT VOR …
Tatendrang, (Über-) Eifer, die Situation nicht ernst zu nehmen, zu hoher Ich-Idealisierung, mangelndem Durchhaltevermögen, geistiger Unausgeglichenheit, Abhängigkeit.

LIEBE
In Partnerschaften ist einer von beiden der verbal Stärkere, stimmführend bei Diskussionen und neigt zu verletzenden Worten. Die Emotionen sind abgekühlt, die heimische Atmosphäre kalt, ein gewisses Maß an Aggressivität hängt in der Luft.
Partnersuchende treffen hier allenfalls auf jemanden, der durch sein aggressives Auftreten und seine bissigen Bemerkungen auffällig ist. Doch das Herz bleibt davon unberührt.

SONSTIGE VERBINDUNGEN
Verträge, die inhaltlich einiges an Fallstricken aufweisen. Eiskalte Geschäftspraktiken. Streitigkeiten im Freundes- oder Bekanntenkreis, von Mitmenschen abgelehnt werden, angriffslustige Freunde oder Nachbarn etc. Aus der Luft gegriffene Vorhaltungen.

BERUF
Schlechtes Betriebsklima, Anspannung, Konkurrenzkampf, Neid der Kollegen, Fehler durch unüberlegte Handlungen. In diesen Betrieben wird häufiger gegeneinander statt miteinander gearbeitet.

EIGENSCHAFTEN
Im positiven Sinne: Schwungvoll, mutig, tapfer, geschickt, taktvoll, diplomatisch.
Im negativen Sinne: Kalt, aggressiv, zornig, draufgängerisch, stürmisch, unüberlegt, bösartig, verletzend, gemein.

ZEIT
Kalte Monate, an einem kalten Tag.

PERSONENKARTE
- Junger Erwachsener (weiblich/männlich), meist vom brünetten, eher dunkleren Typ, nahezu immer gegenangehend und für Unmut sowie Ärger sorgend.
- Sohn/Tochter, Freund(in), Nachbar(in), Bekannte(r).

KÖNIGIN DER SCHWERTER

Mit ernster Miene sitzt die *KÖNIGIN DER SCHWERTER* auf ihrem Thron. Die Reihe der Schwerter gehört zum Luftelement. Bei der Königin finden wir dieses zum ersten Mal aber tatsächlich auch in ihren Motiven immer wieder veranschaulicht. Wagen wir zuerst einen Blick auf die Seitenansicht des Throns: Im unteren Teil findet sich ein größerer Schmetterling, darüber zwei Sicheln mit zwei weiteren Schmetterlingen und das Gesicht eines Luftgeistes, auch Sylphe genannt. Der Kronenreif ist verziert durch gelbe Schmetterlinge, die mit ihrer Farbgebung auf die Lebenserfahrung und Weisheit der *KÖNIGIN DER SCHWERTER* verweisen. Auf dem Umhang finden sich Wolken wie eben solche auch im Hintergrund bauschförmig aufsteigen. Die *KÖNIGIN DER SCHWERTER* hält die linke Hand empor, an dessen Gelenk eine durchtrennte Fessel hängt. Sie demonstriert damit ihre Unabhängigkeit, ebenso wie sie unterstreicht, dass sie keine Frau schwankenden (linke Seite) Gemütes ist. Diese Situation ebenso wie die weißen Wolken unterstreicht allerdings auch die Neutralität, mit der die *KÖNIGIN DER SCHWERTER* sich dem Leben zuwendet. In der rechten (= Bewältigung, Geraderücken von Schwierigkeiten) Hand hält sie aufrecht das Schwert, die Klingenspitze nach oben gerichtet. Diese Haltung verweist darauf, sich aus Verpflichtungen, Lebenshaltungen, Lebenseinstellungen oder Bindungen zu lösen, die einen zu sehr an die Kette gelegt haben und unfrei erscheinen lassen. Wenn das gelungen ist, können die Wolken (ihrerseits in diesem Fall Symbol der Segnung) aufsteigen und den unsichtbaren Weg dahinter erkennbar machen. Mit dem symbolischen Durchtrennen der Fessel kann eine Art Wiedergeburt stattfinden; diese Verbindung wird zu den Schmetterlingen gezogen. Sie verharren monatelang nahezu unbeweglich in einem Kokon und entpuppen sich zu einem wunderschönen Geschöpf Gottes. Auch die Sicheln stehen für das Durchtrennen (lat. secula = schneiden) und Lösen von Abhängigkeiten, symbolisieren aber auch gleichzeitig die kühle, rationale Seite, die dem Luftelement zugeschrieben wird. Die Sylphe (= Luftgeist, sie repräsentieren das Innere in einer Sache, sie beleuchten die Wirklichkeit aus geistiger Blickrichtung) erinnert in ihrer Bedeutung daran, dass alles Materielle nichts nutzt und auf Dauer nicht zum Leben reicht, wenn die geistigen Möglichkeiten verschmäht werden. Der Vogel, der über dem ganzen Geschehen selbst weit über den Wolken kreist, repräsentiert die kühle Überlegenheit.

GRUNDAUSSAGE

Eine vom Leben gezeichnete und erfahrene, emanzipierte, kühl und distanziert wirkende Frau wird für den Ratsuchenden Bedeutung haben, da sie möglicherweise jenen klugen Gedanken mitbringt, der ihm noch fehlt. Die Karte kann aber auch den Ratsuchenden selbst darstellen oder ihn auffordern, den Rat einer solchen Frau einzuholen. Steht die *KÖNIGIN DER SCHWERTER* im Legemuster für den Ratsuchenden, sollte er neue Ideen und Gedankengänge auf sich zukommen lassen.

LIEBE/SONSTIGE VERBINDUNGEN

- Eigene(r) Partner(in), kühl wirkend und ihre Freiräume brauchend, aber äußerst klug und Polaritäten sinnvoll miteinander verbindend.
- Nebenbuhler(in) / Konkurrent(in).
- Eine Frau mit den Charakterzügen der *KÖNIGIN DER SCHWERTER*, die hilfreich für die Partnerschaft oder sonstige Verbindungen sein kann oder sich als Widersacherin entpuppt.

BERUF

Clevere, unabhängige Frau [kann auch ein(e) Ratsuchende(r) selbst sein oder eine im Umfeld wichtige Person], die nicht unbedingt teamfähig ist, eher im Alleingang große Erfolge erzielt. Karrieremensch, Workaholic (auch zu Lasten von Beziehungen oder Freundschaften). Manchmal kreative Berufe.

EIGENSCHAFTEN

Im positiven Sinne: Durchsetzungsfähig, emanzipiert, unabhängig, frei, klug, gerissen, gebildet, ehrgeizig, schlagfertig, kreativ, stolz.

Im negativen Sinne: Kühl, streng, strafend, berechnend, manipulierend, einsam, launisch, verbittert.

PERSONENKARTE

- Emanzipierte, (lebens-) erfahrene, kluge, redegewandte, auf der Verstandesebene handelnde Frau.
- Vom Typ ggf. hellbraune Haare, graue Augen; oftmals geschieden oder verwitwet.
- Ratsuchende(r) selbst oder spiegelt die eigene Haltung als *KÖNIGIN DER SCHWERTER* wider.
- Person, die im Umfeld des Ratsuchenden wichtig ist (z. B. auch Nebenbuhlerin, Konkurrentin).
- Steht die Karte für einen Mann, ist er zwar für Anregungen empfänglich, doch gleichzeitig autoritär.
- Mutter/Schwiegermutter.

KÖNIG DER SCHWERTER

Der *KÖNIG DER SCHWERTER* nimmt eine sehr selbstsichere und energisch wirkende Haltung auf seinem Thron ein. Sein Gesichtsausdruck ist ernst. Die rechte Körperhälfte (= Geraderücken von Schwierigkeiten) ist ein wenig vorgeschoben, während die linke (= schwankender Charakter) Hand auf der Lehne ruht. Sein Blick ist klar nach vorne gerichtet, er scheut keinerlei Konfrontation. Auch in seinen Thron wurden zwei Sicheln (lat. secula = schneiden) eingemeißelt, in deren Mitte ein großer Schmetterling, wie auch weitere darunter, zu erkennen sind. Gerne verbindet man mit dem Begriff *Luft* (der *KÖNIG DER SCHWERTER* gehört zum Luftelement) so etwas wie Leichtigkeit, doch wäre diese Interpretation in diesem Zusammenhang gänzlich falsch. Gerade auf die Kühle und Schärfe, die dieses Element mit sich bringen kann, verweisen die Sicheln. Über der linken Schulter ist im Thron eine Sylphe zu sehen (siehe auch *KÖNIGIN DER SCHWERTER*). Eine Wolke hat sich aus der Ansammlung bereits erhoben, zwei Vögel ziehen ihre Bahnen und demonstrieren die Überlegenheit des *KÖNIG DER SCHWERTER*. Wolke, Vögel, Schmetterlinge, Sylphe – all sie repräsentieren genau wie auf der Vorgängerkarte der Königin ausdrucksvoll das Luftelement. Auch wenn man dem *KÖNIG DER SCHWERTER* Attribute wie loyal und gesetzestreu zuschreibt, man in ihm die Idealbesetzung für Führungspositionen finden kann und er auch als Vertreter des Gesetzes (wie Anwalt, Richter, Staatsanwalt) durchaus geeignet wäre, darf man die Haltung seines Schwertes aber nicht außer Acht lassen: Im Gegensatz zur Königin (hält ihr Schwert gerade gerichtet nach oben) hält der *KÖNIG DER SCHWERTER* dieses leicht erhoben und geneigt. Entsprechend muss man bei ihm von einer Person ausgehen, die immer bereit ist, ohne langes Zögern seinen Willen zu verfolgen oder bei fragwürdigen Situationen entsprechende Recherche anzustellen. Doch so dominierend und herrschend er auch sein kann, ist ihm zugute zu halten, dass er Ungerechtigkeiten nicht unterstützt. Im Gegenteil: Er sorgt für schonungslose Klarheit und duldet keine (schon gar nicht faule) Kompromisse. Dieses Vorgehen kann allerdings manchmal nicht nur zum Untergang eines anderen, sondern auch zum eigenen führen.

GRUNDAUSSAGE

Dem Ratsuchenden bleibt zu empfehlen, sein Wissen und seinen klaren Verstand zu nutzen und kompromisslos seinen Weg zu gehen. Wenn ihm das nötige Quäntchen an Entscheidungsfreudigkeit oder Wissen fehlt, sollte er erwägen, den Ratschlag eines Herrn einzuholen, der die Charaktere des *KÖNIG DER SCHWERTER* in sich trägt und somit die nötige Unterstützung bieten kann.

LIEBE/ SONSTIGE VERBINDUNGEN

- Eigene(r) Partner(in), zwar gebildet, aber emotional eher kühl und bestimmend. Er ist kein „Göttergatte“, sondern eher der vernachlässigende Ehepartner und lausige Liebhaber.
- Nebenbuhler(in)/Konkurrent(in).

- Ein Mann mit den Charakterzügen vom *KÖNIG DER SCHWERTER*, der hilfreich für die Partnerschaft oder sonstige Verbindungen sein kann oder sich als Widersacher entpuppt.

BERUF
In einem angesehenen Beruf tätig, oftmals Akademiker oder Amtsperson (Jurist, Professor), auch Freiberufler oder Vermittler (Kapital, Immobilien etc.). Führungsqualitäten. Widmet sein Leben vorrangig der beruflichen Karriere.

EIGENSCHAFTEN
Im positiven Sinne: Heilend, scharfsinnig, angesehen, kompetent, gebildet, entschlossen, beherrscht, nicht korrupt, selbstsicher, kräftig, zuverlässig, weitblickend, berufen, spitzfindig, talentiert.
Im negativen Sinne: Kühl, nüchtern, streng, kritisch, egozentrisch, dominierend, sehr konsequent, bedrohlich, skeptisch, spannungsgeladen, problematisch.

PERSONENKARTE
- Auf Verstandesebene handelnder, gebildeter, kühler, erfahrener, entschlossener Mann, gesetzestreu (meist dunkelbraune Haare, dunkle Augen).
- Oft Akademiker und/oder Amtspersonen.
- Der Ratsuchende selbst oder die eigene Haltung als *KÖNIG DER SCHWERTER*.
- Als Frau energisch ihren Willen durchsetzend.
- Vater/Schwiegervater (ebenfalls eher unsympathisch, weil wenig emotional).

Übungen (3)

(1) Welchem Element werden die Schwerter zugeordnet? Geben Sie stichpunktartig die charakteristischen Merkmale der Schwerter bzw. ihres Elementes wieder. Welchen Typ Mensch repräsentieren sie?

(2) Kreuzen Sie das jeweils richtige Feld an:

Frage	**Ja**	**Nein**
Das *AS DER SCHWERTER* bringt keine Klärung.		
Scheinfirmen finden sich unter *VII SCHWERTER*.		
Der *RITTER DER SCHWERTER* ist feige.		
Der *KÖNIG DER SCHWERTER* ist sehr gesetzestreu.		
Die *II SCHWERTER* symbolisieren den Zwiespalt.		
Unter *VI SCHWERTER* passiert etwas sehr schnell.		
Schwerter gehören zum Element Luft.		
V SCHWERTER verweisen manchmal auf den etwas anderen, auch härteren Sex.		
Zeitlich findet unter *III SCHWERTER* etwas sehr bald statt.		
Unter *IX SCHWERTER* soll man der wahren Ursache auf den Grund gehen.		
Beruflich Kritik einstecken muss man unter *PAGE DER SCHWERTER*.		
Bei den Schwertern geht es um Passivität und Kompromisse.		
III SCHWERTER warnen, sich in seinem Kummer zu verlieren.		
Beim *RITTER DER SCHWERTER* wird vor Übereifer gewarnt.		
Der *KÖNIG DER SCHWERTER* ist ein aufmerksamer Ehemann.		
Nur „vorübergehend“ dauert ein Zustand an – so meinen die *VIII SCHWERTER*.		
Der *KÖNIG DER SCHWERTER* bringt Heilung und Genesung.		
Ein Single findet mit *IV SCHWERTER* seinen Traumpartner.		
Schuldner halten die Gläubiger bei *VII SCHWERTER* hin.		
X SCHWERTER fordern zum Festhalten an einer Sache auf.		
Die *KÖNIGIN DER SCHWERTER* ist meistens glücklich liiert.		
Beim *AS DER SCHWERTER* finden sich Gespräche für oder gegen etwas.		

Der *RITTER DER SCHWERTER* ist voller Begeisterung.		
Unter den Schwertern finden wir rein intuitive Menschen.		
VII SCHWERTER ist die Karte von List und Tücke.		
Der *KÖNIG DER SCHWERTER* ist ein Mann der Kompromisse.		
Der *PAGE DER SCHWERTER* hat sehr viel Lebensweisheit.		
III SCHWERTER stehen für den Liebeskummer.		
Voller Vertrauen darf man unter *II SCHWERTER* sein.		
Eine Diät oder freiwilliger Verzicht bringt uns die Karte *VIII SCHWERTER*.		
Der *KÖNIG DER SCHWERTER* ist eher ein schlechter Liebhaber.		
Bei *X SCHWERTER* wird ein radikaler Schlussstrich gezogen.		
VI SCHWERTER zeigen den Aufbruch zu neuen Ufern.		
Unter *II SCHWERTER* zeigt sich das Meer in tosenden Wellen.		
Ein Freund kann unter *V SCHWERTER* zum Feind werden.		
Die *KÖNIGIN DER SCHWERTER* arbeitet sehr erfolgreich im Team.		
Etwas passiert unter *X SCHWERTER* plötzlich und manchmal auch unerwartet.		
Unter dem *AS DER SCHWERTER* begegnet man seiner großen Liebe.		
Der *PAGE DER SCHWERTER* ist ein kritikfreudiger Freund.		
VII SCHWERTER warnen vor voreiligen Entschlüssen.		
Der *RITTER DER SCHWERTER* fällt in die kältere Jahreszeit.		
Die gefesselten Beine hindern uns am Weitergehen bei *VIII SCHWERTER*.		
IX SCHWERTER stehen für Kummer und schlaflose Nächte.		
Die *KÖNIGIN DER SCHWERTER* hat Verluste erfahren.		
Auf *IV SCHWERTER* ist ein Bleiglas abgebildet.		

DIE KELCHE

AS DER KELCHE

Wie auf allen As-Karten gerät auch beim *AS DER KELCHE* die Schöpferhand primär ins Blickfeld. Sie ragt wiederum aus einer Wolke und hält einen Kelch auf der Handfläche über einem mit Seerosen angereicherten Gewässer. Die schmalen, aus dem Kelch entspringenden fünf Wasserfälle entsprechen zum einen den vier Paradiesströmen (Gewässer, die von Eden ausgehen) Pischon, Gichon, Chidekel und Euphrat und repräsentieren gleichzeitig die vier Elemente Feuer, Wasser, Luft und Erde. In der geschichtlichen Entwicklung um die Vier-Elemente-Lehre hat Aristoteles den gängigen vier Elementen ein fünftes hinzugefügt, nämlich die allen Elementen zugrunde liegende Quintessenz. Somit wird die Bedeutung um die Chance, die die Asse der Tarotkarten mit sich bringen, deutlicher: es geht nicht mehr nur um Teilaspekte, sondern um *das Große und Ganze*, das Zusammenhängende. Eine weiße Taube (u.a. Symbol für gute Botschaften) legt eine Hostie im Kelch ab. Sie wird in Verbindung gebracht mit der Legende um den Heiligen Gral, welcher als wunderbringender Kelch beschrieben wurde und dem Besitzer Glück, ewige Jugend sowie Speisen im Überfluss versprach. Um diese Kräfte aufrechtzuerhalten, trat der Überlieferung zufolge, der Heilige Geist um die Osterzeit als weiße Taube in Erscheinung und legte eine geweihte Hostie in jenen Kelch. Der Kelch wird auf der linken Handfläche gehalten, wodurch die in der nachgefragten Situation bestehenden Unklarheiten oder auch das Mit-sich-nicht-einig-Sein (nicht wissen, was man will; nicht wissen, wie es weitergehen soll, heute so – morgen so) symbolisiert wird. Da hier aber das gesamte *SEIN* (durch die fünf Ströme) sinnbildlich dargestellt wird, bringt das *AS DER KELCHE* so etwas wie die Komplettierung, die Verwirklichung, die Entwicklung hin zur absoluten Zufriedenheit. Wassertropfen umgeben das Schauspiel, die in Anlehnung an das hebräische Alphabet in ihrer Summe (26) für die Buchstaben J (10), H (8) und V (0) stehen = JHVH (Gott) und noch einmal die große (alles erfüllende) Chance widerspiegelt, die das *AS DER KELCHE* mit sich bringt.

Es findet sich noch der Buchstabe W in dem Kelch eingraviert. Im geschichtlichen Verlauf wurde das hebräische Vaw auch in ein W transkribiert (= umgeschrieben, um die Aussprache zu erleichtern). So sprach man im Christentum auch von Jahwe (das Göttliche). Möglicherweise ist das W aber auch einzig und allein nur die Initiale von Mr. Waite.

GRUNDAUSSAGE

Das *AS DER KELCHE* gilt als große Glückskarte. Mit ihr wird dem Ratsuchenden eine große Chance geboten, die er dankbar annehmen sollte. Um diese nicht zu vertun, muss allerdings empfohlen werden, jetzt mehr auf seine innere Stimme zu hören,

seine Augen und Ohren offen zu halten. Mit dem *AS DER KELCHE* kann es weiterhin gelingen, ins Wanken geratene Angelegenheiten wieder zu bereinigen.
Darüber hinaus mildert es in einem Legemuster negative Karten ab.

VERLAUF
Die Chance, die Träume vom persönlichen Glück wahrwerden zu lassen.

STEHT FÜR …
großes Glück, Seelenfrieden, Zufriedenheit, (Wunsch-) Erfüllung, Träume werden Wirklichkeit, Frieden, Reichtum (geistig, spirituell, materiell), Hingabe, Freude, Wandlung zur Vollendung, Gefühlswelt, Heilung, Schönheit, Liebe, Schutz, Fülle.

WARNT VOR …
Nichterkennen und Nichtannehmen der gebotenen Chance, Stagnation.

LIEBE
Partnersuchende haben ihre große Liebe bereits an ihrer Seite. Eventuelle Streitigkeiten und Missverständnisse werden friedlich beigelegt.
Partnersuchenden wird die Chance geboten, jetzt ihrer großen Liebe zu begegnen und in eine glückliche und aufrichtige Beziehung zu gehen.
Hinweis: Schwangerschaft oder Geburt (egal ob gebunden oder ungebunden).

SONSTIGE VERBINDUNGEN
Gewinnbringende Verträge, lukrative Angebote, ein außerordentliches Schnäppchen, Chance einer wunderbaren und erfüllenden Verbindung, Friedensangebot, Bereinigen von Missverständnissen innerhalb Freundschaften.

BERUF
Ein glückliches Händchen bei der Bewältigung von Aufgaben; einen erfüllenden Job innehaben, voller Herz und Engagement sich seiner Tätigkeit widmen.

EIGENSCHAFTEN
Im positiven Sinne: Glücklich, erfüllt, aufrichtig, schön, gefühlvoll, offen, zufrieden, ge-/beschützt, dankbar.
Im negativen Sinne: Sich dem Glück verschließend, nicht annehmend, undankbar.

ZEIT
Zwischen Ostern und Pfingsten.

II KELCHE

Ein Mann geht auf eine Frau zu, reicht ihr seine rechte Hand. Jeder hält einen Kelch auf Brusthöhe vor seinem Körper. Zwischen den Kelchen zeigt sich der so genannte Hermesstab (auch Heroldsstab) als Sinnbild des Friedens: ein Stab, „getragen“ von zwei Flügeln und umwunden von zwei Schlangen, die sich am oberen Teil des Stabes anblicken. Zwischen den Flügeln ein Löwenkopf, der – wie die Flügel selbst – in tiefem Rot gefärbt ist, welches zwar prinzipiell die Symbolik der Aggression, Streitigkeiten wie auch negativen und positiven Leidenschaften in sich trägt, jedoch durch die Flügel Schutz und Versöhnung demonstriert wird. Die weißen Kleidungsstücke beider Personen sind durch andere fast verdeckt. So besteht zwar die Bereitschaft zum Neuanfang, auch zur Versöhnung, doch ist sich keiner von beiden wirklich sicher, wer hier den ersten Schritt tun sollte und außerdem steht für beide die Frage im Raum, wie der andere reagieren würde, wenn er selbst jenen ersten Schritt tun würde. Sowohl diese Unsicherheit wie auch die innere Bereitschaft, bei Ablehnung aggressiv zu reagieren, (und sei es nur aus verletztem Stolz) werden ebenfalls über das tiefe Rot des beflügelten Löwenkopfes repräsentiert. *II KELCHE* ist eine Karte mit vielen Gegensätzen. Zum einen der Löwe, der sowohl stark als auch sanftmütig sein kann, die Farbe Rot als Farbe der Aggression aber auch Leidenschaft, die beiden Schlangen, die sich um den Stab winden – jede einzeln für sich, doch um sich loszulösen, wäre ein Miteinander nötig. Während die Frau still an ihrem Platz steht, ist der Mann in Bewegung (geht auf sie zu, reicht ihr seine Hand). Die II einer Reihe stehen für das Abwägen von Für und Wider, für das Herstellen eines Gleichgewichts. Das Motiv der Karte lässt ein Aufeinanderzugehen erkennen, die Versöhnungsbereitschaft. Vor diesem Hintergrund geht es bei *II KELCHE* um das Zusammenführen und Zusammenspiel der Gegensätze.

GRUNDAUSSAGE

Mit *II KELCHE* ist es möglich, unterschiedliche Ansichten in Einklang zu bringen, zwei Herzen zueinander zu führen, Streitigkeiten zu bereinigen, verbinden, was getrennt ist, Vergangenes vergessen und Neues beginnen, Gefühl und Verstand in Gleichklang zu bringen – doch all das erfordert eine liebevolle, versöhnliche Geste, die Bereitschaft, den ersten Schritt zu tun, was dieser Karte anempfohlen wird.

VERLAUF

Die Chance, die Träume vom persönlichen Glück wahr werden zu lassen → vor allen Dingen dann, wenn man auch dann und wann einmal über seinen eigenen Schatten springt.

STEHT FÜR ...

Zusammengehörigkeit, Versöhnung, liebevolle Gesten, Aufeinanderzugehen, Anziehungskraft, Sympathie, Einigkeit, Leidenschaft, Zusammenspiel, Begegnungen, Probleme überwinden, Sensibilität, Frieden schließen, Zuneigung, Partnerschaft, Gefühle, Vertrauen.

WARNT VOR …
Handlungs- und Entschlussunfähigkeit, ablehnender Grundhaltung, Verweigerungshaltung.

LIEBE
Für kriselnde Partnerschaften ist die Zeit gekommen, über seinen Schatten zu springen und sich von liebevoller wie versöhnlicher Seite dem anderen zu zeigen. Doch sollte man sich davor hüten, sofort die Krallen auszufahren, wenn jener einem nicht gleich um den Hals fällt.
Partnersuchende können sich durchaus verlieben, mögen aber bitte darauf achten, dass Gefühl und Verstand im Einklang sind, auch das Zusammenspiel von Körperlichkeit und Sexualität sich nicht widerspricht und sich nur auf eine Beziehung eingelassen wird, wenn tatsächlich das Gefühl von Verliebtheit/Liebe im Herzen schlägt.
Grundsätzlich geht es aus partnerschaftlicher Sicht mit dieser Karte immer auch um das Thema *Vertrauen*; sie kann eine Hochzeit ebenso symbolisieren wie schon eine bestehende feste Beziehung oder Ehe.

SONSTIGE VERBINDUNGEN
Neue Kontakte, (geschäftliche) Partnerschaften, Freundschaften, einander wertschätzen, Gegensätze vereinen, Teamwork, Freud und Leid teilen.
Wer in behördlichen oder ähnlichen Angelegenheiten nachfragt, wird unter dieser Karte oftmals damit konfrontiert, von einem zum anderen geschickt zu werden.

BERUF
Teamwork, Kooperation, verschiedene Interessen und Qualifikationen sinnvoll vereinen und nach dem Motto „Gemeinsam sind wir stark!“ dem Erfolg zuführen.

EIGENSCHAFTEN
Im positiven Sinne: Sympathisch, liebevoll, versöhnlich, attraktiv, sensibel, sexuell interessiert, bindungsbereit.
Im negativen Sinne: Zu schüchtern, nicht entschlussfähig, handlungsunfähig, gefühllos, aggressiv bei Ablehnung oder wenn etwas nicht sofort nach seinem Willen geschieht.

III KELCHE

Drei Frauen tanzen im Kreis, mit hoch erhobenen Kelchen feiern sie den errungenen Erfolg. Obst, Gemüse und Blumen liegen um sie herum auf der Erde, zeigen den Überfluss. Zweifelsohne wurde ein gutes Resultat erreicht, welches zur Freude verleitet und zum Feiern einlädt. Für Besorgnis und Ängste besteht kein Anlass. Mit dem „Einbringen der Ernte" wurde ein erster wichtiger Schritt gesetzt zur Schaffung eines stabilen Fundamentes, um damit die kommenden Abschnitte des Lebens (oder des hinterfragten Themas) weiter positiv und stärkend auszubauen, Probleme und Schrecken gehören der Vergangenheit an. Bezogen auf das Erntedankfest verdeutlicht diese Karte aber auch, dass für eine reichhaltige Ernte manches Mal harte Arbeit vonnöten ist. Auch liegt es nicht immer nur in der Hand des Menschen (hier Fragenden) allein, Ziele zu erreichen. Wie in der Landwirtschaft neben der Arbeitskraft auch die Natur ihren Teil durch Regen und Sonne zum Gelingen beiträgt, ist es unter *III KELCHE* die (bewusste oder unbewusste) Unterstützung durch Dritte, welche zu positiven Resultaten führt.

GRUNDAUSSAGE

Es ist geschafft, ein wichtiger Abschnitt wurde erreicht, Probleme und Schwierigkeiten wurden überwunden. Durch engagiertes Handeln wurde das Ziel erreicht, doch nicht selten sind andere daran beteiligt gewesen. Aber ganz egal, ob diese Hilfe bewusst oder unbewusst maßgeblich zum Erreichen eines solch positiven Ergebnisses war, gilt es, die Freude mit anderen zu teilen.

VERLAUF

Die Chance, die Träume vom persönlichen Glück wahr werden zu lassen → vor allen Dingen, wenn man dann und wann einmal über seinen eigenen Schatten springt → ist die Zeit der Freude schnell gegeben.

STEHT FÜR ...

Freude, Feiern, gute Laune, Überwinden von Problemen, Besserung, Heilung, Hochstimmung, Dankbarkeit, Gemeinschaft, gemeinsamen Erfolg, Freude teilen, jemandem eine Überraschung bescheren, eine Freude machen; Sieg, Überfluss, Belohnung, Gesellschaft, Erkenntnisse aus der Vergangenheit positiv umgesetzt zu haben.

WARNT VOR ...

Unachtsamkeit, Undankbarkeit.

LIEBE

Partnerschaften überwinden jede Krise; die sie verbindende Liebe macht beide stark für alle Herausforderungen des Lebens, die es gemeinsam zu bewältigen gilt. Für bestehende Verbindungen ohne Trauschein kann durchaus jetzt die Zeit gekommen sein, Nägel mit Köpfen zu machen, sprich: Verlobung und Hochzeit.

Partnersuchende finden, wenn sie sich unters Volk mischen, ihre neue Liebe. Auch bei ihnen ist eine spätere Hochzeit mit genau diesem Partner nicht ausgeschlossen.

SONSTIGE VERBINDUNGEN
Gewinnversprechende Verträge, Gemeinsam viel erreichen, gemeinschaftliches Feiern, Zusammenhalt, im Team unschlagbar sein, neidlose Freunde, mit Freunden feiern und gefeiert werden.

BERUF
Gutes Teamwork. An seinen Erfolgen auch die Kollegen teilhaben lassen. Wieder Spaß an seinen Aufgaben finden, sich beruflich etablieren.

EIGENSCHAFTEN
Im positiven Sinne: Dankbar, fröhlich, gut gelaunt, verliebt, zufrieden, teilt gerne, gesellig, neidlos.
Im negativen Sinne: Kann sich mit anderen nicht mitfreuen, undankbar, missgünstig, achtlos. Öffnet bei Problemen nicht sein Herz, sodass Hilfe auch nicht möglich ist.

ZEIT
Von kurzer Dauer, unmittelbar.

IV KELCHE

Ein junger Mann, die Arme fast trotzig vor der Brust verschränkt, gegen einen Baum lehnend und drei Kelche vor sich anschauend. Ein vierter Kelch wird ihm aus einer Wolke gereicht. Doch entweder ist es Trotz oder falscher Stolz, vielleicht auch eine Form der Übersättigung, dass er diesen vierten Kelch bewusst oder unbewusst ignoriert. Der Mann verkörpert den Anschein, als hätten all seine Bemühungen überhaupt keinen Sinn gemacht, alles wäre alles umsonst gewesen. Durchaus besteht aber auch die Möglichkeit, dass er schon sehr viel erreicht hat, seine Ansprüche indes mittlerweile so hoch gesetzt, dass er sich an den kleineren Dingen des Lebens nicht mehr erfreuen kann. Mit der IV einer Reihe geht es um den vorübergehenden Stillstand – in diesem Fall eher um den verdrießlichen. Entsprechend sollte der Blickwinkel geändert werden, um den Reiz des Daseins neu zu erkennen. Denn das viele Grün auf der Karte zeigt, dass hier kein Ende ist, sondern es weiter gehen kann – wenn der junge Mann bereit ist, die Hand auszustrecken und die dargereichte Hilfe anzunehmen. „Den Wald vor lauter Bäumen nicht sehen" (wollen) umschreibt in wenigen Worten die Situation.

GRUNDAUSSAGE

Mit *IV KELCHE* geht es um Langeweile, Passivität, aber auch Eigensinnigkeit, Trotz und Unmut. Auslösend dafür entweder das Gefühl, über sich selbst hinausgewachsen zu sein und Entsprechendes geleistet zu haben, dafür aber trotzdem nicht die erhoffte Anerkennung zu erhalten, vielleicht sogar noch Kritik einstecken zu müssen. Die Karte versinnbildlicht *das Schmollen wie ein Kind, weil* etwas verwehrt wird, was möglicherweise bisher im Überfluss zur Verfügung stand. Doch wer hier zu lange in der Haltung des Verlustes, Mangels oder Unzufriedenheit verharrt, verliert schnell den Blick für die Alternativen. Werden bewusst die Augen verschlossen und gehofft, dass das Umfeld einem Honig um den Mund schmiert, wartet vergeblich. Allenfalls versöhnliche Gesten von außen sind möglich, aber dann sollte auch über den eigenen Schatten gesprungen und jene Gesten ergriffen werden.

VERLAUF

Die Chance, die Träume vom persönlichen Glück wahr werden zu lassen → vor allen Dingen, wenn man dann und wann einmal über seinen eigenen Schatten springt → ist die Zeit der Freude schnell gegeben → allerdings sollte man seine Erwartungshaltung im Rahmen halten.

STEHT FÜR …

Trotz, Überdruss, Missmut, den Wald vor lauter Bäumen nicht sehen, Unzufriedenheit, nichts kann einem recht gemacht werden, beleidigt sein, Kummer, in Erinnerungen schwelgen, Eigensinnigkeit, Enttäuschung, sich übergangen fühlend.

WARNT VOR …
falschem Stolz, mangelnder Bescheidenheit, unangebrachten und zu langen Trotzreaktionen, Feindschaft, Passivität, den Ton angeben wollend, nicht kompromissbereit zu sein.

LIEBE
Mit *IV KELCHE* findet sich häufig der Partner, der nicht diskussionsbereit ist, sondern sich bei Kritik oder Alltagsproblemen schmollend zurückzieht und wartet, dass der andere einem wieder liebevoll entgegenkommt. Vor allen Dingen, wenn in lang bestehenden Partnerschaften neue Wünsche oder Bedürfnisse angemeldet und damit der bisherige, in seinen Augen funktionierende Rahmen droht verändert zu werden, hat man seine liebe Müh, sich durchzusetzen. Allerdings wäre genau solch eine Veränderung durchaus sinnvoll, denn nicht erst seit heute fehlt das *gewisse Etwas*, welches man nicht unbedingt in Worte zu packen weiß. Gefühle und das ganze Drumherum scheinen wie selbstverständlich. Aber tief drinnen fehlen Anerkennung und Wertschätzung. Doch mit Schweigen und Rückzug wird sich nichts ändern und auch nicht, indem man immer wieder nachgibt um des lieben Friedens willen.
Partnersuchende finden nicht das Prachtexemplar, welches sie sich in Gedanken ausgemalt haben. Selbst wenn von den äußeren Werten her alles stimmt, sind die Defizite aus Sicht der inneren Werte schon sehr bald erkennbar. Wer wirklich auf Dauer sein Glück finden will, sollte seine Ansprüche und Erwartungen dahingehend zurückschrauben und kompromissbereit sein.

SONSTIGE VERBINDUNGEN
Ärger und feindliches Empfinden, sich nicht genügend gefordert fühlen, die gestellten Erwartungen als nicht ausreichend empfinden, mehr Wollen als zurzeit möglich ist und dabei Gefahr laufend, wertvolle Angebote bewusst oder unbewusst zu versäumen. Sich übergangen fühlen, immer *nach der Nase der anderen mittanzen* müssend.

BERUF
Selbstüberschätzung verleitet nicht selten zu unnötigen Fehlern, die auf dem weiteren Karriereweg hinderlich sein können. Einsicht und das Aufgreifen von kritischen Anmerkungen helfen, es beim nächsten Mal besser zu machen. Auch wer sich mehr erhofft oder zu Höherem berufen fühlt, sollte die (in seinen Augen) kleinwertigen Angebote nicht ausschlagen, denn damit würde er sich der Chance auf ein späterhin wirklich gutes Vorwärtskommen selbst berauben.

EIGENSCHAFTEN
Im positiven Sinne: „Glückskind“: trotz allen Unmutes scheinen wie von unsichtbarer Hand neue Chancen geboten zu werden, anpassungsbereit, sich auch *mit weniger* zufrieden gebend, gute Chancen witternd.
Im negativen Sinne: Apathisch, gelangweilt, trotzig, stur, eigensinnig, unzufrieden, ängstlich, engstirnig, uneinsichtig.

V KELCHE

In einem schwarzen Umhang gehüllt und mit gesenktem Kopf steht ein Mann vor drei umgestürzten Kelchen, deren Inhalt verschüttet auf der Erde liegt. Zwei weitere Kelche hinter ihm scheint er nicht wahrzunehmen. Ein Fluss trennt die Landschaft, im Hintergrund findet sich eine Burg, zu welcher eine Brücke führt. Kummer und Enttäuschung sind aus der Haltung der abgebildeten Person erkennbar; die umgekippten und ausgeschütteten Kelche deuten auf einen Verlust hin. Im Moment fühlt sich die abgebildete Person bedroht, kann nicht verstehen, was eigentlich passiert ist, was mit ihm geschieht, unwissend darüber, wie es weitergehen soll (schwarzer Umhang). Das, was hier verloren wurde, ist auch endgültig verloren (Inhalt ist verschüttet). Allerdings symbolisieren die zwei aufrechten Kelche, dass damit nicht gleich das ganze Leben nur noch furchtbar ist und alles keinen Sinn mehr macht. Denn schließlich fließt auch der Fluss (des Lebens) kontinuierlich weiter und versucht jenen kummervollen Menschen daran zu erinnern, sich diesem Fließen anzupassen, sich umzudrehen und aus den Möglichkeiten, die die beiden unversehrten Kelche bieten, zu schöpfen. Die Burg ist uns in Erinnerung als auf der einen Seite etwas schwer Erreichbares, auf der anderen Seite aber auch als ein Ort, der Sicherheit und Stabilität gewährt. Die V einer Reihe steht bekanntermaßen für das Abwägen von Für und Wider, für das Bereinigen von Schwierigkeiten. Und diese Möglichkeit des Bereinigens wird der Person auch gegeben: immerhin sind nur drei Kelche umgestürzt und nicht alle fünf. Weiterhin führt eine Brücke über den Fluss und bietet somit einen Weg zum Sicherheit gebenden Ort auf der anderen Seite. Je schneller jene Person die jetzige Situation als solche akzeptiert und wieder in die Motivation geht und handelt, desto eher wird sie den Weg über die Brücke zurück in die Stabilität finden.

GRUNDAUSSAGE
Was immer hier verloren wurde, wer oder was immer dafür ausschlaggebend war: der Ratsuchende muss es akzeptieren und einsehen, dass es kein Zurück mehr gibt. Vielmehr sollte er erst einmal zu sich selbst finden und dann im klaren Bewusstsein diesen (durchaus auch schmerzvollen) Weg gehen in der berechtigten Hoffnung, dass sich neue Wege auftun werden und er, wenn er sich umschaut, in seiner Traurigkeit und seinem Kummer nicht alleine dasteht. Dem Ratsuchenden sollte u. U. empfohlen werden zu prüfen, ob die von ihm anvisierten Hoffnungen ihn eventuell überfordert haben, hier Ziele sich gesteckt wurden, denen man nicht real gewachsen war.

VERLAUF
Die Chance, die Träume vom persönlichen Glück wahr werden zu lassen → vor allen Dingen, wenn man dann und wann einmal über seinen eigenen Schatten springt → ist die Zeit der Freude schnell gegeben → allerdings sollte man seine Erwartungshaltung im Rahmen halten → und bedenken, dass nicht Alles für die Ewigkeit ist.

STEHT FÜR …
schmerzvolle Veränderung, abruptes Ende, Angst, Kummer, Verzweiflung, gescheiterte Vorstellungen und Hoffnungen, Trauer, Enttäuschung, Traurigkeit, Unglück, Träume zerplatzen wie Seifenblasen, schlechte Mitteilungen, nahe beieinander liegende(s) Freud und Leid.

WARNT VOR …
Depressionen, Klammern an Verlorenem, Einsamkeit, heftigen emotionalen Reaktionen, Stillstand, Destruktion, Selbstzweifeln.

LIEBE
In Partnerschaft Befindliche werden sich mit dem Thema Trennung auseinandersetzen müssen. Durchaus kann es sich dabei um das schmerzvolle Erkennen des wahren Partners handeln, es um die tatsächliche Trennung vom Partner gehen oder auch um das Verabschieden von einem gemeinsam gelebten Traum, gemeinsamen Hoffnungen auf irgendwas. Letzteres würde allerdings eine Beziehung schwer belasten und es bleibt äußerst fraglich, ob eine Beziehung diesem Verlust wirklich standhält.
Partnersuchende erhalten hier eher eine Absage. Selbst wenn man heute noch zusammen feiert, Spaß hat und vielleicht sogar eine Nacht miteinander verbringt: am nächsten Morgen wird einem erklärt, dass es doch eben nur für eine Nacht war und kein Interesse an einer langfristigen Beziehung besteht.
Die *V KELCHE* stehen im Zusammenhang mit dem *Erkennen* auch für Betrug, Seitensprung, Irrglauben.
Unter dieser Karte finden keine wirklich glücklichen Partnerschaften, noch lassen sich solche aufbauen.

SONSTIGE VERBINDUNGEN
Absage, Kunden gehen verloren, Zusagen können nicht eingehalten werden, unerfüllte Erwartungen, Enttäuschung seitens Freunden erfahren, im Stich gelassen werden, plötzlich alleine dastehend, gemachte Hoffnungen werden nicht erfüllt.

BERUF
Seiner beruflichen Tätigkeit nur noch des Geldes wegen nachgehen, aber nicht mehr mit dem Herzen dabei sein. Unkonzentriertes, fehlerhaftes Arbeiten mit möglichen Folgen. Kündigung. Teilauflösung des Betriebes, Verlagerung von Abteilungen an andere Orte.

EIGENSCHAFTEN
Im positiven Sinne: Motiviert nach neuen Wegen Ausschau haltend, Verluste und Kritik annehmend und würdig verarbeitend, nicht an Verlorenem lange klammernd, sondern die Ärmel hochkrempelnd und neu loslegend.
Im negativen Sinne: Einsam, ängstlich, traurig, klammernd, träumerisch, verzweifelt, unglücklich, „Null-Bock“-Haltung, keine Perspektiven sehend, sich nur schwer neuen Gegebenheiten anpassend.

VI KELCHE

Bei *VI KELCHE* sind es zwei Kinder, die die Hauptbotschaft der Karte übermitteln möchten. Der Knabe reicht dem Mädchen einen Kelch, in welchem – wie in allen anderen Kelchen – weiße Blumen blühen. Es scheint eine kältere Jahreszeit zu sein, denn die beiden sind recht warm angezogen. Die Kinder erinnern an vergangene Ziele und Wünsche, sie repräsentieren, mit welcher Problemlosigkeit und Leichtigkeit man ursprünglich einmal seine Zukunft geplant hat. Das viele Gold/Gelb (Boden, Kelche, Fassaden) steht für die Erkenntnis und auch Ewigkeit, für das Gedeihen des Lebendigen, das Weiß der Blumen für die Reinheit (= Positivität) dieser Gedanken und Ideen. Weiter im Hintergrund marschiert ein Wächter. Er hat während der vielen Lebensjahre bis zum heutigen Tag die Kindheitserinnerungen beschützt und verlässt nun langsam seinen Wachposten, um sie freizugeben, damit man sich ihrer erinnern und sie leben kann. Da auf der einen Seite die VI einer Reihe für die Beharrlichkeit und das Durchsetzen des Erfolgs steht, auf der anderen Seite diese Karte aber auf Pläne der Vergangenheit verweist, konfrontieren uns die *VI KELCHE* mit den Wünschen und Hoffnungen, die einmal an das Leben gestellt wurden (auch zurück bis zur Kindheit). Das Orange der Stiefel des Knaben und des Schals des kleinen Mädchens möchten hier zaghaft an die Lebensfreude zurückerinnern, an die Leichtigkeit des Seins, wie sie Kinder in sich tragen, bevor sie sich den Strukturen und daraus resultierenden Verpflichtungen des weiteren Werdeganges unterwerfen. Es geht nicht mehr nur ums Funktionieren, denn der Knabe (größer und kräftiger dargestellt als das Mädchen und das männliche Prinzip vertretend) beugt sich herunter zu dem kleinen Mädchen, reicht ihr fast ehrfürchtig den mit einer Blume bepflanzten Kelch. Auch diese Haltung zeigt, dass man es sich erlauben sollte, das sich möglicherweise selbst streng aufgelegte Reglement auszudehnen und wieder mehr die weichere Seite (weibliches Prinzip) zuzulassen.

GRUNDAUSSAGE

Es ist Zeit, eine Art „Inventur des Lebens" zu machen. Was waren einmal die Visionen des Ratsuchenden? Wie sollte ursprünglich einmal sein Leben aussehen – und was ist tatsächlich daraus geworden? *VI KELCHE* fordern auf, sich mit seinen (Kindheits-) Träumen zu beschäftigen und zu prüfen, ob nicht das eine oder andere davon durchaus noch realisierbar ist. Wird diese Karte auf ein mit Problemen behaftetes Thema bezogen, lautet die Botschaft, mit mehr Leichtigkeit und Offenheit (wie manches Mal nur Kinder sein können) und nicht beharrlich und übermäßig anstrengend sich dem Thema zuzuwenden; eine harmonische Lösung wird sich finden.

VERLAUF

Die Chance, die Träume vom persönlichen Glück wahrwerden zu lassen → vor allen Dingen, wenn man dann und wann einmal über seinen eigenen Schatten springt → ist die Zeit der Freude schnell gegeben → allerdings sollte man seine Erwartungshaltung im Rahmen halten → und bedenken, dass nicht Alles für die Ewigkeit ist → und sich gerade auf seinem weiteren Weg auch einmal wieder an längst zurückliegende Zeiten und Ideen erinnern.

STEHT FÜR …

(Kindheits-) Träume, Erinnerung, Harmonie, Heilung, Glück, Kindheit, Begegnungen mit Menschen aus alten Tagen, Rückschau, gute Neuigkeiten, vertrautes Miteinander, vertraute Umgebung, Freundschaft seit Kindheitstagen, Geborgenheit, alte Hoffnungen, ehemalige Wünsche, Ursprung, Hilfe, ohne große Anstrengung, guten Umgang pflegen.

WARNT VOR …

Unbeweglichkeit, Schwermut, zu strengem Reglement, Uneinsichtigkeit, Festhalten an starren Dogmen oder längst vergangenen Traditionen.

LIEBE

Tiefe Zufriedenheit und ein Gefühl der Geborgenheit prägen diese Partnerschaft, vertrautes Miteinander, gemeinsam in und an der Beziehung wachsen, verliebt sein wie am ersten Tag. Möglicherweise werden hier sogar Orte bereist, an denen man sich kennen gelernt hat, eventuell heiratet man ein zweites Mal – einfach nur, weil die Erinnerungen so wunderschön sind und die Liebe schier unendlich seit jeher Bestand hat.

Partnersuchende können jetzt einer neuen Liebe begegnen und damit auch gleich das große Los ziehen, denn die Erfüllung vergangener Hoffnungen und Wünsche an eine wunderbare Partnerschaft ist durchaus möglich.

Hinweis:

Egal, ob partnersuchend oder in Partnerschaft befindlich: die Begegnung mit einer längst vergangenen (auch „der großen“) Liebe ist möglich.

SONSTIGE VERBINDUNGEN

Vertrauter Umgang, seit langer Zeit (auch seit der Kindheit) gemeinsame Wege gehen, langjährige Freundschaften, in angenehmer Gesellschaft sein.

BERUF

Berufe, in denen Kreativität gefordert ist und/oder in welchen man mit Kindern bis jungen Erwachsenen zu tun hat.

Arbeitssuchende: Sich an seine (auch Kindheits-) Vorstellungen erinnern und sich gezielt darauf konzentrieren.

Arbeitnehmer/Selbständige: Ist das, was Sie tun, das, was Sie immer machen wollten? Läuft es so, wie Sie es sich einmal vorgestellt haben?

Für alle gilt: Kramen Sie in der Kiste Ihrer Erinnerungen und überdenken Sie, was davon noch verwertet werden kann. Jetzt bieten sich gute Möglichkeiten, zumindest einen Teil davon doch noch zu erfüllen.

EIGENSCHAFTEN

Im positiven Sinne: Angenehm, vertraut, mühelos, hilfreich, schön, sanft, zaghaft, kindlich, fröhlich, ungezwungen, offen.

Im negativen Sinne: Unbeweglich, schwermütig, anstrengend, verschlossen, Kindheitsträume leugnend, langjährige Wünsche ad absurdum abtun.

VII KELCHE

Eine schwarz dargestellte Person steht vor einer Wolkenansammlung, auf welchen die *VII KELCHE* platziert sind. Die schwarze Zeichnung steht hier sowohl für die Eigenständigkeit und Individualität, aber auch für die Ablehnung, die Wahrheit zu erkennen oder andere hinter die eigene Fassade schauen zu lassen. Die Körperhaltung und die schwebenden Kelche haben etwas Illusionäres, Verzaubertes an sich. Der Inhalt der Kelche verweist auf das, was die abgebildete Person begehrt. Zu den hinteren drei Kelchen: der Kopf repräsentiert das Wissen, die Verhüllung das Unterbewusstsein, die Schlange sowohl die Weisheit als auch die Sexualität. Gerade der mittlere Kelch (Verhüllung) lässt erahnen, dass der Illusionär sich tatsächlich nicht in seine Karten schauen lassen möchte. Das Tuch ist von leuchtenden, roten Strahlen umgeben, die darauf verweisen, dass er nach außen sehr selbstsicher auftritt und dadurch von seinem tatsächlichen inneren Wesen ablenkt. Zu den vier vorderen Kelchen: Die Burg repräsentiert, wie schon auf vielen anderen Karten, die Sicherheit, die Juwelen stehen für den Reichtum, der Lorbeerkranz vertritt den Wunsch nach Sieg. Der Drache hingegen hat keine eigenständige Bedeutung; seine Abbildung verweist darauf, dass der Visionär alles materielle mit dem geistigen vereinen möchte, um ein für seinen Geschmack *perfektes Leben* zu führen. Auffallend ist, dass die Silhouetten von Kopf, Burg und Drache mit jenem Blau ausgefüllt sind, wie auch der Hintergrund der Karte selbst. Wir wissen mittlerweile, dass das Blau für das Göttliche steht, für das Bündnis zwischen Erde und Himmel. Der Visionär vertraut also darauf, dass die geistige Welt (*„der liebe Gott"*) ihm das nötige Wissen bringt und für seine Sicherheit sorgt sowie dabei behilflich ist, dann dieses mit dem, worum er sich selbst kümmern möchte (Inhalt der übrigen Kelche) zu verbinden (der Drache). Bei genauer Betrachtung erkennt man einen Totenkopf im oberen Teil des Kelches mit dem Lorbeerkranz. Insofern muss hinterfragt werden, ob hier jemand bis zum Äußersten gehen würde, um seine Ziele zu erreichen, oder bereit ist, so viel einzusetzen, dass ihm am Ende nichts mehr übrig bleibt. Die VII einer Reihe spiegelt die Handlung aus bisher gemachten Erfahrungen wider. In diesem Fall muss man sagen, dass sich die Person noch nicht mit den Tatsächlichkeiten abgefunden hat, sondern sich nach wie vor nur die positiven Entwicklungen herausfiltert und sich lieber mit den Dingen beschäftigt, die *sein könnten*, aber schlussendlich nicht der Realität entsprechen. Hierbei sei auch noch mal an das Sinnbild der Wolken erinnert, für das schnelle Vorüberziehen, für das Vergängliche.

GRUNDAUSSAGE

Die *VII KELCHE* zeigen zwar im Außen die Wünsche, die dem Ratsuchenden vorschweben. Doch wenn er die Verhüllung seines Unterbewusstseins aufheben und einen Blick genau dort hinein wagen würde, könnte er womöglich mit Wünschen konfrontiert werden, die ihm *tatsächlich* entsprechen. Aber auch von seinen nunmehr angestellten Visionen sind sicherlich einige umsetzbar, doch darf er sich dabei nicht allein auf die Hilfe à la *„Der liebe Gott wird's schon richten"* verlassen, sondern muss mit der nötigen Konsequenz handeln, um aus illusorischen Fantastereien keine zerplatzenden Seifenblasen mit dem bitteren Nachgeschmack der Enttäuschung zurückzubehalten.

VERLAUF

Die Chance, die Träume vom persönlichen Glück wahr werden zu lassen → vor allen Dingen, wenn man dann und wann einmal über seinen eigenen Schatten springt → ist die Zeit der Freude schnell gegeben → allerdings sollte man seine Erwartungshaltung im Rahmen halten → und bedenken, dass nicht Alles für die Ewigkeit ist → und sich gerade auf seinem weiteren Weg auch einmal wieder an längst zurückliegende Zeiten und Ideen erinnern → dabei aber realisierbare Ideen von Größenfantasien trennen.

STEHT FÜR ...

Wünsche, Wunschvorstellungen, Wunschgedanken, Faszination, Traumwelt, Illusionen, Einfälle, Ideen, Fantasie, offenen Auges träumen, Vorstellungen für sich behalten.

WARNT VOR ...

nicht realisierbaren Fantastereien, Leichtgläubigkeit, Augen vor der Wirklichkeit verschließen, magischen Ritualen, gesundheitsschädigendem Missbrauch mit vernebelndem Charakter (wie z. B. Alkohol), falsche Hoffnungen.

LIEBE

Ist es wirklich eine wunderbare Partnerschaft oder doch nur Illusion, die mit allen Mitteln versucht wird aufrecht zu erhalten? Wird eventuell durch „gespielte Manöver" versucht, Disharmonie zu übertünchen oder auch die Augen vor der Wahrheit zu verschließen? Was nützt das Erinnern an wunderschöne gemeinsame Zeiten, wenn es im Hier und Jetzt nicht mehr funktioniert und man an seinem Partner immer mehr Seiten entdeckt, die einen stören? Partnersuchende geraten hier mächtig ins Schwärmen, doch schon nach kurzer Zeit wird das liebgewonnene Objekt der Begierde aus einem ganz anderen – dem wahren – Blickwinkel gesehen und dann gar nicht mehr so faszinierend gefunden. Scheinehe/-partnerschaft.

SONSTIGE VERBINDUNGEN

Warum ist man von den Kontakten so fasziniert, was erhofft man sich davon? Geht es um die wirkliche Freundschaft oder unterliegt man einer Illusion? Kann man sich auf diese Verbindung auch in Zeiten verlassen, in denen es einem selbst nicht gutgeht oder wird manchmal doch eher die Gutmütigkeit ausgenutzt? Auch Angebote, die angeblich große Gewinne versprechen, lassen einen zwar für den Moment auf rosa Wolken schweben, doch am Ende zerplatzen sie wie Seifenplatzen.

BERUF

Wer sich beruflich neu orientieren möchte, sollte bei dem bleiben, was er gelernt hat und beherrscht und sich nicht auf Angebote bewerben, deren Anforderungsprofil man (wohlwissentlich) nicht erfüllen kann. Die enttäuschende Absage kann man sich sparen. Selbst diese *„ich hab den Job zu 99 %"*-Zusagen werden am Ende nicht realisiert.

EIGENSCHAFTEN
Im positiven Sinne: Verträumt und doch mit beiden Beinen auf der Erde stehend, aufmerksam, hoffnungsvoll, verführerisch, wertvoll, noch Träume habend, sich Wünsche erfüllend durch entsprechendes eigenes Zutun. Im negativen Sinne: Subtil, heuchelnd, täuschend, mehr Schein als Sein, handlungsunfähig.

VIII KELCHE

Die Berge symbolisieren die höheren Ebenen, die erreicht werden können. Das erfordert aber zumindest in diesem Fall, dass man sich von liebgewonnenen Menschen und Gewohnheiten, vielleicht auch seinem bisher angestammten Platz im Leben abwenden muss. Ein Mann in roten Stiefeln und mit einem roten Cape macht sich auf den Weg, lässt die *VIII KELCHE* und somit einen Teil seiner Vergangenheit hinter sich. Er geht den Weg mit gemischten Gefühlen (Farbe Rot). Der Fluss (des Lebens) ist unterbrochen von größeren Steinen, woraus sich schließen lässt, dass dieser neu begangene Pfad nicht immer leicht sein wird und ihn vor neue Herausforderungen stellt. Jedoch wird an keiner Stelle der Fluss aufgehalten, sodass sich die auf den Weg gemachte Person sicher sein darf, dass es immer irgendwie weitergehen wird, auch in Engpässen die nötigen Lösungen gefunden werden. Die Farbgestaltung der *VIII KELCHE* wirkt depressiv. Doch beim genaueren Hinschauen lassen sich durchaus positive Aspekte erkennen: So ist es die Sonne (= neue Perspektive), die sich langsam hinter dem Mond vorschiebt, während selbiger mit gutmütigem und sanftem Gesichtsausdruck noch den Rest der Nacht beleuchtet und den neuen Weg, der vor einem liegt. Es ist ein Wachstumsprozess, zu welchem neue Einsichten, genaueres Hinsehen, Aufdecken von Irrtümern und das Erkennen gehören, einhergehend mit dem damit verbundenen möglichen emotionalen Schmerz des Loslassens und der Neuorientierung. Es ist ein natürlicher Prozess auf dem Lebensweg. Denn es können nicht immer alle gleichzeitig in die gleiche Richtung und es gilt zu akzeptieren, dass ein Jeder seiner Wege ziehen muss und soll, wenn er es für sich als richtig empfindet oder wenn die Situation es schlichtweg erfordert.

GRUNDAUSSAGE
Für den Ratsuchenden ist die Zeit gekommen, Liebgewonnenes (materiell, örtlich, emotional) hinter sich zu lassen oder auch sich aus einer trägen Lebenshaltung zu lösen. Der bisherige Weg hat hier ein Ende gefunden und es ist die Zeit gekommen, nun neue Wege zu beschreiten. Eventuell spürt der Ratsuchende schon den inneren Drang, jetzt aufzubrechen, traut sich jedoch noch nicht so recht. Vielleicht hat er auch schon die schemenhaften Umrisse seiner neuen Ziele vor Augen, die auf seinem Pfad mehr und mehr Gestalt annehmen werden.
Hinweis: Der Ratsuchende wird nicht durch Außenstehende zum Aufbruch gezwungen. Es ist eine Entscheidung aus der eigenen Vernunft und dem eigenen Willen heraus, neue Wege zu gehen.

VERLAUF
Die Chance, die Träume vom persönlichen Glück wahr werden zu lassen → vor allen Dingen, wenn man dann und wann einmal über seinen eigenen Schatten springt → ist die Zeit der Freude schnell gegeben → allerdings sollte man seine Erwartungshaltung im Rahmen halten → und bedenken, dass nicht Alles für die Ewigkeit ist → und sich gerade auf seinem weiteren Weg auch einmal wieder an längst zurückliegende Zeiten und Ideen erinnern → dabei aber realisierbare Ideen von Größenfantasien trennen → sich der Realität stellen und weiter voranschreiten.

STEHT FÜR …
Aufbruch, steiniger Weg, Liebgewonnenes zurücklassen, Wehmut, neue Perspektive, sich Freiräume schaffen, Rückzug, Abwendung, Unsicherheit, ein Opfer bringen, alte Gewohnheiten beenden, Ende eines (Lebens-) Abschnitts, Reife erlangen, Einsicht in und Veränderung der eigenen Sichtweise, Weggang, Umzug, Unsicherheit, Enttäuschung, Abnabelung, Frust.

WARNT VOR …
Trägheit, Wege des geringsten Widerstandes einschlagen wollend, unzureichendem Durchhaltevermögen, Uneinsichtigkeit, Arrangement.

LIEBE
Wenn eine Partnerschaft nicht mehr funktioniert, sollte rechtzeitig der Schlussstrich gezogen werden. Es bringt nichts, sich in einer Beziehung (z. B. der Kinder wegen) zu arrangieren oder aus Angst daran festzuhalten, weil man womöglich Angst vor dem hat, was einen nach der Trennung erwartet, ob man in der Lage ist, sein Leben allein zu bestreiten.
Partnersuchende bleiben erfolglos. Sie sollten zuerst einmal in ihrem eigenen Leben sich von alten Gewohnheiten trennen und Klarheit für ihr Dasein schaffen, bevor sie einen möglichen Partner mit in die Düsternis der Ungewissheit darüber, wie es weiter gehen soll, hineinziehen.
Trennung (auch auf Zeit), Scheidung.

SONSTIGE VERBINDUNGEN
Sich von Freunden trennen, aus Verpflichtungen lösen, seinen eigenen Interessen nachgehen, neue Perspektiven suchen, Enttäuschung.

BERUF
Wer jetzt den „Sprung ins kalte Wasser“ wagt und sich neu orientiert, sollte sich schon im Klaren darüber sein, dass der Weg nicht einfach sein wird, es sich für das Ziel aber durchaus lohnt, diesen Schritt zu wagen. Oftmals sind es unschöne Situationen am Arbeitsplatz oder die eigene Unzufriedenheit, die einen zum Weggang bewegen, selbst dann, wenn einen ängstliche Gefühle beschleichen.
Übernahme des Betriebes, innerbetriebliche Veränderungen, Kündigung.

EIGENSCHAFTEN
Im positiven Sinne: Befreit. Sich auf Neues einlassend. Bereit, seine bisherige Einstellung zu ändern. Nach Höherem strebend.
Im negativen Sinne: Unsicher, ängstlich, unbeweglich, sorgenvoll, frustriert, zurückgezogen.

IX KELCHE

Auf einem erhöhten Tresen, der mit einem blauen Tuch überdeckt ist, stehen die *IX KELCHE*. Davor sitzt auf einer Bank ein etwas beleibter Mann, die Arme vor der Brust verschränkt. Die Füße stehen auseinander, die Fußspitzen nach außen gerichtet. Er trägt einen roten Turban, seine Mimik bringt seine Freude zum Ausdruck. Auch wenn seine verschränkten Arme auf Abwehr schließen lassen könnten, so ist er doch bereit, zu teilen und andere an seiner Freude teilhaben zu lassen. Dafür spricht der sehr hohe, ihn überragende Tresen. Gleichwohl er zum Teilen oder Mitfeiernlassen bereit ist, zeigt aber auch seine Haltung, dass er sich schützend vor das, was es für ihn zu feiern gibt, stellt. Für ihn ist der lange Weg der Sorgen und des Kummers, die Zeit der mühseligen steinigen Pfade vorerst vorbei und er tritt ein in einen Lebensabschnitt, in welchem die Früchte der zurückliegenden Zeit geerntet und genossen werden dürfen, bevor es für ihn weitergeht. Das entspricht auch dem Sinngehalt der IX. Karte einer Reihe: die Vollendung. Irreführen sollte man sich nicht lassen durch die beleibte Statur der abgebildeten Person. Sie spiegelt nicht zwangsläufig die Maßlosigkeit eines Nimmersatt wider, sondern ist Ausdruck der mentalen Stärke und für den geleisteten (Kraft-) Aufwand auf dem zurückliegenden Weg. Analog hierzu repräsentieren das blaue Tuch, sowie der gelbe Hintergrund und Fußboden, die Vereinigung von geistigem und körperlichem Einsatz und das Gelb insgesamt, dass das, was hier geschaffen wurde, durchaus für *die Ewigkeit* von Nutzen sein kann.

GRUNDAUSSAGE

Der Ratsuchende hat die Anstrengungen der Vergangenheit erfolgreich gemeistert, nun wird es ruhiger und harmonischer. Er kann und darf sich an seinem Erfolg erfreuen und auch gerne im Beisammensein ihm lieber Menschen feiern. Zumindest wird er aber die Freuden des Lebens und die positiven Seiten des Daseins bewusst genießen können. Wenn er darüber hinaus nicht in Maßlosigkeit verfällt, kann er von dem, was er sich geschaffen hat, über einen außergewöhnlich langen Zeitraum profitieren.

VERLAUF

Die Chance, die Träume vom persönlichen Glück wahr werden zu lassen → vor allen Dingen, wenn man dann und wann einmal über seinen eigenen Schatten springt → ist die Zeit der Freude schnell gegeben → allerdings sollte man seine Erwartungshaltung im Rahmen halten → und bedenken, dass nicht Alles für die Ewigkeit ist → und sich gerade auf seinem weiteren Weg auch einmal wieder an längst zurückliegende Zeiten und Ideen erinnern → dabei aber realisierbare Ideen von Größenfantasien trennen → sich der Realität stellen und weiter voranschreiten → um die Liebe zum Leben neu zu entdecken und zu leben.

STEHT FÜR …

Fülle, Genussfähigkeit. Feiern, gute Laune, Vollendung, Lebensfreude, Erfolg, Sieg, Wohlstand, Freude, Glück, mit anderen feiern, Geselligkeit, Versöhnung, Sorglosigkeit, Lebenslust, Sinnlichkeit, mit anderen teilen, genießen können.

WARNT VOR …

Egoismus, unter Druck zum Gewinner werden.

LIEBE

Die *IX KELCHE* spiegeln die harmonische Partnerschaft wider, in welcher Streitigkeiten nur von kurzer Dauer sind. Herz und Verstand bilden eine Symbiose, gemeinsam können sich die Partner an dem erfreuen, was sie sich geschaffen haben. Und nicht nur das: sie gelten darüber hinaus auch als liebevolle sowie aufmerksame Gastgeber, die andere (ohne hochnäsig zu wirken) gerne an ihrem Leben teilhaben lassen. Partnersuchende können ihren Traumpartner finden und gemeinsam glücklich werden. Der beste Ort des Kennenlernens sind alle privaten Feierlichkeiten sowie öffentliche Feste. Einladungen sollte man tunlichst annehmen, wenn man nicht länger Single bleiben möchte.

SONSTIGE VERBINDUNGEN

Tiefe Freundschaften, Streitigkeiten sind nur von kurzer Dauer ohne bittere Nachwirkung, freudige Entwicklungen. Verträge, die langfristig gute Gewinne bringen. Geld langfristig anlegen / Kapitalbildung.

BERUF

Angenehmes Arbeits-/Betriebsklima. Die Arbeit macht einem (wieder) Spaß. Ein Tätigkeitsfeld, entsprechend seinen Fähigkeiten, gefunden zu haben. Langfristiger Arbeitsvertrag, sehr guter Verdienst. Teamwork.

EIGENSCHAFTEN

Im positiven Sinne: In Geberlaune, Feierlaune, teilend, erfolgreich, glücklich, zufrieden, beständig, aufmerksam, geduldig.

Im negativen Sinne: Egoistisch, verschlossen, teilt nicht gerne, maßlos, gierig, prahlend.

ZEIT

Beständig / von langer Dauer.[1]

---

[1] Wenn bei den Bedeutungen z. B. steht: „Streitigkeiten sind nur von kurzer Dauer“, mag das vielleicht widersprüchlich klingen. Allerdings hat dieses keine Auswirkungen auf die grundsätzliche Zeitangabe, die sich dahinter verbirgt, nämlich die *dauerhaften Beziehungen, langen Verträge, jahrelangen Freundschaften* etc. – sie haben in ihrem Bestehen über lange Zeit Bestand. Jedoch das, was sich störend auf sie auswirken könnte, ist nur von kurzer Dauer und hinterlässt keine nachhaltigen Spuren.

X KELCHE

Die *X KELCHE* sind wie ein Regenbogen am hellblauen, kenlosen Himmel angeordnet, umrahmt von einem strahlenden Altrosa sowie Gelb. Ein Mann hält seine Frau im Arm, während beide jeweils einen Arm gen Himmel erheben; ihre Kinder tanzen im Reigen fröhlich umher. Der symbolisch Frieden und Gnade bringende Regenbogen leuchtet über dem (Lebens-)-Fluss und das Zuhause der abgebildeten Personen, welches inmitten fruchtbarer Landschaft (sattem Grün) gefunden wurde. Die Familie selbst steht auf Ackerland. Um selbiges jedoch eines Tages reich abernten zu können, muss es über eine gewisse Zeit bearbeitet und gepflegt werden. Wie bei allen im Leben gesetzten Zielen erfordert es das eigene Bemühen – wird dieses erbracht, darf man sich auch des Wohlwollen Gottes sicher sein. Denn hier ist es weiterhin der Regenbogen, der die Verbindung eigenen (irdischen) Zutuns (auch noch einmal symbolisiert durch das Stehen auf dem Acker), mit der Gnade erweisenden Unterstützung der geistigen Welt repräsentiert. Wer diesen Zustand erreicht hat, ist bereit für den Übergang in einen neuen Lebensabschnitt, eine neue Phase, wofür die X. Karte der kleinen Arkana steht. In diesem Fall wurde mit *X KELCHE* bereits viel im Leben erreicht, sich ein Platz geschaffen, von dem aus nun mit der entsprechenden Stabilität im Rücken weitere Wege gegangen und Pläne verfolgt werden können. Denn wohin diese neuen Wege auch führen mögen, die Darsteller dieser Karte haben ihren Platz in dieser Welt gefunden; einen Ort, an den sie immer wieder zurückkehren und von dem aus sie auch immer wieder neu starten können.

GRUNDAUSSAGE

Der Ratsuchende tritt in einen Abschnitt voller Sonnenschein und Frieden ein. Bestanden Streitigkeiten, ist nun die Zeit günstig, die Hand zur Versöhnung zu reichen. Egal, wie viel er in der Vergangenheit geleistet hat, welche Opfer er bringen musste, um heute dort zu stehen wo er steht: er darf jetzt diesen Platz in vollen Zügen in dem Bewusstsein genießen, dass er wirklich angekommen ist. Auch geht es darum, sich wieder mehr der Familie oder dem Freundes- und Bekanntenkreis zu widmen.
Nur eines sollte er nicht tun: in Trägheit verfallen.

VERLAUF

Die Chance, die Träume vom persönlichen Glück wahr werden zu lassen → vor allen Dingen, wenn man dann und wann einmal über seinen eigenen Schatten springt → ist die Zeit der Freude schnell gegeben → allerdings sollte man seine Erwartungshaltung im Rahmen halten → und bedenken, dass nicht Alles für die Ewigkeit ist → und sich gerade auf seinem weiteren Weg auch einmal wieder an längst zurückliegende Zeiten und Ideen erinnern → dabei aber realisierbare Ideen von Größenfantasien trennen → sich der Realität stellen und weiter voranschreiten → um die Liebe zum Leben neu zu entdecken und zu leben → denn dann wird man sein persönliches Glück am Ende auch finden.

STEHT FÜR …
Erfüllung von Wünschen und Träumen, Geborgenheit, Sicherheit, Angekommensein, familiäre Gemeinsamkeiten, stabile Grundlage, Glück, Heilung, Idylle, Zuhause, ruhige Phase des Lebens, Zusammengehörigkeit, Frieden (schließen), Seelenruhe, Erlösung, Stabilität.

WARNT VOR …
Verfallen in Trägheit, das Gefühl von Zufriedenheit abzulehnen bzw. nicht genügend zu würdigen.

LIEBE
Für unverheiratete Paare könnten nun bald die Hochzeitsglocken läuten, denn die *X KELCHE* repräsentieren den Heiratsantrag oder die schon geplante Hochzeit.
All jene, die in einer festen Beziehung leben, planen nun ihre langfristige Zukunft: gemeinsames Zuhause, eventuell sogar Kauf einer Immobilie, Gründen einer eigenen Familie. Hier wurde die große Liebe gefunden und mit dieser zudem der richtige Platz im Leben.
Partnersuchende können nun ebenfalls ihrer großen Liebe begegnen, mit der eine harmonische und zutiefst erfüllende Partnerschaft durchaus möglich ist.

SONSTIGE VERBINDUNGEN
Auferlegte Verpflichtungen, die aber nicht als Bürde empfunden werden. Zusammengehörigkeitsgefühl, füreinander einstehen, einander den Rücken stärken, sich in der Öffentlichkeit präsentieren. Abschluss guter Verträge. In eine gesicherte Zukunft gehen.

BERUF
Krisenfester und sicherer Arbeitsplatz. Seinen Traumjob finden oder gefunden haben. Ein Gefühl von „hier bleibe ich bis zur Rente“. Es stimmt einfach alles: die Firma, das Tätigkeitsfeld, die Kollegen.
Meistens liegt der Arbeitsplatz in der näheren Umgebung des eigenen Zuhauses, sofern die nächste Karte nichts Gegenteiliges aussagt.

EIGENSCHAFTEN
Im positiven Sinne: Friedlich, emotional, ruhig, zufrieden, (wunschlos) glücklich, träumt nur realisierbare Träume, geborgen, kann das Leben genießen, fühlt sich angekommen, frei von Leistungsdruck, dankbar, Familienmensch.
Im negativen Sinne: Verfällt in Trägheit aufgrund der vorhandenen Sorglosigkeit, manchmal zu ungeduldig.

PAGE DER KELCHE

Der *PAGE DER KELCHE* steht in lockerer Körperhaltung am Ufer, den linken Arm zum Körper angewinkelt, während er in der rechten Hand einen Kelch hält, aus dem ein Fisch sich ihm emporreckt, als wolle er zurück ins Wasser springen. Die Körperhaltung sowie Mimik des Pagen ist freundlich bis keck. Seine Hose sowie die Ärmel sind rot und weiß gestrichelt, was bedeutet, dass er sich nicht zu einer Meinung (nämlich dafür oder dagegen) hinreißen lassen möchte. Allerdings sind die roten Blumen auf seinem Oberteil den weißen übergeordnet, was uns verrät, dass er doch eher dazu tendiert, aus einer spontanen Idee, einem Gefühl heraus zu handeln, auch wenn es sich störend auf eine Situation auswirken könnte. Eine solche Anordnung haben wir auch auf der Karte *DER MAGIER* schon gesehen (siehe bitte dort). Kelche sind Gefühlskarten, jene repräsentiert auch der Fisch symbolisch. Aber nicht nur das: analog zu dem geschichtlichen Verlauf der Bibel werden Fische als eine Art Lockmittel gesehen, als etwas, was die Menschen überzeugt hat. So hat Gott oft die Völker erst dann dazu bewegen können, sich auf den Weg zu machen und sich fernab neu anzusiedeln, indem er ihnen auf ihrem Weg beispielsweise genügend Nahrung durch Fisch in Aussicht stellte. Der *PAGE DER KELCHE* steht, wie alle seine Pagen-Geschwister, für eine von außen einwirkende Anregung. Als Karte aus der Elementreihe *Wasser* scheint es sich hierbei um etwas Emotionales oder auch Instinktgeleitetes zu handeln. Die unruhigen Wellen im Hintergrund zeigen zwar, dass der *PAGE DER KELCHE* dieses sehr wohl registriert, aber möglicherweise aufgrund seines jungen Alters noch gar nicht in der Lage ist, schon situationsangepasst zu handeln, sondern sich noch eher von seinen Gefühlen und seinem Instinkt dabei leiten lässt. Auch diese Annahme wird unterstrichen durch die rot/weiß gestreiften Ärmel und Hosenbeine. Selbst wenn eine mögliche Fehlhandlung keine böse Absicht ist, kann ihm aber durch das Tragenlassen von Gefühlen durchaus die Wahrhaftigkeit der Chance entwischen – wie es auch der Fisch tun wird, der bei der nächsten Gelegenheit zurück ins Wasser springt.

GRUNDAUSSAGE

Der *PAGE DER KELCHE* vermittelt die liebevollen Impulse auf der Gefühlsebene, die dem Ratsuchenden weiterhelfen. Die Hand zur Versöhnung, ein anerkennendes Auf-die-Schulter-klopfen, das „Reichen des kleinen Fingers", alles in friedlicher Absicht, ggf. auch um die aufbrausenden Wogen der Vergangenheit zu glätten und in ein ruhigeres Fahrwasser zu gelangen. Möge der Ratsuchende sich diesen wohlwollenden Gesten aufmerksam gegenüber zeigen. Mit diesem Pagen gelingt es, andere um den kleinen Finger zu wickeln und für sich zu gewinnen.

STEHT FÜR ...

gut gemeinte Impulse, wunderbare Chancen, liebevolles Entgegenkommen, Frieden, Harmonie, Vertrautheit, Vertrauen, Glück, Sehnsucht, Träume, Zuverlässigkeit, umsetzbare Fantasien, Versöhnung, interessante Anregungen, Wunsch nach Anerkennung bzw. wahrgenommen zu werden, Aufmerksamkeit erhaschend.

WARNT VOR …
Oberflächlichkeit, zu viel Grübelei („Wo könnte der Haken sein?“ – gibt es nicht!), Handlungsunfähigkeit.

LIEBE
Nach Streitigkeiten haben hier Partnerschaften gute Aussichten für einen Neuanfang nach einer liebevollen Versöhnung. Doch auch in harmonischen Beziehungen möchte der *PAGE DER KELCHE* daran erinnern, dem Partner mal wieder Komplimente zu machen und seine Zuneigung durch Aufmerksamkeit zu zeigen. Vielleicht reicht es emotional sogar schon für einen Heiratsantrag?
Partnersuchende können nun jemanden treffen, der ihr Herz berührt und ihre Seele streichelt. Folgen Sie Ihrem Gefühl. Selbst wenn es nicht in eine ewige Partnerschaft mündet, wirkt sich die andere Person einfach nur wohltuend auf Sie aus und gibt Ihnen möglicherweise den Glauben daran zurück, dass Sie durchaus noch Gefühle empfinden und auch geben, sowie empfangen können.
Hinweis:
Egal ob gebunden oder suchend, eine romantische Zeit kündigt sich an. Auch dient der *PAGE DER KELCHE* als Botschafter dergestalt, dass ein Jeder sich nichts vergibt, wenn er mal wieder mehr Gefühl zeigt oder über seine Gefühle spricht.

SONSTIGE VERBINDUNGEN
Friedliche Angelegenheiten, Frieden schließen, Versöhnung, neue Bekanntschaften, ehrliches Entgegenkommen. Am Anfang weiß man noch nicht, wozu man jemanden kennenlernt oder was ein Vertrag langfristig bringt, doch wenn das Gefühl „ja“ sagt, dann stimmen Sie zu. Bei vertraglichen Angelegenheiten achten Sie einfach auf einen Passus, der Ihnen das Aussteigen ermöglicht. So können Sie zwar die Chance wahrnehmen, aber auch jederzeit wieder aussteigen.

BERUF
Zusatzgratifikation, sonstige Anerkennung für gut geleistete Arbeit. Beförderung. Auch eine Versetzung ist möglich. Wenn diese im ersten Moment als negativ empfunden wird, ist dem aber letzten Endes nicht so, sondern sie sollte als wertvolle Chance gewertet werden. Zuverlässiger und hilfsbereiter Mitarbeiter/Kollege.

EIGENSCHAFTEN
Im positiven Sinne: Lernbegierig, emotional, verträumt, jünger wirkend, wohlwollend, gefühlvoll, zuverlässig, hilfsbereit, instinktgesteuert, von Gefühlen getragen.
Im negativen Sinne: Grüblerisch, gute Möglichkeiten zerredend, handlungsunfähig, uneinsichtig, stur.

PERSONENKARTE
- Junger Mensch (weiblich/männlich), Schüler, Azubi, Student.
- Problem-/Sorgenkind (welches Aufmerksamkeit fordert und braucht).
- Meist der dunklere Typ.

RITTER DER KELCHE

Gemächlich reitet der *RITTER DER KELCHE* auf seinem stolzen Pferd jemandem entgegen. Er trägt eine edle Ritterausrüstung, der Sichtschutz ist hochgeklappt, seinen Helm zieren Engelflügel, ein Lächeln liegt auf seinem Gesicht. Er hält mit der rechten Hand einen Kelch von seinem Körper ab, als wolle er ein Friedensangebot überbringen. Die flache Ebene, das ruhige Schlängeln des Flusses, das Verneigen des Pferdekopfes, die aufrechte Haltung des Ritters und schlussendlich auch die Flügel übermitteln die Botschaft der friedlichen Absichten und ruhigen Atmosphäre. Ebenso seine offene und entspannte Körperhaltung, die Zügel locker mit einer Hand gehalten, und der hochgeklappte Sichtschutz verdeutlichen, dass der *RITTER DER KELCHE* durchaus verletzbar wäre, wenn man ihn angreifen würde. Er selbst hat sich jedoch frei von jedweder Aggressivität auf den Weg gemacht und hegt keinerlei böse Absichten. Flügel anstatt Sporen zeigen, dass er mit sanfter, ruhiger Hand sein zwar edles, aber auch temperamentvolles Ross (rote Nüstern) zu lenken weiß. Die roten Fische auf seiner Ausrüstung unterstreichen zusätzlich sein konsequentes Bemühen um Überzeugung für ein friedvolles Miteinander, ganz egal, wie trotzig sein Gegenüber ihm gegenübertreten würde. Auch in der Bibel finden sich zahlreiche Zitate, die auf den fürsorglichen, schutzgebenden Charakter von Flügeln verweisen. So repräsentieren schlussendlich auch die Flügel am Helm vom *RITTER DER KELCHE* sowohl seine fürsorgliche wie auch beschützende Absicht. Alles in allem entspricht die Atmosphäre, die dieser Ritter mit sich bringt, einer friedlichen und (be-)schützenden.

GRUNDAUSSAGE

Der *RITTER DER KELCHE* entspricht den fürsorglichen und (be-)schützenden Momenten des Lebens. Selbst in verfahrenen Situationen kündigt er eine friedvolle Lösung an, unterstützt den liebevollen Umgang miteinander und Herzlichkeit untereinander. Wenn ein Ratsuchender von diesen positiven Stimmungen nichts zu spüren glaubt, darf er gerne darauf hingewiesen werden, seine tief in ihm schlummernden Gefühle ein wenig mehr zum Vorschein kommen zu lassen. Denn wenn er sich nicht weiter verschließt, sondern sich öffnet, kann er viel mehr erreichen und andere mit seinem Auftreten für sich gewinnen, sowie auch von seinen Absichten überzeugen.

STEHT FÜR …

Fürsorge, Frieden schließen, Harmonie, schöne Atmosphäre, liebevolles Miteinander, Dankbarkeit, friedlicher Umgang, Vorschläge, gute Laune, eine schöne Zeit, Einladung, Initiative ergreifen, die Seele baumeln lassen, geselliges Beisammensein.

WARNT VOR …

einen guten Eindruck machen wollen um des lieben Friedens willen; Streitigkeiten vom Zaun zu brechen, andere hinters Licht zu führen, jemanden vor den Kopf zu stoßen, friedvolles Händereichen auszuschlagen.

LIEBE

In dieser Beziehung herrscht ein beneidenswerter Tiefgang: absolutes Vertrauen, harmonisches Miteinander, den anderen ohne viele Worte verstehen, um sein Befinden wissen. Eine Partnerschaft, in der sogar so mancher Wunsch von den Augen abgelesen wird. Streitigkeiten finden hier so gut wie keinen Platz und wenn es doch einmal kracht, folgt die Versöhnung auf dem Fuße.

Partnersuchende können nun das Herz einer Person brechen und in eine von tiefem Glück begleitete Beziehung gehen. Es ist aber oft nicht die typische „Liebe auf den ersten Blick", sondern das vorsichtige Kennenlernen und Herantasten, bis man eines Tages spürt, dass es tatsächlich Liebe ist.

SONSTIGE VERBINDUNGEN

Wenn Verträge zur Unterschrift anstehen, diese aber inhaltlich nicht 100%ig stimmig ist, steht Abänderungen nichts im Wege. Wenn etwas Geplantes nicht ganz so verläuft wie abgesprochen, finden sich immer ideale Zwischenlösungen, die friedlich stimmen. Auf tiefem Verstehen und Vertrauen aufgebaute Freundschaften.

BERUF

Sehr gutes Arbeitsklima und sehr kollegialer Umgang. Das harmonische Miteinander wirkt sich außerordentlich positiv für das Unternehmen aus. Wer mit einer ausgeschriebenen Stelle oder Beförderung liebäugelt, wird diese möglicherweise nicht bekommen – jedoch wird die gebotene Alternative einen durchaus zufrieden stimmen.

EIGENSCHAFTEN

Im positiven Sinne: Friedlich, fürsorglich, (be-)schützend, liebevoll, gelassen, gut gelaunt, entspannt, harmonisch, sensibel, verträumt.

Im negativen Sinne: Naiv, blauäugig, trotzig, ablehnend, streitsüchtig.

PERSONENKARTE

- Junger Erwachsener (weiblich/männlich), meist vom helleren Typ, mit dem fürsorglichen Charakter eines Beschützers.
- Sohn/Tochter, Freund(in), Nachbar(in), Bekannte(r).

KÖNIGIN DER KELCHE

Die *KÖNIGIN DER KELCHE* sitzt auf einem steinernen Thron, platziert auf einer Sandbank, umgeben von Wasser. Im Hintergrund finden sich Felsen und Grün des Festlandes. Sie hält mit beiden Händen einen geschlossenen Kelch, auf dessen Seitenarmen jeweils ein Engel mit erhobenen Flügeln steht. Ihr Thron wird geschmückt von kindlichen Nixen und Muscheln, die sich auch zu ihren Füßen finden und samt farbigen Steinen wohl angeschwemmt wurden. Mit ernstem Gesicht betrachtet sie den Kelch – er ist der einzige Kelch dieser Reihe der kleinen Arkana, der verschlossen ist. Dieses symbolisiert, dass die *KÖNIGIN DER KELCHE* eine Frau der Diskretion ist. Selbst wenn Schwächen anderer vor ihr nicht verborgen bleiben oder sie um Geheimnisse weiß, hütet sie diese. Auf der anderen Seite ist sie aber auch sehr darum bemüht, niemand anderen ihre eigenen, emotional verwundbaren Punkte zu offenbaren. Sie repräsentiert den äußerst gefühlvollen und auch mitfühlenden Menschen. Doch auch wenn viel Wasser sie umgibt und sie sich auch von ihren Gefühlen tragen lässt, so verliert sie jedoch nie die Bodenhaftung und hat entsprechend ihren Thron bewusst auf Mutter Erde (anstatt einem Sockel) errichten lassen. Sie entspricht dem Charakter einer Frau, die mit „leisen Tönen" und sanfter emotionaler Stärke alles in Einklang bringen kann, um viele Geheimnisse weiß und man jeder in ihr eine Vertrauensperson findet. Davon sollten auch die kindlichen Nixen sowie bunten Muscheln und Steine nicht ablenken

GRUNDAUSSAGE

Eine gefühlvolle Haltung ist sicherlich sehr lobenswert, aber man sollte sich nicht zum Spielball seiner Gefühle machen. Wenn er Gefahr läuft, dass genau dieses passiert, darf er sich gerne an seine durchsetzungsfähigen Seiten erinnern und auch zeigen. Gefühlvoll zu sein bedeutet nicht, dass man emotionale Verletzungen stillschweigend hinzunehmen hat.

Wird der Ratsuchende von wiederkehrenden Träumen heimgesucht oder fällt ihm auf, dass immer wieder gleiche Situationen passieren oder sich „Zufälle" häufen, verbirgt sich dahinter oftmals eine tiefere Bedeutung. Ist er nicht in der Lage, diese für sich zu entschlüsseln, wäre das Aufsuchen einer Frau, die um derlei Geheimnisse weiß, anzuraten.

LIEBE/SONSTIGE VERBINDUNGEN

- Eigene(r) Partner(in), hingebungs- und verständnisvoll, Geheimnisse bewahrend, ruhig, ausgeglichen.
- Nebenbuhler(in)/Konkurrent(in).
- Eine Frau mit den Charakterzügen der *KÖNIGIN DER KELCHE*, die hilfreich für die Partnerschaft oder sonstige Verbindungen sein kann oder sich als Widersacherin entpuppt.

BERUF

Eine hilfsbereite Frau (kann auch ein(e) Ratsuchende(r) selbst sein oder eine im Umfeld wichtige Person), sehr gefühlvoll. Häufig weist die *KÖNIGIN DER KELCHE* auf heilende Berufe hin (schulmedizinisch, alternativmedizinisch, energetische Heilungen, Heilsteine etc.) oder solche, die mit der „sanften" Stimmung zu tun haben: romantische Literatur, leise Töne erzeugende Instrumente, Künstlerin, Kirchen-/Gottesdienerin usw., eher selten: Wissenschaftlerin oder Akademikerin.

EIGENSCHAFTEN

Im positiven Sinne: Mitfühlend, einfühlsam, medial/spirituell, verständnisvoll, diskret, treu, ehrlich, klug, sehr emotional, weise, fürsorglich, verschwiegen.

Im negativen Sinne: Kann sich schlecht abgrenzen, leicht verletzbar, verschlossen.

PERSONENKARTE

- Emotionale, liebevolle oder auch verliebte Frau, oftmals im (alternativ-) heilenden oder geistig/spirituellen Bereich tätig (dunkelblonde bis hellbraune Haare, blaue Augen).
- Ratsuchende(r) selbst oder spiegelt die eigene Haltung als *KÖNIGIN DER KELCHE* wider.
- Person, die im Umfeld des Ratsuchenden wichtig ist (z. B. Nebenbuhlerin/Konkurrentin).
- Die zur Romantik neigende und stets verständnisvolle Partnerin, oft über ihre tiefen und wahren Gefühle schweigend.
- Als Mann ist er eher introvertiert und gefühlvoll.
- Mutter/Schwiegermutter.

KÖNIG DER KELCHE

KÖNIG DER KELCHE

Der *KÖNIG DER KELCHE* sitzt auf einem Thron, dessen Bodenplatte von Wasser getragen wird. An der Halskette des Königs findet sich als Anhänger ein Fisch; ein solcher springt gerade aus den Wellen und im Hintergrund segelt ein Schiff. In seiner rechten Hand hält er einen Kelch, in der linken Hand das Zepter. Seine Körperhaltung wirkt offen, aber auch ernst. Auch wenn die Reihe der Kelche sich um das Thema Gefühle dreht und auch der *KÖNIG DER KELCHE* als gefühlvolle Person somit bewertet werden darf, ist es doch gerade das Halten des Kelchs mit der rechten Hand und auch die leicht gedrehte Körperhaltung mit vorangestelltem rechten Fuß, was erkennen lässt, dass er sich von Emotionen nicht großartig beeindrucken lässt, sondern klare Entscheidungen trifft, wenn dieses notwendig erscheint. Er ist ein Mann, der bemüht ist, andere zu überzeugen und unter Umständen auch zu begeistern (aus dem Wasser springender Fisch, Fisch als Amulett), ohne sich dabei herrisch hervorzutun (hält das Zepter in der linken Hand). Im Gegensatz zur *KÖNIGIN DER KELCHE* ist sein Kelch offen, er hält ihn locker in der Hand und demonstriert damit nicht nur seinen helfenden Charakter, sondern auch, dass er bereit ist, andere an seiner Lebenserfahrung teilhaben zu lassen. Doch bei allem Verständnis, die der *KÖNIG DER KELCHE* bereit ist aufzubringen, so sind es doch gerade die roten Farbschattierungen (Segel, Teil der Krone und des Umhangs) der Karte und der graue Hintergrund, die darauf verweisen, dass manche Dinge des Lebens rein neutral betrachtet und dann klar entschieden werden müssen. Allerdings vertraut der *KÖNIG DER KELCHE* auch darauf, dass beizeiten sich Fügungen (gelbe Wellen = das Göttliche) ergeben, die ein hartes Durchgreifen unnötig machen.

GRUNDAUSSAGE

Gefühle hin wie her: manchmal ist ein neutrales Bewerten und eine klare Entscheidung einfach vonnöten, sofern sich keine wundersame Fügung ergibt, die eine solche überflüssig macht. Mit dem *KÖNIG DER KELCHE* wird ebenso wie bei der Vorgängerin der Königin angesprochen, dass eine gefühlsbetonte Seite sicherlich angenehm(er) und lobenswert ist, doch es dann und wann unumgänglich ist, auch einmal die Gefühle hinten anzustellen und durchzugreifen, wenn man nicht irgendwann auf verlorenem Posten stehen möchte. Als *KÖNIG DER KELCHE* ist es ihm darüber hinaus anzuraten, sich gegen mögliche Überforderungen zur Wehr zu setzen, ruhig einmal mehr das Wort „Nein" zu gebrauchen, damit er sich selbst und seinen eigenen Plänen bzw. deren Umsetzung nicht im Wege steht.

LIEBE/ALLGEMEINE BEZIEHUNGEN

- Eigene(r) Partner(in) mit liebevollem und gefühlvollem Charakter, aber auch durchsetzungsfähig.
- Nebenbuhler(in)/Konkurrent(in).

- Ein Mann mit den Charakterzügen vom *KÖNIG DER KELCHE*, der hilfreich für die Partnerschaft oder sonstige Verbindungen sein kann oder sich als Widersacher entpuppt.

BERUF

Hilfsbereiter Mann (kann auch ein(e) Ratsuchende(r) selbst sein oder eine im Umfeld wichtige Person), sehr gefühlvoll. Häufig finden sich bei dem *KÖNIG DER KELCHE* heilende Berufe (schulmedizinische, alternative Medizin, energetische Heilungen, Heilsteine etc.) oder jene, die mit der „sanften" Stimmung zu tun haben: romantische Literatur, leise Töne erzeugende Instrumente, Künstler, Kirchen-/Gottesdiener usw., eher selten Wissenschaftler oder Akademiker.

EIGENSCHAFTEN

Im positiven Sinne: Herzlich, Hang zur Romantik, gerecht, kreativ, gefühlvoll, verständnisvoll, liebevoll, treu, durchsetzungsfähig, neutral bewertend.

Im negativen Sinne: In seinen Gefühlen schwankend, verliert seine eigenen Anliegen durch ständige Hilfe für andere aus den Augen, launisch, unzuverlässig, neigt zum Beherrschen.

PERSONENKARTE

- Gefühlvoller Mann (ggf. selbständig, rothaarig), herzlich.
- Der Ratsuchende selbst oder die eigene Haltung als *KÖNIG DER KELCHE*.
- Person, die im Umfeld des Ratsuchenden wichtig ist (z. B. auch Nebenbuhler, Konkurrent).
- Der liebevolle und gefühlvolle Partner.
- Als Frau vertritt sie sowohl die gefühlvollen weiblichen, aber auch durchsetzungsfähigen männlichen Anteile.
- Vater/Schwiegervater.

Übungen (4)

(1) Welchem Element werden die Kelche zugeordnet? Geben Sie stichpunktartig die charakteristischen Merkmale der Kelche bzw. ihres Elementes wieder. Welchen Typ Mensch repräsentieren sie?

(2) Kreuzen Sie das jeweils richtige Feld an:

Frage	**Ja**	**Nein**
Das *AS DER KELCHE* stört den Seelenfrieden.		
V KELCHE symbolisieren fehlerhaftes Arbeiten.		
VII KELCHE stehen für Wunschvorstellungen.		
Mit *VIII KELCHE* werden wir von anderen vertrieben.		
Mit *II KELCHE* schaffen wir es nicht, wieder in Einklang zu kommen.		
VI KELCHE warnen vor nostalgischer Schwermut.		
Wer *IX KELCHE* zieht, kann nicht teilen.		
III KELCHE warnen vor Unachtsamkeit.		
Der *PAGE DER KELCHE* bringt einen Heiratsantrag.		
Der *RITTER DER KELCHE* trifft seinen Traumpartner.		
II KELCHE wirken schöpferisch, wenn man alleine für sich arbeitet.		
Die *KÖNIGIN DER KELCHE* bietet Diskretion.		
V KELCHE stehen für freudige Veränderungen.		
Illusion oder Realität? – Das fragen *VII KELCHE.*		
X KELCHE zeigen die drohende Kündigung.		
Trotziges Verhalten ist u.a. Botschaft von *IV KELCHE.*		
Partnersuchende finden mit *VIII KELCHE* ihr Glück.		
Der *KÖNIG DER KELCHE* lässt sich nur von seinen Gefühlen tragen.		
Der *PAGE DER KELCHE* bringt die Zusatzgratifikation.		
Der *RITTER DER KELCHE* kommt in kriegerischer Haltung auf einen zu.		
Handwerker werden über den *KÖNIG DER KELCHE* symbolisiert.		

Das *AS DER KELCHE* ist eine Glückskarte.		
III KELCHE verkünden schlechte Laune.		
VI KELCHE erinnern an Kindheitsträume.		
VIII KELCHE warnen vor Trägheit.		
Die *KÖNIGIN DER KELCHE* könnte eine Heilerin sein.		
X KELCHE stehen für unerfüllte Wünsche.		
IX KELCHE versprechen dauerhafte Freundschaften.		
Der *KÖNIG DER KELCHE* ist ein liebevoller Partner.		
Der *RITTER DER KELCHE* ist ein junger Erwachsener, immer männlich.		
Mangelnde Hilfsbereitschaft folgt dem *KÖNIG DER KELCHE*.		
Mit *II KELCHE* wird es ein Tag der Verbindungen.		
Unter *VI KELCHE* können wir unserer Jugendliebe begegnen.		
IX KELCHE ist die Karte des Feierns.		
IV KELCHE fordern zum verstärkten Stolz auf.		
VII KELCHE symbolisieren die Scheinehe.		
Der *PAGE DER KELCHE* bringt Streitigkeiten.		
X KELCHE bestimmen die Familienplanung.		
Zwei Frauen und ein Mann tanzen auf der Karte *III KELCHE*.		
Partnersuchende finden mit *IV KELCHE* ihren Traumpartner.		
Mit *V KELCHE* lassen sich neue Kunden gewinnen.		
Das *AS DER KELCHE* kündigt eine Geburt an.		

DIE MÜNZEN

AS DER MÜNZEN

Das *AS DER MÜNZEN* zeigt wiederum die aus einer Wolke herausragende Schöpferhand; auf dieser Karte hält sie eine Münze in der gewölbten Handfläche, sodass sie nicht herunterfallen kann. Der Fünfstern auf der Münze repräsentiert (wie auf allen Münzen) die vier Elemente sowie das Bewusstsein. Der untere Teil der Kartenabbildung zeigt einen wunderschön angelegten Garten mit einem grünen wie blühenden Torbogen. Hinter ihm finden sich hellblaue Berge mit weißen Spitzen, sie wirken kühl, fern, unnahbar. Doch muss deren Anblick niemand beängstigen, denn maßgeblich ist die rechte Schöpferhand über dem reichhaltigen Garten: Alles, was in der Vergangenheit erschwerend war– es liegt hinter der grünen sowie blühenden Hecke und hat im Jetzt keine Auswirkungen mehr. Ganz bewusst wurde hier die rechte Hand des Schöpfers gewählt, um auch so noch einmal zu untermauern, dass die Schwierigkeiten überwunden sind. Der Rankenbogen, der angelegte Park, die weißen Lilien – all das zeugt von einem neuen Lebensabschnitt, in welchem es einem sichtlich besser gehen wird. Das As einer Reihe ist die Themenkarte, sie symbolisiert das, worum es geht bzw. was einem geboten wird. Mit dem *AS DER MÜNZEN* geht es um die Chance des inneren sowie äußeren Reichtums. Doch wer diese Chance wirklich ergreifen möchte, muss sich dieser auch bewusst öffnen und annehmen. Wer nur auf das Vergangene schaut mit all seinen Schwierigkeiten, Sorgen, Nöten, Ängsten, Kummer und Schmerz, läuft Gefahr, den Rankenbogen in der Hecke zum Betreten des reichhaltigen Gartens zu übersehen und damit auch die Chance an sich vorbeiziehen zu lassen, sich bewusst einem besseren (Lebens-) Abschnitt zuzuwenden.

GRUNDAUSSAGE

Es ist die beste Zeit gekommen, allen Groll hinter sich zu lassen und seinen Blick einzig auf eine Richtung zu lenken: nach vorne. Diese Chance, jetzt persönlich bereichernde (sowohl im Inneren wie auch Äußeren) Erfahrungen zu sammeln und davon langfristig zu profitieren, ist fast schon einzigartig und sollte unbedingt genutzt werden. Denn damit kann etwas auf- und ausgebaut werden, was einem nachhaltig guttut. Der *große Gewinn* (nicht nur materiell gesehen) muss es nicht sofort sein, aber gewiss ist eines: allein die Chance birgt die Gewissheit in sich, dass es am Ende perfekt sein wird.

VERLAUF

Eine bereichernde Chance.

STEHT FÜR ...

Reichtum, (erfüllende) Wünsche, wertvolle Chance, Glück, Materielles, Wohlstand, Erfolg, Harmonie, Zufriedenheit, Ziel, Wandlung zum Guten, Vollkommenheit, innerer Frieden, nachhaltig bereichernd, langfristige Stabilität bringend.

WARNT VOR …
Ignoranz, Dummheit, Geldverschwendung, mit aller Macht Materielles erreichen wollen oder an Materiellem klammern, vor lauter Geld verlernen, das Leben zu leben, den Blick für die inneren Werte zu verlieren.

LIEBE
Bestehende Beziehungen werden getragen vom Glück. Es ist alles stimmig – im Inneren wie im Äußeren, zwischen den Beteiligten selbst und auch all dem, was ihr Dasein ausmacht, was sie täglich umgibt.
Partnersuchende können nunmehr der Liebe ihres Lebens begegnen. Vielleicht haut es sie nicht sofort vor lauter Begeisterung vom Hocker. Doch schon bald werden sie merken, wie fantastisch der andere zu einem passt.
Hinweis:
Begriffe wie „harmonisch, gesichert, geordnet" wirken vielleicht langweilig, dem ist aber nicht so. Trotz aller „Vernunft" innerhalb der Partnerschaft kommt das Thema Leidenschaft sicherlich nicht zu kurz, im Gegenteil: die Genussfähigkeit ist mit dem *AS DER MÜNZEN* um einiges höher, denn alltägliche Sorgen haben hier keine Chance, sich negativ z. B. auf die Freude am Leben oder das Sexualleben auszuwirken.

SONSTIGE VERBINDUNGEN
Verlässliche Freundschaften, ertragreiche Verträge von langer Dauer, gesunde Basis, stabile Verhältnisse.

BERUF
Bonus, Zusatzgratifikation, Anerkennung erhalten. Wertvolle Verträge, auch für eine lange Zeit. Karriere ist ausbaufähig (was z. B. auch schon bei Bewerbungsgesprächen in Aussicht gestellt wird). Sehr gut dotierte Stellen. Wer seine Kasse auffüllen möchte, findet eine gute Gelegenheit für einen tollen Nebenverdienst.

EIGENSCHAFTEN
Im positiven Sinne: Erfolgreich, dynamisch, leidenschaftlich, sachlich, wertvoll, geschützt, reich, zuverlässig, glücklich, lohnenswert.
Im negativen Sinne: Korrupt, geizig, habgierig, krank, nicht wandlungsfähig.

II MÜNZEN

Ein Jongleur steht im Hafen oder auf einer Brücke; im Hintergrund schaukeln Schiffe über hohe Wellen. Er selbst jongliert die *II MÜNZEN* in einer Bahn, die die Form einer Lemniskate hat. Es ist nicht wirklich erkennbar, ob er nur als Teil seiner Show mit Armen und Beinen versucht das Gleichgewicht zu halten oder ob es ihm tatsächlich allen körperlichen Einsatz abverlangt, die *II MÜNZEN* nicht aus den Bahnen fallen zu lassen. Dieses kann er nur verhindern, indem er die Balance hält. Das Rot der Kleidung spiegelt die guten wie die schlechten Abschnitte des Lebens wider, das Grün das Wachstum, der graue Grund die Neutralität, das Blau die geistigen Facetten. Die hohen Wellen sind analog zu den Wogen des Lebens gezeichnet, in welchem es zu manchen Zeiten aufwärts und zu anderen wieder abwärts geht. Natürlich steht auch die II. Karte der Münzen für das Abwägen von Für und Wider, um eine für sich richtige Entscheidung zu treffen. Hierbei geht es sehr deutlich um das gesunde Mittelmaß: so wie die Kapitäne nur Kurs halten können, wenn sie auf dem tobenden Meer ihre Schiffe mit geschickter Hand lenken, so gelingt es dem Jongleur ebenfalls nur dann, wenn er nicht überreagiert oder konzentriert bleibt, die Balance zu halten, um die *II MÜNZEN* im einfachen Spiel in den Bahnen zu halten.

GRUNDAUSSAGE

Warum wollen Sie sich unnötigem Druck aussetzen? Treffen Sie nicht sofort eine Entscheidung, es muss nicht im Hauruckverfahren ein JA oder NEIN erfolgen. Viel ratsamer wäre es, sich den Gegebenheiten so weit als möglich anzupassen, um sich so mehr Spielraum zu verschaffen. Probieren Sie erst einmal aus, wie Sie mit dieser alternativen Lösung zurande kommen. Sehen Sie dem Neuen neugierig entgegen, ohne zu unbekümmert zu sein. Ein bisschen *hier probieren* und *dort hinein schnuppern* ist der bessere Weg zum Finale. Doch bleiben Sie trotz allem aufmerksam und immer flink genug, um sich zeitig neuen Gegebenheiten adäquat anzupassen.

VERLAUF

Eine bereichernde Chance → die man nicht so verzweifelt ernst nehmen, sondern ein wenig spielerisch und austestend auf ihren Gehalt prüfen sollte.

STEHT FÜR ...

Auf und Ab, Hin und Her, Hindernisse, Veränderungen, Wechsel, Flexibilität, Unabhängigkeit, Umwandlung, Leichtigkeit, Lockerheit, Risiko, kleine Widerstände, Anpassung, Anpassungsfähigkeit, Geschicklichkeit, Verlegenheit, Stimmungsschwankungen, Gleichgewicht, Ausgewogenheit, Balance, Kompromiss.

WARNT VOR ...

unangemessenem Umgang mit Geld (Verschuldung, auch „Geld verdirbt den Charakter"), Schizophrenie, vorgeheucheltem Frohsinn, unkontrolliertem Agieren, Leichtsinn.

LIEBE

Manch *feste* Beziehung ist gar nicht so fest wie es nach außen den Anschein erweckt oder man glaubt. Hier werden noch Freiräume gebraucht, ein neugieriges Entdecken des Partners, ein Prüfen, *ob es tatsächlich funktionieren würde*, das gegenseitige Erforschen, wie eine Partnerschaft eventuell aussehen könnte. Alles noch im Konjunktiv – könnte, würde, täte. Ein festes JA für- oder zueinander ist es noch nicht.

Hand aufs Herz, liebe Partnersuchende: worum geht es wirklich? Würde ein Flirt Ihnen zurzeit nicht ausreichen? Ein lockeres *wir treffen uns ab und zu mal* statt gleich das volle Programm einer festen Partnerschaft? Gehen Sie mit mehr Leichtigkeit an das Thema Partnersuche heran und entdecken Sie sich, Ihre Wünsche, Ihre Bedürfnisse und somit auch jemanden, der bereit ist, das alles mit Ihnen eines Tages (nicht Heute, nicht Morgen) zu teilen und auszubauen. Bis dahin dürfen Sie noch ein wenig am Thema Liebe *naschen* und weiter die Welt entdecken.

SONSTIGE VERBINDUNGEN

Welche Absichten stecken hinter welchen Verbindungen (ungeachtet ob vertragliche oder freundschaftliche)? Bevor hier etwas eingegangen oder gar beendet wird, sollte über die Konsequenzen gut nachgedacht werden. Kompromisse wären hier eher ratsam. Jemand, der Ihnen nur Freundschaft bietet, wenn Sie sich ihm fast schon verpflichten, kann kein wahrer Freund sein und sogenannte Knebelverträge sind doch das Letzte was Sie zurzeit gebrauchen können.

BERUF

Alles in allem geht die Arbeit locker von der Hand und fast spielend schafft man die übertragenen Aufgaben. Trotzdem sollte man für neue Herausforderungen bereit sein – sei es firmenintern oder durch ein Angebot von außen. Hier steht niemand unter Zwang und Druck, sofort entscheiden oder das nächstbeste Angebot annehmen zu müssen. Man hat die Wahl und darf gerne ein bisschen wählerisch sein, aber auch in Probierlaune verfallen, um etwas Neues auszutesten. Allerdings bleibt eine gewisse Leichtigkeit immer nur so lange bestehen, wie man keine Verantwortung Dritten gegenüber tragen muss.

Auch folgende Tätigkeiten sind bei den *II MÜNZEN* vertreten: Halbtagstätigkeit, Zeitarbeit, Forschung, Umfragen, Testreihen.

EIGENSCHAFTEN

Im positiven Sinne: Sorglos, unbeschwert, locker, flexibel, anpassungsfähig, harmonisch, geschickt, unparteiisch.

Im negativen Sinne: Verkrampft, leichtsinnig, heuchelnd, vortäuschend, unentschlossen, grübelnd, unstrukturiert.

III MÜNZEN

Die *III MÜNZEN* ist die einzige Karte ihrer Reihe, die selbige nicht im leuchtenden Gelb zeigen, sondern fast unscheinbar in dem Torbogen mit eingesetzt wurden, als wäre es noch nicht an der Zeit, ihren Wert zum Scheinen zu bringen. Ein Steinmetzlehrling demonstriert unter den kritischen und prüfenden Blicken eines Mönchs und einer, die Baupläne in den Händen haltenden, Frau in dem Durchgang eines Klosters sein Können. Mit den Handwerksutensilien von Hammer und Meißel sowie den gehaltenen Plänen soll veranschaulicht werden, dass vor jedem Tun eine gute Planung steht. Der Hintergrund ist tiefschwarz, sodass mit dieser Karte allein noch nicht geklärt ist, ob der Lehrling tatsächlich schon so erfahren und genügend ausgebildet ist, um künftig den höheren Ansprüchen (symbolisiert durch das Stehen auf einer Bank) gewachsen zu sein oder gar in die Eigenständigkeit zu wechseln. Gemäß der III. Karte einer Reihe aus der kleinen Arkana geht es um die gewonnenen Erkenntnisse bzw. dem Nutzenziehen aus ihnen. Entsprechend scheint auf der Karte *III MÜNZEN* eine Prüfungssituation abgebildet zu sein, die den Lehrling – ein Bestehen vorausgesetzt – in seinem Bestreben weiter vorankommen lässt. Dabei spielt es keine Rolle, ob dieses mit handwerklichem Geschick (Steinmetz), geistiger Tätigkeit (Pläne) oder gar von der Allgemeinheit nicht immer gänzlich angenommenen Möglichkeiten der mystischen Welt (tiefes Schwarz) geht. Dieses spiegelt auch noch einmal das Kreuz, welches inmitten eines Kreises (= die Erde repräsentierend) die *III MÜNZEN* miteinander verbindet, wider: Das einfache Kreuz in seiner Überlieferung symbolisiert die vier Himmelsrichtungen – insofern wird keine Richtung vorgeschrieben, sondern es liegt an einem selbst, jene einzuschlagen, die den eigenen Fähigkeiten am nächsten kommt.

GRUNDAUSSAGE

Egal, auf welcher Ebene die Vergangenheit den Ratsuchenden „geschult" hat: beruflich, partnerschaftlich, finanziell oder geistig. Man lernt niemals aus. Doch das beste Wissen und die tiefsten Erkenntnisse nutzen gar nichts, wenn sie brachliegen und nicht genutzt werden. Es ist die beste Gelegenheit, sein Können, Wissen, erlernte Fertigkeiten und Fähigkeiten unter Beweis zu stellen. Letzten Endes ist man nämlich schon um einiges schlauer (geworden) und sollte (ggf. auch aus falscher Rücksichtnahme heraus) nicht mit seinen Talenten hinterm Berg halten.

VERLAUF

Eine bereichernde Chance → die man nicht so verzweifelt ernst nehmen, sondern ein wenig spielerisch und austestend auf ihren Gehalt prüfen sollte → um sie ggf. noch zu optimieren, um den besten Nutzen daraus zu ziehen.

STEHT FÜR ...

Talentausrichtung, Begabung, Weiterbildung, Fortschritte, Qualifikation, Prüfung, Geschicklichkeit, von der Theorie zur Praxis, Arbeit, Ehrgeiz, Initiation, Berufung, Befriedigung, etwas abschließen, etwas zu Ende bringen, etwas bereinigen.

WARNT VOR …
Halbherzigkeit, unqualifizierten Belehrungen, Kleinlichkeit, Geldschneiderei durch z. B. mangelhafte Ware, Qualitätsmangel, Geldnot, sich mit fremden Federn schmücken.

LIEBE
In Beziehungen können Probleme nur überwunden und die Partnerschaft gefestigt werden, wenn eine höhere Sichtweise eingenommen und verantwortlicher und erwachsener die Thematik angegangen wird.
Partnersuchende werden nur Erfolg haben, wenn sie wirklich bereit sind, den Schmerz der Vergangenheit hinter sich zu lassen, um sich Neuem zu öffnen. Doch wenn auch nur ein Teil des Herzens noch am Ex hängt oder man gar nicht aus tiefer Überzeugung heraus den Wunsch nach einer festen Partnerschaft hat, wird es nichts.

SONSTIGE VERBINDUNGEN
Egal ob Freundschaften oder in Verbindung mit Vertragspartnern: Auf keinen Fall sollte man sich *kleinmachen* oder *kleinhalten lassen*, sondern sein eigenes Geschick und seine Talente unter Beweis stellen und klarstellen, dass man durchaus bereit ist, dazuzulernen und sich nicht ein A für ein O verkaufen zu lassen. Gerade auch in Bezug auf freundschaftliche Verbindungen geht es darum, selbst zu lernen, dass man nicht nur geben und funktionieren muss, um dem anderen zu gefallen. Wenn das bisher so war, dann ist nun die Zeit gekommen, sich abzunabeln und seiner eigenen Persönlichkeit, nicht nur gegenüber sich selbst, sondern auch gegenüber anderen, mehr Respekt und Beachtung abzuverlangen.

BERUF
Ausbildung, Abschlussprüfung, Prüfung, Klausur, Beförderung, Aufstieg, Neuorientierung.
Wem die Möglichkeit geboten wird, sein Wissen und seine Fähigkeiten unter Beweis zu stellen oder durch Weiterbildungsmaßnahmen zu optimieren, dem sei zu dieser Entscheidung geraten.

EIGENSCHAFTEN
Im positiven Sinne: Lernwillig, talentiert, ehrgeizig, geschickt, beliebt, anerkannt, ruhmreich, vorsichtig, anpassungsfähig, aufmerksam.
Im negativen Sinne: Halbherzig, kleinlich, nörglerisch, faul, nachlässig, kann schlecht mit Geld umgehen, fühlt sich auch bei mangelndem Wissen und Nichtkönnen immer irgendwie zu Höherem berufen.

IV MÜNZEN

Auf der Karte *IV MÜNZEN* sitzt ein Mann auf einem Schornstein, vermutlich auf dem seines Hauses. Auf zwei Münzen hat er seine Füße gestellt, eine weitere hält er mit beiden Armen regelrecht umschlungen, während die vierte seine Krone ziert. Die Krone spricht ihm eine Position des Herrschens zu, insofern scheint er ein gut situierter Mann zu sein, dessen Befehle andere zu befolgen haben. Sein Sitzen auf dem Dach mit Blick auf die Stadt gewährt es ihm, den Überblick zu bewahren und sicher zu sein, dass so schnell keiner ihn erreichen kann, um ihm das Erschaffene streitig zu machen. Doch ist es ihm so auch nicht möglich, das Schöne aus dem Gewinn zu ziehen, sein Hab und Gut zu genießen, seine Freude mit anderen zu teilen. Wie ein Kind, das sein Spielzeug nicht mit anderen teilen mag, es festhält mit den Worten „das ist meins!" und sich dann wundert, wenn die Spielkameraden sich abwenden. Und so beraubt sich auch die abgebildete Person selbst gewisser Chancen, im wahrsten Sinne des Wortes, die Hände auch für Anderes frei zu haben. Auch *DER TEUFEL* hockte schon auf einem grauen Rechteck und symbolisierte damit, dass seine Welt nicht vollkommen ist – so ergeht es auch der abgebildeten Person auf dieser Karte (*Anm.: ein Würfel würde für das Sein und somit das Vollkommene stehen*). Er verfolgt nur seine persönlichen Ziele und hält sie bei Erreichen übermäßig fest. Erinnern wir uns an die Bedeutung der IV. Karte einer Reihe. In dem Fall der *IV MÜNZEN* geht es eher um den verdrießlichen Moment des Stillstands. Auch wenn man einiges erreicht hat: was nützt all das, wenn man sich von der Gesellschaft ausschließt und man seinen Nutzen nicht genießen kann? Er hat sich zum (Krone) König seiner selbst geschaffenen Welt gemacht, mit dem Sitz auf dem Dach für die Außenwelt kaum erreichbar. So mag ihm das Geschaffene unter Umständen erhalten bleiben, doch weiterer Wachstum wird durch diese Haltung verhindert und somit all das, was sein Dasein vollkommen machen könnte, abgeblockt. Der graue Hintergrund, das graue Dach und auch der graue Schornstein ermahnen, bei den weiteren Planungen daran zu denken, für ein entsprechendes Gleichgewicht zu sorgen, um das Leben mit all seinen Facetten genießen zu können.

GRUNDAUSSAGE

Wendet ein Ratsuchender sich mit einer direkten Frage, die finanzielle bzw. materielle Dinge betreffen, dann empfehlen Sie ihm, die Finger davon zu lassen und sein Hab und Gut festzuhalten und zu schützen. In allen anderen Situationen ist erkennbar, dass der Ratsuchende ein sicherheitsbewusster und sicherheitsliebender Mensch ist. Er mag keine Spielchen und sollte sich auch nicht auf irgendwelche Manöver einlassen, die nicht zu seiner konkreten Lebensauffassung passen, doch sich trotzdem davor hüten, im Rahmen seiner selbst geschaffenen Strukturen zu vereinsamen.

VERLAUF

Eine bereichernde Chance → die man nicht so verzweifelt ernst nehmen, sondern ein wenig spielerisch und austestend auf ihren Gehalt prüfen sollte → um sie ggf. noch zu optimieren, um den besten Nutzen daraus zu ziehen → der jedoch keinesfalls darin besteht, vor lauter Arbeit und Schaffen eines sicheren existentiellen Rahmens, die Lebensfreude aus den Augen zu verlieren.

STEHT FÜR …

Festhalten, Klammern, Sicherheit, Sparsamkeit, Standfestigkeit, Materielles, Finanzielles, Engstirnigkeit, Habgier, Zukunft sichern, Bewährtes, an Altem festhalten, Unbeweglichkeit, Vorsichtigkeit, Vermächtnis, Erbe, Geschenke.

WARNT VOR …

Verlust (nicht nur materiell, sondern auch z. B. der Lebensfreude), übertriebenem Festhalten und Klammern, Verschwendung.

LIEBE

In dieser Beziehung wird aneinander festgehalten und regelrecht geklammert, doch selten geht es dabei (noch) um wirkliche Gefühle, eher um die Angst vorm Alleinsein, Angst vor den finanziellen Folgen bei einer Trennung u. ä. Bei beruflich erfolgreichen und finanziell gut situierten Paaren ist oftmals die Liebe auf der Strecke geblieben.

Partnersuchende werden vom Gefühl begleitet, dass jene Person, die er trifft, vielleicht nur an dem, was er geschaffen hat interessiert ist, und nicht an ihm selbst als Mensch. Das macht das Unterfangen, einen Lebenspartner zu finden, recht schwierig und auf Dauer einsam.

SONSTIGE VERBINDUNGEN

In finanziellen Angelegenheiten nicht zu waghalsigen Manövern hinreißen lassen; nicht an Altem klammern: was überholt ist, sollte auch beseitigt werden, damit weiterer Wachstum möglich ist, selbst wenn das Alte schon Reichtum brachte.

Auch in zwischenmenschlichen Beziehungen geht es darum, sich nicht nur bestimmten Personen als *feste(r) Freund/in* zu verschreiben oder sich gar sozial zurückzuziehen. Denn durch diese unbewegliche Haltung fällt einem erst viel später auf, wie allein man eigentlich ist und wie einsam man sich fühlt.

BERUF

Angst vor dem Sprung ins kalte Wasser: „hier bin ich, hier bleib ich, hier weiß ich, was ich hab“ – so oder so ähnlich könnten die Gedanken lauten. Auch wenn das vor dem finanziellen Gesichtspunkt richtig sein mag, kommt der Moment wo man es bereut, sich nicht vielleicht doch einmal nach anderen Möglichkeiten, zumindest vorsichtig, umgeschaut zu haben.

EIGENSCHAFTEN

Im positiven Sinne: Sparsam, vorsichtig, versorgend, gewissenhaft.

Im negativen Sinne: Geizig, engstirnig, teilt nicht gern, kommt nicht von der Stelle, ängstlich, misstrauisch, in Routine verhaftend; schmiert anderen Honig um den Bart, wenn er etwas will, kann kaum Gefühl zeigen, spricht eher selten über Emotionen, die materielle Sicherheit steht vor der seelischen Zufriedenheit.

V MÜNZEN

Auf der düsteren Karte *V MÜNZEN* schreiten eine Frau und ein Mann mühselig durch den Schnee. Die Frau hält ihren Umhang mit den Händen zusammen, sie geht voran. Der Mann, durch eine Gehbehinderung auf Krücken angewiesen, versucht mit ihr Schritt zu halten, dabei fast schon in den Laufschritt verfallend. Sein Kopf ist erhoben, sein Gesichtsausdruck spiegelt seine Anstrengung wider. Sie passieren ein Kirchenfenster, durch dessen Bleiglasscheiben die *V MÜNZEN* scheinen. Es wirkt, als wolle der Mann sie einholen, um sie auf das Gotteshaus und die Hilfe, die solch eine Stätte ihnen nicht verweigern würde, aufmerksam zu machen. Doch die Frau hält den Kopf gesenkt, ohne dem Fenster eines Blickes zu würdigen. Auffällig ist die Glocke, welche um den Hals des Mannes hängt. Solange er in Bewegung ist und entsprechend Glockentöne erzeugt, weiß die Frau, dass er noch mit ihr Schritt halten kann. Gleichfalls kann sie auch Hilfe für beide bedeuten, wenn sie es zusammen wider eigenen Hoffens doch nicht schaffen sollten, in der tiefen Nacht und bei Sturm den richtigen Weg zu finden, um so durch das Läuten auf ihre Hilfebedürftigkeit aufmerksam zu machen. Entsprechend der Bedeutung der V. Karte einer Reihe, die ein Bereinigen von Schwierigkeiten ermöglicht, darf hier, trotz des depressiven Motivs, nicht davon ausgegangen werden, dass alles verloren wurde und man niemals mehr das *Licht am Ende des Tunnels* sehen wird. Aus Sicht der Frau scheinen die Schwierigkeiten noch nicht so groß zu sein, dass sie es für nötig befände, beispielsweise Hilfe im Gotteshaus zu suchen. Sie ignoriert die Hilfemöglichkeit und geht weiter im Vertrauen darauf, dass sie beide stark genug sind, die Situation allein zu bewältigen, solang sie einander haben und zusammenhalten. Insofern spiegeln die *V MÜNZEN* die Schattenseite einer Entbehrung wider, die durchaus über einen längeren Zeitraum anhalten kann. Repräsentiert über das Äußere der abgebildeten Personen sind mit dieser Karte auch Gebrechen, Benachteiligungen, Mittellosigkeit und Unterernährung durchaus in Verbindung zu bringen.

GRUNDAUSSAGE
Eine Zeit des Zurücksteckens und der Entbehrungen bricht für den Ratsuchenden an. Ob es sich dabei um körperliche, finanzielle, berufliche oder emotionale Einbußen handelt, hängt von der Fragestellung und ggf. weiteren Karten ab. Sinnbildlich spricht die Glocke um den Hals des Mannes dafür, dass man sich rechtzeitig Außenstehenden anvertrauen und um Hilfe ersuchen sollte, wenn einem die Sorgen und Nöte über den Kopf wachsen. Falsche Eitelkeiten würden ebenso wie das Zurückziehen ins Schneckenhaus und Hoffen, dass „es“ sich von allein bereinigt, die Zeitspanne der Entsagung allenfalls verlängern, statt verkürzen.

VERLAUF
Eine bereichernde Chance → die man nicht so verzweifelt ernst nehmen, sondern ein wenig spielerisch und austestend auf ihren Gehalt prüfen sollte → um sie ggf. noch zu optimieren, um den besten Nutzen daraus zu ziehen → der jedoch keinesfalls darin besteht, vor lauter Arbeit und Schaffen eines sicheren existentiellen Rahmens, die Le-

bensfreude aus den Augen zu verlieren → denn dann läuft man Gefahr, am Ende in irgendeiner Form zu „verhungern“ (z. B. emotional) oder in einer Sackgasse zu landen, in der es kein Weiterkommen gibt.

STEHT FÜR …
Entbehrung, Verlust, Mittellosigkeit, Defekt, Krankheit, Verzicht, finanzieller Engpass, Notsituation, Mühseligkeit, Kummer, Durststrecke, Schwierigkeiten, Probleme, Sorgen, Unsicherheit, Armut, Krankheit, Krisenstimmung, Fehler, Gebrechen, Hunger, Nachteil, Schattenseiten, Unterlegenheit, Minus.

WARNT VOR …
totalem Rückzug, mangelnder Bereitschaft zur Problembewältigung, falscher Scham, um Hilfe zu ersuchen; ausgeprägtem Ego, es mit Gewalt allein schaffen zu wollen.

LIEBE
Für bestehende Partnerschaften gilt es, diese Karte von zwei Seiten aus zu betrachten: a) Die Partnerschaft befindet sich im absoluten Tief, keine Gefühle mehr, keine Liebe, die offen gezeigt wird, doch hat auch keiner den Mut, um auf den Zustand aufmerksam zu machen. Stattdessen stehen sich beide gegenseitig im Weg. b) Eine Notsituation (finanziell, durch Krankheit etc.) schweißt beide zusammen, gemeinsam sind sie stark und werden den Widrigkeiten des Lebens mutig begegnen und kämpfen.

Partnersuchende sollten für den Moment das Suchen einstellen, denn sie würden niemanden finden, mit dem sie wirklich ihr Leben teilen möchten. Ggf. gibt es bei dem Ratsuchenden sogar noch etwas, was er selbst erst verarbeiten oder bereinigen muss, bevor er jemand anderes noch mit in den Schlamassel reinzieht und im schlimmsten Fall „auf die schiefe Bahn“ bringt.

SONSTIGE VERBINDUNGEN
Nicht zahlungswillige Kunden, mit seinen Anliegen allein dastehen, von anderen ausgeschlossen werden, keine Freunde haben oder keine, auf welche man sich in Zeiten der Not verlassen kann. Unter *V MÜNZEN* können sich auch Gruppen finden, die Allgemein nicht toleriert werden, wie z. B. Skinheads, Grufties, Obdachlose u. ä.

BERUF
Arbeitslosigkeit, gescheiterte Versetzung, aufgehobene Beförderung, Streichen von Zusatzgratifikationen, zu geringer Verdienst.

Wer sich selbständig machen möchte und dabei etwas anbietet, was noch nicht unbedingt überall toleriert und akzeptiert wird (wie z. B. besondere alternative Heilmethoden), sollte nicht gleich auf den großen Durchbruch hoffen.

EIGENSCHAFTEN
Im positiven Sinne: Vertraut auf die eigene Stärke, kämpferisch, steckt den Kopf nicht in den Sand.

Im negativen Sinne: Fühlt sich abgelehnt, mutlos, sieht keine Perspektiven, zu stolz, um um Hilfe zu bitten bzw. solche anzunehmen.

GESUNDHEIT
Körperliches Gebrechen, was einen länger zur Ruhe zwingt.

ZEIT
Plötzlich, unerwartet. Für eine längere Zeit anhaltend.

VI MÜNZEN

Die *VI MÜNZEN* umrahmen das Geschehen um einen wohlhabenden Herrn, vor welchem zwei Bettler knien und um Almosen bitten. In seiner linken (= Seite des Schwankens) Hand hält er eine Waage im Gleichgewicht, während er mit der rechten (= Bereinigen von Problemen) einen Teil seines Reichtums an die Bettler verteilt, die die Unterstützung dankbar annehmen. Die Waage lässt den Schluss zu, dass der Herr nicht unüberlegt herausgibt, sondern genau bemisst, inwieweit er von seinem Reichtum abgeben kann, ohne selbst Mangel zu erleiden oder gar in finanzielle Not zu geraten. Doch anstatt sein Geld zum Fenster hinaus zu werfen, unterstützt er jene, die es wirklich brauchen. Während der linke Bettler im hellbraunen Gewand zwar dankbar für den finanziellen Zufluss ist, hat er sich aber mit seinem Leben arrangiert und abgefunden (Bedeutung: Braun). Der rechte Bettler ist zweifelsohne ebenfalls von Dank erfüllt, doch mit seinem grünen Gewand hofft er grundsätzlich, dass sich seine Lebenssituation verbessern möge. Die Karte VI einer Reihe steht für den Weg zum Erfolg, sofern man beharrlich sein Ziel verfolgt. Um den (egal ob finanziell, materiell, emotional etc.) Erfolg zu sichern und gleichwohl wissend, dass das Leben aus Geben und Nehmen besteht, verweisen die *VI MÜNZEN* darauf, niemals mehr zu geben als man tatsächlich erübrigen kann. Weiterhin steht mit dem Geben die Frage im Raum, aus welchen Gesichtspunkten heraus die Hilfe gewährt wird. Mancher ist dazu geneigt, über gewährende Hilfe seine Macht über Schwächere zu demonstrieren (analog zur Abbildung: die Bettler knien, der Herr steht und schaut auf sie herunter).

GRUNDAUSSAGE

Je nach Fragestellung geht es hier vorrangig um die Klärung, ob der Ratsuchende in der Position des Gebenden oder Nehmenden steht. Gehört er zu ersterem, gilt es für ihn darauf zu achten, nicht mehr zu geben als er wirklich erübrigen kann. Ist er auf die Seite jener geraten, die selbst Hilfe brauchen, wäre Hochmut garantiert nicht angebracht, sondern vielmehr ein Annehmen der gebotenen Hilfe. Wenn diese nicht ganz so üppig ausfällt wie erhofft, möge er sich daran erinnern, dass dem anderen zurzeit nicht mehr möglich ist.

VERLAUF

Eine bereichernde Chance → die man nicht so verzweifelt ernst nehmen, sondern ein wenig spielerisch und austestend auf ihren Gehalt prüfen sollte → um sie ggf. noch zu optimieren, um den besten Nutzen daraus zu ziehen → der jedoch keinesfalls darin besteht, vor lauter Arbeit und Schaffen eines sicheren existentiellen Rahmens, die Lebensfreude aus den Augen zu verlieren → denn dann läuft man Gefahr, am Ende in irgendeiner Form zu „verhungern“ (z. B. emotional) oder in einer Sackgasse zu landen, wo es kein Weiterkommen gibt → Zeit, sich an das Prinzip von Geben und Nehmen zu erinnern, ohne überheblich zu sein oder sich als Bettler zu fühlen.

STEHT FÜR ...
Hilfe, Unterstützung, Großzügigkeit, Wohlwollen, Geben und Nehmen, Toleranz, Macht, über den Dingen stehen, Gratifikation, Geschenke, Zugewinn, Hilfsmittel, Ratschlag, Beistand, Notanker, Fürsprache, Gunst.

WARNT VOR ...
Überheblichkeit, Ausnutzen der besseren Position, Geiz, Überschuldung, Unterdrückung, Undankbarkeit, Vergeltung.

LIEBE
In Partnerschaften gilt es zu hinterfragen, ob hier Geben und Nehmen im ausgewogenen Verhältnis zueinander stehen, damit die Beziehung funktionieren kann. Wenn allerdings einer schon das Gefühl hat, von dem anderen abhängig zu sein, um seine Gunst und Aufmerksamkeit bitten zu müssen, sollte rasch wieder ein Gleichgewicht hergestellt werden.
Partnersuchende treffen auf jemanden, der gerne erobert werden möchte, wobei der Suchende es fast schon als gnadenvolles Geschenk empfinden soll, dass *ausgerechnet er* jene Person getroffen hat und um deren Gunst sich bemühen *darf*.
<u>*Hinweis:*</u> Devotes Verhalten in der Sexualität.

SONSTIGE VERBINDUNGEN
Hilfreiche Freunde, Vereine oder Verbände, die Schwächere und Bedürftige unterstützen. Spendenaktion. Gewähren von Darlehen oder auch finanzieller Unterstützung aus dem näheren Umfeld (meist niedriger als erhofft).

BERUF
Kollegen/innen helfen, aber auch sich selbst helfen lassen. Im Team kann oftmals viel mehr erreicht werden, als im Alleingang. Zusatzgratifikation. Anerkennung erhalten. Auf dem Weg die Karriereleiter hinauf darauf achten, sich immer nur so viel zuzutrauen und neu hinzuzulernen, wie man auch tatsächlich bewältigen kann.

EIGENSCHAFTEN
Im positiven Sinne: Teilt gern, hilfsbereit, erfolgreich, tolerant, aufmerksam, hat ein großes Herz, versorgend, sich kümmernd, kann gut mit Geld umgehen.
Im negativen Sinne: Selbstsüchtig, geizig, kann nicht mit Geld umgehen, verschuldet. Handelt nur, wenn er eigenen Nutzen daraus ziehen kann, überheblich, lässt andere ihre Abhängigkeit spüren, ausnutzend.

ZEIT
Von kurzer Dauer.

<u>*Anmerkung:*</u> Die Zeitangabe bezieht sich allerdings nur auf Negativ-Situationen bzw. Personen, die in die Rolle des Nehmenden gefallen sind, bei denen nach dem zeitlichen Rahmen gefragt wird, wie beispielsweise „Wie lange wird der finanzielle Engpass anhalten?“
Für alle anderen, die in der Rolle des Gebenden verweilen, kann der gute Zustand unendlich anhalten, wenn sie sich an das ausgewogene Verhältnis von Geben und Nehmen und den Hinweisen, niemals mehr zu geben als sie erübrigen können, halten.

VII MÜNZEN

Auf der Karte *VII MÜNZEN* legt ein Mann eine Pause bei seiner Gartenarbeit ein, hat sich auf den Stiel eines Gartengerätes zur Bearbeitung des fruchtbaren Bodens gestützt und schaut zufrieden auf einen grünen Busch. Obwohl der Acker scheinbar zur selben Zeit bestellt wurde, ist das Wachstum beider Sträucher sehr unterschiedlich. Während einer ein dichtes Blattwerk bietet, an welchem bereits sechs Münzen am Emporwachsen sind, hat es eine siebte Münze geradeso geschafft, sich an zwei Trieben am Boden des zweiten Busches sichtbar zu machen. Mit der VII. Karte einer Reihe aus der kleinen Arkana geht es um das Sichtbare/Spürbare, was man erreicht hat aufgrund vorangegangener Handlungen. In diesem Fall hat sich die geduldige Arbeit des Gärtners zumindest auf einer Seite gelohnt: durch die regelmäßige Pflege, das Gießen und Düngen des Buschwerkes sowie die natürlichen Nährstoffe von Mutter Erde konnte der Strauch gedeihen und fängt nun an, Früchte in Form der Münzen zu tragen. Doch muss er sich auch die Frage stellen, warum das mit dem zweiten gepflanzten Strauch nicht geklappt hat, wo da ein Fehler unterlaufen ist und ob dieser Fehler möglicherweise auf ihn zurückzuführen ist. In jedem Fall wird deutlich veranschaulicht, dass manche Dinge einfach schneller reifen als andere und man sich den Gegebenheiten anpassen sollte, wenn man den natürlich Wuchs nicht vorzeitig unterbrechen möchte.

GRUNDAUSSAGE
Der Ratsuchende mag entsprechende Vorarbeit geleistet haben, um sein Ziel zu erreichen. Doch nun ist die Zeit des Wartens angebrochen, bis er den tatsächlichen und erwünschten Gewinn aus seinem Tun erzielen kann. Auch wenn manches länger dauert, heißt es noch lange nicht, dass es verloren ist oder nichts mehr daraus wird.
Nur wenn sich auch nach wirklich langer Zeit gar nichts mehr tut, dann wird der Ratsuchende aufgefordert, noch einmal zurückzuschauen und zu prüfen, wo im System der Haken war, der den Fluss des Gedeihens unterbrochen hat.

VERLAUF
Eine bereichernde Chance → die man nicht so verzweifelt ernst nehmen, sondern ein wenig spielerisch und austestend auf ihren Gehalt prüfen sollte → um sie ggf. noch zu optimieren, um den besten Nutzen daraus zu ziehen → der jedoch keinesfalls darin besteht, vor lauter Arbeit und Schaffen eines sicheren existentiellen Rahmens, die Lebensfreude aus den Augen zu verlieren → denn dann läuft man Gefahr, am Ende in irgendeiner Form zu „verhungern" (z. B. emotional) oder in einer Sackgasse zu landen, wo es kein Weiterkommen gibt → Zeit, sich an das Prinzip von Geben und Nehmen zu erinnern, ohne überheblich zu sein oder sich als Bettler zu fühlen → womit der erste Schritt aus der desolaten Situation der Sackgasse heraus getan wäre.

STEHT FÜR ...
Geduld, langsames Wachstum, Zeit des Stillstandes, in seiner Handlungsfähigkeit eingeschränkt sein, Atempause, Ausdauer, Rückschau halten, alte Arbeiten auf ihre Funktionalität prüfen, Erfolg über den langen Weg.

WARNT VOR ...
unnötigem Einschreiten, lautstarkes Aufmerksam machen bei Fehlern, seinen Einsatz verpassen, schlechten Geschäften, Gutgläubigkeit, seine Kräfte falsch einzusetzen, falsche Entscheidungen, Fehlschläge.

LIEBE
Diese Partnerschaften hören nie auf zu wachsen, werden reifer von Jahr und Jahr, solang beide in die gleiche Richtung gehen und miteinander Schritt gehalten wird. Wer seinen Partner allerdings verletzt oder anderweitig etwas getan hat, was für die Beziehung eher schädlich denn förderlich war, sollte genau prüfen, wie er damit umgeht: einfach still bleiben, nichts sagen, nichts tun und einen auf „unschuldig machen" wäre sicherlich der falsche Weg und würde das Vertrauen vollends zerstören.
Partnersuchende gehen u. U. mit zu hohen Erwartungen auf die Suche und kehren dann alleine wieder heim. Suchende mögen ihr Auftreten und Wirken auf andere prüfen, sollten aber nicht die Geduld verlieren, sondern darauf vertrauen, zu einem späteren Zeitpunkt den passenden Partner fürs Leben zu finden.
Aber auch: eine Liebe, die sich über den langen, manchmal auch erst freundschaftlichen Weg aufbaut.
Hinweis:
Karte der (noch) unerfüllten Schwangerschaft.

SONSTIGE VERBINDUNGEN
Prüfen, ob die Aufwendungen im angemessenen Verhältnis zum späteren Gewinn stehen, ob sich die Zeit des Wartens wirklich lohnt, ob langfristige Projekte in der Tat noch so erfolgversprechend sind, wie heute vermutet wird. Zu viel Arbeit – zu wenig Gewinn. Freundschaften, die sich über einen längeren Zeitraum entwickeln. Schauen, welche Freunde wirklich für einen da sind und welche nicht. Nichts verleihen (z. B. Geld), wenn man nicht wirklich sicher sein kann, es auch zurückzubekommen.

BERUF
Wer beharrlich an seiner Karriere bastelt, kann vieles erreichen (*Vom Tellerwäscher zum Millionär*). Doch wenn einem unterwegs die Luft ausgeht und man glaubt, man könne nun die Abkürzung nehmen und mit Gewalt die Karriereleiter emporsteigen, dann würde das bisher Erreichte aufs Spiel gesetzt werden.

EIGENSCHAFTEN
Im positiven Sinne: Geduldig, erfolgreich, verlässlich.
Im negativen Sinne: Leichtsinnig, ungeduldig, untätig, vergeblich, spontan und übereifrig.

ZEIT
Mit Geduld, über den langen Weg.

VIII MÜNZEN

Ein junger Steinhauer sitzt auf der Karte *VIII MÜNZEN* auf einer Bank und meißelt die Konturen des Fünfsterns auf den Münzen nach. Die fertigen Scheiben hat er fein säuberlich übereinander aufgehängt, um den Überblick nicht zu verlieren, den Fortschritt seines Schaffens im Auge zu behalten und unter Umständen auch anderen, die ggf. die Münzen begutachten möchten, von der Qualität seiner Arbeit zu überzeugen. Da die Konturen des Fünfsterns auch auf den am Boden befindlichen Münzen schon erkennbar sind, darf davon ausgegangen werden, dass der junge Mann seine geleistete Arbeit noch einmal prüft und durch nochmaliges Nacharbeiten verbessert, um eine wirklich gute Qualität abzuliefern. Durchaus ist es auch möglich, dass er von seinem Meister dazu angehalten wurde, dieses noch einmal zu tun, weil seine zuerst abgelieferte Arbeit nicht den Qualitäten und Erwartungen seines Meisters und denen der Kunden entsprach. Hierzu hat er sich einen Platz fernab der Stadt, welche im Hintergrund zu sehen ist, ausgesucht, um für die Zeit seines Lernens und Wirkens allein zu sein, nicht abgelenkt zu werden und möglichen Bemerkungen von Besserwissern nicht ausgesetzt zu sein. So hat er zudem die Ruhe, sich auch auf die Feinheiten seiner Arbeit zu konzentrieren. Die VIII. Karte aus der Reihe der kleinen Arkana erinnert an das Weitermachen. Vielleicht gelingt einem dabei nicht sofort der *große Wurf* oder es geht langsamer vonstatten, als einem lieb ist. Doch möglicherweise sind es gerade die kleineren Schritte zum Erfolg. Doch bekanntermaßen ist noch *kein Meister vom Himmel gefallen* – aber durch beständiges Lernen und Üben kann ein jeder ein Meister werden.

GRUNDAUSSAGE

Das Leben ist ein ständiger Lernprozess: Gelerntes kann noch verbessert, Neues sollte frei von Selbstüberschätzung angegangen werden. Dabei spielen weder Bildung noch Lebensalter eine Rolle. Allein die Hingabe, mit der man sich der Angelegenheit zuwendet, entscheidet über das Gelingen. Etwas Großes besteht aus vielen kleinen Mosaiksteinchen, doch häufig ist es ein winziges Detail, welches übersehen wird und den Gesamteindruck schmälern könnte. Insofern gilt es sich in Geduld und Achtsamkeit zu üben in der Gewissheit, dass Übung den Meister macht und so mancher Erfolgsmagnat seine Karriere auch einst erst mit Botengängen begann.

VERLAUF

Eine bereichernde Chance → die man nicht so verzweifelt ernst nehmen, sondern ein wenig spielerisch und austestend auf ihren Gehalt prüfen sollte → um sie ggf. noch zu optimieren, um den besten Nutzen daraus zu ziehen → der jedoch keinesfalls darin besteht, vor lauter Arbeit und Schaffen eines sicheren existentiellen Rahmens, die Lebensfreude aus den Augen zu verlieren → denn dann läuft man Gefahr, am Ende in irgendeiner Form zu „verhungern“ (z. B. emotional) oder in einer Sackgasse zu landen, wo es kein Weiterkommen gibt → Zeit, sich an das Prinzip von Geben und Nehmen zu erinnern, ohne überheblich zu sein oder sich als Bettler zu fühlen → womit der erste Schritt aus der desolaten Situation der Sackgasse heraus getan wäre → und sozusagen *die Kurve genommen wurde*, um gerade auch dem Ziel der langfristigen Sicherheit näher zu kommen.

STEHT FÜR …
klein anfangen, Aufrichtigkeit, Feinfühligkeit, auf Kleinigkeiten achtend, Geschick, am Ball bleiben, Kontinuität, erfolgreiche Entwicklung, Präzision, in kleinen Schritten, Zufriedenheit, Disziplin, Beharrlichkeit.

WARNT VOR …
fehlendem Ehrgeiz, keine Motivation, ohne Struktur, sich im Detail verlieren, zu hoher Selbstüberzeugung, mangelndem Respekt, zu hoher Erwartungs- und Anspruchshaltung.

LIEBE
Schon länger bestehende Partnerschaften oder neu eingegangene Beziehungen, die von Dauer sein können. Voraussetzung ist allerdings, dass man sich nicht im täglichen Einerlei verliert, sondern immer wieder die Beziehung pflegt und mit der nötigen Aufmerksamkeit versorgt.
Partnersuchende erleben die zarten Bande und vorsichtigen Annäherungsversuche, die zu einer festen Beziehung führen können.
Hinweis:
Auch die Karte des Neuanfangs – entweder mit einem neuen Partner oder einem Ex.
Sehr zärtliche Sexualität und stets neues, neugieriges wie liebevolles Kennenlernen des Partners, egal wie lange man sich schon kennt – es gibt immer etwas Neues zu entdecken.

SONSTIGE VERBINDUNGEN
Freundschaften, die sich oftmals über Jahre und Jahrzehnte hinweg entwickelt haben und gepflegt werden. Dabei muss man sich gar nicht alle paar Tage sehen oder sprechen und es ist vollkommen egal, wie weit man voneinander entfernt wohnt. Begegnungen mit Menschen, die Interessantes ausüben oder Vielseitiges erlebt haben, die einem in irgendeiner Weise – bewusst oder unbewusst – mit ihrer Art und Weise hilfreich sein können. Eingehen von Verträgen, die über eine lange Laufzeit angelegt sind.

BERUF
Meister seines Fachs, hat eine sehr gute, eventuell auch strenge Ausbildung genossen und ist entsprechend qualifiziert. Nicht auf seinen Erfolg ausruhen, sondern diesen weiter ausbauen.
Ausbildung, Weiterbildung, Umschulung.

EIGENSCHAFTEN
Im positiven Sinne: Umsichtig, feinfühlig, aufrichtig, geschickt, ruhig, bescheiden, sehr ehrlich, sorgfältig, schüchtern, zärtlich, liebevoll, geduldig, lernbereit, achtsam.
Im negativen Sinne: Ungeduldig, selbstüberschätzend, von sich eingenommen, eingebildet, eitel, sich verzettelnd, faul, zu bequem, unachtsam, respektlos, besserwisserisch.

ZEIT
Etwas ist schon in der Entwicklung, doch dauert es noch, bis es greifbar ist. Über den längeren Weg, mit Geduld.

IX MÜNZEN

Mit den *IX MÜNZEN* nähert sich diese Reihe auch gemäß der Aussage ihrer Platzierung (9. Karte) der Vollendung. Eine Frau steht in einem eleganten langen Kleid mit tiefen Ärmeln inmitten eines Weinanbaus. Die abgebildeten Blumen auf ihrem Gewand entsprechen dem Zeichen des Fruchtbarkeitssymbols. Ihre linke Hand hat sie durch einen Handschuh geschützt, auf ihr sitzt ein junger Bussard. Der Bussard symbolisiert die Jagd nach Beute, der er sich in nahezu lautlosem Schwebeflug nähert, bevor er sich im günstigsten Augenblick auf sein Opfer stürzt. Analog hierzu sind auch die Weinblätter als Ankündigung eines günstigen Zeitpunktes zu betrachten, zudem die reichhaltig vorhandenen Weinreben die Fruchtbarkeit und das gute Gelingen veranschaulichen, Aussicht stellen auf ein schönes Leben, um die süßen Trauben als Ernte geleisteter Arbeit endlich kosten und genießen zu können. Ganz winzig ist im Vordergrund eine Schnecke erkennbar. Sie setzt unbeirrt ihren Weg fort, verkriecht sich nicht in ihrem Schneckenhaus, wohl wissend darum, dass der Bussard gesättigt ist und er sie nicht zu seinem Opfer machen wird. Die Schnecke, ohnehin schon ein kleines Tier, ist auf dieser Karte allerdings so winzig abgebildet, dass sie – wenn man ihr langsames, kriechendes Vorankommen überträgt auf die Bedeutung eines zeitlichen Geschehens – nur noch eine äußerst untergeordnete Rolle erfüllt und somit die längste Zeit der Geduld und des Abwartens vorüber ist und sich hinterfragte Themen sehr rasch entwickeln können. Diese zeitliche Zuordnung steht auch in Übereinstimmung mit dem Bussard: während er erst gemächlich seine Kreise in den Lüften zieht, kann er sich in Windeseile im nächsten Moment schon auf sein Opfer stürzen. Und wie der Bussard sich nach einer anstrengenden Jagd auf dem Arm seiner Besitzerin ausruhen kann, kann dieses die Schnecke ihm gleichtun, indem sie sich in ihr Schneckenhaus zurückzieht, wenn sie erschöpft ist. So symbolisieren beide Tiere sowohl die Bedeutung des Innehaltens in Zeiten der Überbeanspruchung wie auch des Maßhaltens (= der Bussard ist bereits gesättigt und macht sich die Schnecke deswegen nicht zur Beute).

GRUNDAUSSAGE

Der Ratsuchende kommt in eine Zeit, die geprägt ist von Glück und Zugewinn als Ergebnis nicht nur seines Geschicks, sondern auch eines ausgewogenen Zusammenspiels von Agieren und Pausieren. Er hat die Erkenntnisse und Aufgaben seines Lebens gemeistert und darf sich, sofern gewünscht, nun auch an neue oder unbekannte Themen heranwagen. Seine Haltung und Einstellung entspricht dem eines innerlich ausgewogenen Menschen, der nicht mehr ruhelos auf der Suche nach neuen Möglichkeiten ist. Er öffnet sich diesen erst, wenn er alles andere erledigt weiß und sich selbst dazu bereit empfindet, neuen Herausforderungen gewachsen zu sein bzw. er sie für notwendig erachtet.

VERLAUF

Eine bereichernde Chance → die man nicht so verzweifelt ernst nehmen, sondern ein wenig spielerisch und austestend auf ihren Gehalt prüfen sollte → um sie ggf. noch zu optimieren, um den besten Nutzen daraus zu ziehen → der jedoch keinesfalls darin besteht, vor lauter Arbeit und Schaffen eines sicheren existentiellen Rahmens, die Lebensfreude aus den Augen zu verlieren → denn dann läuft man Gefahr, am Ende in irgendeiner Form zu „verhungern“ (z. B. emotional) oder in einer Sackgasse zu landen, wo es kein Weiterkommen gibt → Zeit, sich an das Prinzip von Geben und Nehmen zu erinnern, ohne überheblich zu sein oder sich als Bettler zu fühlen → womit der erste Schritt aus der desolaten Situation der Sackgasse heraus getan wäre → und sozusagen *die Kurve genommen wurde*, um gerade auch dem Ziel der langfristigen Sicherheit näher zu kommen → sodass beglückende Gegebenheiten nicht mehr lange auf sich warten lassen.

STEHT FÜR …

Freude, Überraschung, schöne Begegnungen, tolle Möglichkeiten, Wende zum Guten, kluges Handeln, in der Ruhe liegt die Kraft, Erfüllung, fantastische Entwicklung, Achtung haben, Respekt zeigen, kluges Köpfchen, viel Wissen, Intelligenz, Sicherheit, finanziellen Aufschwung, Glück, mit sich im Einklang sein, Umwelt/Natur, lange auf etwas gehofft und wenn „es“ da ist, ist es doch irgendwie überraschend.

WARNT VOR …

Betrug, Achtlosigkeit, das Leben nicht mehr wertschätzen, Mitmenschen/Umwelt als zu selbstverständlich zu betrachten, Gier, Habsucht, ständiger Suche nach irgendwas, Überbeanspruchung.

LIEBE

Bei krisenhaften Verbindungen wird erkannt, was man an seinem Partner hat, mit dem Bemühen, die Gemeinsamkeiten wieder mehr zu genießen und wertzuschätzen. Sollten bestehende Beziehungen unter der Hektik des Alltags oder sonstigen negativen Beeinflussungen gelitten haben, kehrt nun eine Zeit der Ruhe und schönen Zweisamkeit ein.

Für Partnersuchende hat das Suchen plötzlich ein Ende. Das gesuchte Gegenstück fällt einem wie aus heiterem Himmel fast vor die Füße. Also: unters Volk mischen und schon mal die Arme ausstrecken, damit Sie Ihren künftigen Liebling sanft auffangen können.

<u>Hinweis:</u> Sehr sinnliche Sexualität. Karte der Schwangerschaft (egal ob gebunden oder nicht).

SONSTIGE VERBINDUNGEN

Freunde sind einem wieder wohlgesonnener, der Umgang ist höflicher. Die Vergangenheit war nicht immer schön, doch war sie wichtig, um jetzt zu genießen. Wer schon länger mit der Entwicklung von Verträgen beschäftigt war oder bemüht darum, den Kontakt zu seinem Menschen herzustellen oder auch auszubauen, hat nach langer „Vorarbeit“ auf einmal das Gefühl, als wäre ein Knoten geplatzt und es funktioniert, als hätte es nie die Zeit des Wartens gegeben.

Weiterhin: Verträge, in die man einmal eingezahlt hat und bis zu einem bestimmten Zeitpunkt Gewinn bringen sollen und werden, ebenso wie über einen längeren Zeitraum angelegte Verträge, die durch regelmäßiges Einzahlen an Wert zunehmen und in ein paar Jahren einen gesicherten Lebensabschnitt bieten.

BERUF

Vielleicht hat man auf seinem Weg dorthin manches Mal (sei es gerechtfertigt oder auch nicht) Kritik einstecken müssen, waren manche Stufen auf der Karriereleiter auch hart zu erklimmen – nun ist man am Ziel, ist dort angelangt, wo man hin wollte.
Für Arbeitssuchende (egal ob aufgrund von Arbeitslosigkeit oder des Wunsches nach Veränderung) hat die längste Zeit des Wartens ein Ende: ganz plötzlich hält man den ersehnten Arbeitsvertrag in Händen.
Beförderung, Versetzung, Anerkennung, gesicherte Anstellung.

EIGENSCHAFTEN

Im positiven Sinne: Genussfreudig, genießerisch, vorsichtig, zurückhaltend, naturverbunden, gebildet, fantasievoll, diskret, in sich ruhend, geduldig, spielt nicht mit den Emotionen seiner Mitmenschen, hilfsbereit, ist nicht mehr auf der Suche nach dem Sinn des Lebens, sondern lebt diesen.
Im negativen Sinne: Bestechlich, hoffnungslos, achtlos, unzufrieden, weiß das Leben und auch Freundschaften nicht zu schätzen, rastlos, ständig auf der Suche, kann keine Ruhe geben, „Jäger auf Beutefang": anstatt zu versuchen, mit sich selbst ins Reine zu kommen, zeigt er nur auf die vermeintlichen Fehler der anderen.

ZEIT

Nach einer gewissen Zeit des Abwartens und wenn man schon fast gar nicht mehr damit rechnet: spontan und überraschend, ohne weitere lange Planung.
März/April.

Arthur Edward Waite
(* 02.10.1857 in New York – † am 19.05.1942)

X MÜNZEN

Auf der Karte *X MÜNZEN* sind eine Frau mit Kind sowie ein Mann auszumachen, die unter einem Torbogen stehen. Wobei das Kind versucht, sich hinter seiner Mutter versteckt zu halten, mit seiner linken Hand einen Hund streichelt und neugierig zu einem alten Mann mit weißem Haar schaut, welcher vor dem Torbogen sitzt. Die Karte spiegelt den Wohlstand des Elternpaares wider, dessen Hab und Gut durch die Hunde bewacht wird und die bei Gefahr anschlagen, um ihre Besitzer zu warnen. Die Hunde haben zwar (im Gegensatz zu dem Elternpaar) den alten Mann schon wahrgenommen, doch scheinen sie bei ihm keine Gefahr zu wittern: einer der Hunde lässt sich, vor ihm sitzend, bereitwillig streicheln, während der andere ruhig vor ihm steht und aufmerksam beobachtet. Das Gewand des alten Mannes ist u. a. mit Weinblättern verziert, die in der Kartomantie das wahre Erkennen symbolisieren und Teil der Weinreben sind, die das Genießen eines schönen Lebens repräsentieren. Doch geht es hier nicht nur um die materiellen Werte. Die Anordnung der *X MÜNZEN* erfolgte in Form des Kabbala-Baumes. Die Kabbala findet ihren Ursprung im Judentum und diente der Suche im Umgang mit Gott. Unseren heutigen zeitlichen Ansprüchen entsprechend (und nachdem die Kabbala längst nicht mehr nur allein in der jüdischen Religion Beachtung findet) verweist der Kabbala-Baum somit auch auf die geistigen/spirituellen Wertmaßstäbe, wie auch den Glauben und das Vertrauen an das Göttliche. So sind es auf dieser Karte gerade auch das Kind mit seiner Neugierde und die Hunde mit ihren Instinkten, die darauf verweisen, dass das Leben voller Geheimnisse sein kann, es immer wieder etwas zu entdecken gibt und man niemals die Augen verschließen sollte, selbst wenn es einem nach eigenem Ansinnen rundherum gut geht. Die X einer Reihe kündigt den Übergang in eine neue Phase an. In diesem Fall macht es deutlich, dass man niemals so reich sein kann, als dass es nicht noch etwas Neues zu entdecken gäbe. Und wenn dieses nicht materiell ist, dann zumindest auf der zwischenmenschlichen wie geistigen Ebene (symbolisiert durch den alten Herrn am Wegesrand).

GRUNDAUSSAGE

So gebildet und/oder so reich kann niemand sein, als dass das Leben nicht doch immer noch etwas Interessantes zu bieten hätte. Zu erkennen, was man hat, ist okay. Doch sollte der Ratsuchende nicht zu sehr daran klammern und nur noch den Blick auf sein Hab und Gut fixieren. Im Leben dreht sich vieles ums Geld, aber eben nicht alles. Unter Umständen finden sich diese Bereicherungen über Personen, Situationen oder Orte, von denen der Ratsuchende normalerweise den Blick abwenden würde und manchmal kann die persönliche Bereicherung schon darin bestehen, indem man einem musizierenden Bettler ein paar Euro in den Hut wirft.

VERLAUF

Eine bereichernde Chance → die man nicht so verzweifelt ernst nehmen, sondern ein wenig spielerisch und austestend auf ihren Gehalt prüfen sollte → um sie ggf. noch zu optimieren, um den besten Nutzen daraus zu ziehen → der jedoch keinesfalls darin besteht, vor lauter Arbeit und Schaffen eines sicheren existentiellen Rahmens, die Lebensfreude aus den Augen zu verlieren → denn dann läuft man Gefahr, am Ende in irgendeiner Form zu „verhungern“ (z. B. emotional) oder in einer Sackgasse zu landen, wo es kein Weiterkommen gibt → Zeit, sich an das Prinzip von Geben und Nehmen zu erinnern, ohne überheblich zu sein oder sich als Bettler zu fühlen → womit der erste Schritt aus der desolaten Situation der Sackgasse heraus getan wäre → und sozusagen *die Kurve genommen wurde*, um gerade auch dem Ziel der langfristigen Sicherheit näher zu kommen → sodass beglückende Gegebenheiten nicht mehr lange auf sich warten lassen → und man seine persönlichen Vorstellungen von Reichtum (nicht nur materiell, auch beruflich, emotional etc.) erreicht.

STEHT FÜR …

Wohlstand, es geschafft haben, Familie, Familienleben, Verantwortung, Verpflichtung, Zuhause, Sicherheit, feste Basis, Gewinn, Gemeinschaft, Schutz, Eigentum, Eigenheim, Heimat, Herkunftsfamilie, Erbschaft, neuer Lebensabschnitt, Veränderung, materieller/geistiger/spirituelle Reichtum, instinktiv das Richtige tun, auch minder begabten oder mittellosen Mitmenschen seine Aufmerksamkeit schenken, festes Zueinanderhalten, Lebensfreude, Lebensglück.

WARNT VOR …

Verlust, Abhängigkeit, seinen Besitz aufs Spiel zu setzen, Glücksspiele.

LIEBE

In dieser Partnerschaft stimmt alles: trautes Heim, gesicherte Verhältnisse, um die Qualitäten und Defizite des Partners wissend, kurz: eine feste, sorglose Beziehung. Hier sind es oftmals die kleinen Überraschungen (statt großer Geschenke), mit denen man das Level des Glücks noch anheben könnte.

Partnersuchende können ihren Lebenspartner jetzt finden und mit ihm die Freuden des Lebens und der Liebe nicht nur in vollen Zügen genießen, sondern sich auch langfristig eine wertvolle (materiell wie emotional) gemeinsame Basis schaffen.

*Hinweis:*Karte der Schwangerschaft (egal ob gebunden oder nicht).

SONSTIGE VERBINDUNGEN

Neue Freundschaften, Gewinn bringende Aufträge, langfristig gute Projekte.

BERUF

Guter Umsatz, Aufschwung, gesicherte Arbeitsplätze, gewinnbringende Auftragslage.

EIGENSCHAFTEN

Im positiven Sinne: Genießerisch, teilt gern, wertvoll, reich, stabil, kommt seinen Verpflichtungen nach, übernimmt Verantwortung, hält sich an seine Zusagen, erfreut sich am Leben, begegnet auch Menschen außerhalb seiner eigenen Gesellschaftsschicht mit Respekt.

Im negativen Sinne: Klammernd, engstirnig, finanziell abhängig, abwertend gegenüber Minderbegabten oder Menschen außerhalb seiner eigenen Gesellschaftsschicht, respektlos, hält das, was er hat oder ihm geboten wird (z. B. bei Kindern reicher Eltern) für völlig selbstverständlich.

PAGE DER MÜNZEN

Der *PAGE DER MÜNZEN* steht in einer grünen Landschaft, im Hintergrund eine kleine Waldlichtung sowie ein bläulich eingefärbter Berg. Es wirkt, als balanciere er eine Münze mit seinen Händen. Seine Körperhaltung ist leicht, beschwingt, sein Blick faszinierend. Ihm ist wohl noch nicht ganz klar, wozu diese Münze dienlich sein kann. Doch als *PAGE DER MÜNZEN* liegt ein Teil seines Naturell in der Neugierde an allem Neuen und Unbekannten. Er ist noch zu jung, um schon zu wissen, wofür die Münze ihm hilfreich sein kann, doch da die Pagen einer Reihe für Chancen und Impulse stehen, wird er seinen Ideenreichtum nutzen, um die Antwort darauf zu bekommen, auch wenn es vielleicht ein bisschen länger dauern mag, bis er das notwendige Wissen darum gewonnen hat (symbolisch hierfür: der Berg im Hintergrund, wobei die bläuliche Einfärbung für das geistige Wachstum steht). Das Grün der Landschaft sowie der kleinen Waldlichtung, ebenso wie seiner Kleidung, verweisen aber darauf, dass es sich hierbei um eine bereichernde Möglichkeit handelt. Dabei muss es nicht zwangsläufig etwas Materielles/Finanzielles sein. Durchaus kann es sich auch um eine bewusste Hilfe beim Bewerkstelligen von irgendwelchen Anliegen ebenso handeln wie auch um die unbewusste Unterstützung allein z. B. durch das Verhalten eines Mitmenschen. Wenn einem allerdings das berühmte „Licht aufgegangen" ist, sollte man den Gedanken aber auch unbedingt Taten (rote Kopfbedeckung) folgen lassen.

GRUNDAUSSAGE

Welches Problem den Ratsuchenden auch immer belasten mag, er darf darauf vertrauen, dass er die nötige Unterstützung erfahren wird, wenn er bereit ist, sich umzuschauen, darum zu fragen, diese anzunehmen und vor allen Dingen dann auch Folge zu leisten. Ganz egal, ob der Ratsuchende in einem konkreten Fall der Unterstützung bedarf oder ein Angebot „wie aus heiterem Himmel" auf ihn zukommt: es heißt zuzugreifen und das Beste daraus zu machen.

STEHT FÜR ...

entschlossenes Vorgehen, tüchtige Unterstützung, Chance, hilfreiche Impulse, wertvolles Angebot, Neugierde, Faszination, Erfahrungen sammeln, Nachrichten, Lernbereitschaft, Konzentration, gute Gelegenheiten, Fleiß, Engagement, verborgene Talente, großes Interesse, wertvoller Ratschlag, gute Gedanken, Hilfe, Entgegenkommen.

WARNT VOR ...

Selbsttäuschung, Vergeuden seiner Fähigkeiten und Talente, nicht nachvollziehbarem Handeln und Denken.

LIEBE

Partnerschaften, deren Wert noch nicht erkannt wurde; oftmals Beziehungen im Anfangsstadium oder auch Beziehungen, deren weiterer Verlauf allein mit dieser Karte noch nicht absehbar ist. Von „Langfristigkeit" sollte aber eher nicht ausgegangen werden. Es ist mehr ein „Hineinfühlen in die Liebe".

Partnersuchenden wird jetzt jemand über den Weg laufen, der auf Anhieb emotional gefangennimmt, zauberhaft, begehrenswert und äußerst liebenswürdig daherkommt. Ob der Zauber allerdings tatsächlich anhält, bleibt offen.

SONSTIGE VERBINDUNGEN
Gute vertragliche Angebote/Möglichkeiten, um sich abzusichern oder einfach das finanzielle Polster aufzubessern. Unterstützung und Hilfe von Freunden und Bekannten, auch wenn die Beziehungen bisher eher oberflächlich waren oder sich wohl auch niemals wirklich vertiefen werden. Doch in der Not hält man zueinander.

BERUF
Neuer Arbeitsplatz. Ferienjob, Zweitjob. Schule, Studium, Weiterbildung.
Wer noch auf der Suche nach seinem Traumjob ist, bekommt mit dem *PAGE DER MÜNZEN* möglicherweise die Chance, die Zeit bis zur erfolgreich abgeschlossenen Suche mit einer anderen Tätigkeit zu überbrücken.

EIGENSCHAFTEN
Im positiven Sinne: Flexibel, lernbegierig, praktisch, ideenreich, interessiert, faszinierend, fleißig, engagiert, talentiert, hilfsbereit.
Im negativen Sinne: Widerspenstig, verschwenderisch, nutzt seine Talente nicht.

PERSONENKARTE
- Junger Mensch (weiblich/männlich), Schüler, Azubi, Student – meistens dunklerer Typ, hilfsbereit und engagiert.
- Bote/Überbringer.
- Freund(in).

RITTER DER MÜNZEN

Der *RITTER DER MÜNZEN* sitzt aufrecht auf seinem Pferd, welches zum Stehen gekommen ist inmitten einer unebenen Landschaft. Er hat das Visier seines Helmes hochgeklappt, hält mit der linken Hand straff die Zügel des Pferdes, während er auf der Handfläche seiner rechten Hand die Münze balanciert. Doch sein Blick ist nicht auf die Münze gerichtet, sondern er schaut geradeaus auf das, was weiter vor ihm liegt, es wirkt, als ob er jemandem entgegen schaut, dem er für seine Verdienste die Münze als Zeichen der Anerkennung überreichen möchte. Seine Ausrüstung und das reichhaltige Geschirr, mit welchem das Pferd geschmückt wurde, lassen erahnen, dass der *RITTER DER MÜNZEN* einen gewissen Wohlstand erreicht hat, verweist darüber hinaus auf Beständiges, manchmal aber auch zu Starres, was das Fortbewegen u. U. erschweren könnte. Ritter verkörpern Stimmungen und Atmosphären. In der Haltung dieses Ritters und dem bewegungslosen Geradestehen des Pferdes verbirgt sich das Unerschütterliche, Krisenfeste wie auch Zuverlässige.

GRUNDAUSSAGE
Wonach der Ratsuchende auch immer gefragt hat, es gilt seine Haltung zu überprüfen: Möglicherweise ist er selbst nicht flexibel genug, um voranzukommen, vielleicht in eine starre oder sture Haltung verfallen, statt zumindest ein klein wenig Nachsicht zu üben, um die Dinge voranzutreiben. In Bezug auf verlockende Angebote oder spontane Ideen gilt allerdings die Kehrseite der Medaille vom *RITTER DER MÜNZEN*: was einem lieb und teuer ist, sollte man nicht leichtsinnig aufs Spiel setzen.

STEHT FÜR …
Geduld, Gefühle/Liebe „kaufen", Zielstrebigkeit, Sturheit, Gewinn, Entschiedenheit, Sicherheit, Fortschritt, Unterstützung, Fleiß, Routine, Beständigkeit, Verteidigung, Standhaftigkeit. Pause/Urlaub.

WARNT VOR …
Erstarren, Monotonie, Oberflächlichkeit, Faulheit, Dogmatismus.

LIEBE
Eine Partnerschaft, an der stets und ständig irgendwie „gearbeitet" wird/wurde, um sie noch fester, noch stabiler, noch sicherer zu machen. Doch Geld ist nicht alles und Gefühle lassen sich mit Geld nicht kaufen. Da beide wissen, was sie aneinander haben und dieses nicht aufs Spiel setzen, findet man beim *RITTER DER MÜNZEN* die tiefe Treue zueinander. Ob das aber auch immer tiefe Liebe ist, bleibt offen.
Partnersuchende haben kein Interesse an kurzfristigen Erlebnissen, sondern bevorzugen (nun) das Beständige. Es ist zu finden, doch muss geprüft werden, ob die Gefühle echt sind oder nur freudiger Ausdruck der existentiellen Sicherheit ist, die hier mitgebracht wird.

SONSTIGE VERBINDUNGEN
Krisenfeste Unternehmungen, zuverlässige Freunde, langjährige Freundschaften, denen aber so manches Mal die Spontaneität abhanden gekommen ist. Gelder sind häufig langfristig angelegt oder es ist Kapital in Form von unbeweglichen Werten (wie z. B. Grundstücken, Häusern etc.) vorhanden.

BERUF
Sehr routiniertes und professionelles Arbeiten, krisenfester Job, erfolgreiche Firma, aber: immer dasselbe, nichts Neues – was sich auch nicht ändern wird. Wenn ein Ratsuchender nach beruflicher Veränderung fragt, wäre hier erst einmal entgegenzuhalten, ob er das auch *wahrhaftig* will und was er bereit ist dafür zu tun oder schon getan hat. Denn gemäß der unbeweglichen Haltung des *RITTER DER MÜNZEN* mag man vielleicht manchmal Veränderungs*ideen* haben, doch das Engagement zum Umsetzen fehlt in den meisten Fällen.

EIGENSCHAFTEN
Im positiven Sinne: Beständig, geduldig, sicher, vertraut, entschlossen, zuverlässig, pflichtbewusst, ordentlich, unerschütterlich, treu.
Im negativen Sinne: Engstirnig, stur, oberflächlich, faul, träge, nachlässig, glaubt, mit Geld könne man alles kaufen (auch Gefühle), materiell eingestellt.

ZEIT
Über den längeren Weg, mit viel Geduld.

PERSONENKARTE
- Junger Erwachsener (weiblich/männlich), meist vom dunkleren Typ, der viele Ideen haben mag, aber leider oftmals zu träge ist, sie auch umzusetzen.
- Berater.

KÖNIGIN DER MÜNZEN

Die *KÖNIGIN DER MÜNZEN* hat ihren Platz gefunden in einer außerordentlich fruchtbaren und reichhaltigen Landschaft, der Thron steht unter einem Rosenbogen. In einem langen roten (= positive und negative Eigenschaften vertretend) Kleid sowie einem grünen (= Hoffnung, Wachstum) Überhang sitzt sie auf ihrem Thron und hält eine Münze auf dem Schoß, welche sie gedankenverloren mit ernster Miene betrachtet. In der Rückenlehne sind Äpfel und Birnen eingemeißelt, die für die Fruchtbarkeit stehen. Der kleine Ziegenkopf verweist auf die wirtschaftliche Nutzung der Hausziegen und entsprechend auf die weiteren Dinge des Überlebens (wie Milch, Fleisch, Leder etc.). Weiterhin im Bild ein kleiner Hase, der für seine Schnelligkeit, aber auch Ängstlichkeit bekannt ist. Die *KÖNIGIN DER MÜNZEN* sieht weder den Hasen noch die sie umgebende Fülle. Sie hat das Leben mit all seinen negativen wie positiven Seiten kennen gelernt, hat genügend Lebenserfahrung gesammelt und weiß, wo es sich für sie noch lohnt aktiv zu werden und wo nicht. Sie müht sich nicht mehr ab. Sie vermittelt den Eindruck der Geborgenheit und Ruhe. Die blauen Berge im Hintergrund zeigen, dass die *KÖNIGIN DER MÜNZEN* zwar an Gott und eventuell auch spirituelle Gesetzmäßigkeiten glauben mag. Doch vorrangig vertraut sie auf rein irdische Erklärungen/Möglichkeiten und auf sich selbst und gibt nur ungern die Kontrolle ab. Mit ihren mütterlichen Instinkten schenkt sie Wärme und Geborgenheit, verleitet jedoch nicht zu unerfüllbaren Träumen, sondern verweist ihre Mitmenschen auf das wahre Leben durch ihre sanfte, ausgeglichene Art. Durch ihren Rückzug in die Natur ermutigt sie dazu, dass das Leben nicht nur aus Arbeit und Sorgen bestehen muss.

GRUNDAUSSAGE

Eine lebenserfahrene, kluge wie auch entschieden vorgehende und dynamische Frau wird für den Ratsuchenden Bedeutung haben. Die Karte kann aber auch eine(n) Ratsuchende(n) selbst darstellen oder auffordern, den Rat einer solchen Frau einzuholen. Steht die *KÖNIGIN DER MÜNZEN* im Legemuster für eine(n) Ratsuchende(n), darf jene(r) sich von einer entschlossenen, energischen, aber nicht kühlen dominanten Seite zeigen.

LIEBE/ALLGEMEINE BEZIEHUNGEN

- Eigene(r) Partner(in), mütterlich / fürsorglich, aber auch energisch und tatkräftig.
- Nebenbuhler(in)/Konkurrent(in).
- Eine Frau mit den Charakterzügen der *KÖNIGIN DER MÜNZEN*, die hilfreich für die Partnerschaft oder sonstige Verbindungen sein kann oder sich als Widersacherin entpuppt.

BERUF

Sehr fleißige Frau, die nicht lange redet, sondern handelt, nicht nur hausfrauliche Qualitäten aufweist, sondern auch im Handwerklichen durchaus sehr geschickt sein kann. Außerordentlich zuverlässig und ordentlich, behält den Überblick, sehr erfolgreich besonders in Bereichen, die mit Zahlen zu tun haben (Controlling, Banken etc.).

EIGENSCHAFTEN

Im positiven Sinne: Zuverlässig, gutmütig, handwerklich geschickt, wohlwollend, großzügig, (lebens-) erfahren, tatkräftig, fleißig, realistisch, bodenständig, stolz, unabhängig, ordentlich, energisch, dynamisch, selbstsicher, emsig, entschlossen.

Im negativen Sinne: Lässt sich bemuttern, krank, verschuldet, hochstaplerisch, unzufrieden, misstrauisch, geht nicht immer ehrliche und legale Wege.

PERSONENKARTE

- Selbstsichere, erfahrene Frau, gutmütig und finanziell unabhängig (evtl. dunkelhaarig; oftmals nicht verheiratet).
- Ratsuchende(r) selbst oder spiegelt die eigene Haltung als *KÖNIGIN DER MÜNZEN* wider.
- Person, die im Umfeld des Ratsuchenden wichtig ist (z. B. auch Nebenbuhlerin, Konkurrentin).
- Kümmernde, aber auch fordernde Partnerin, sehr lebenserfahren und treu.
- Als Mann kümmert und versorgt er Geschaffenes und Vorhandenes, als dass er es selbst erschaffen würde.
- Familienorientierte Mutter/Schwiegermutter.

KÖNIG DER MÜNZEN

Der *KÖNIG DER MÜNZE* hat Platz genommen auf seinem Thron, welcher auf der Aussichtsplattform seiner Burg steht. In der rechten Hand hält er als Symbol seiner Herrscherwürde das Zepter, während er mit der linken Hand die Münze auf seinem linken Oberschenkel hält. Der linke Fuß lugt aus seinem Gewand hervor, ruht vorgesetzt auf einem Stein und lässt erkennen, dass er unter dem Gewand wohl eine Ritterausrüstung trägt. Seine Körperhaltung ist entspannt und friedlich, seine Mimik ernst. Der Thron wird verziert von vier Widderköpfen, die in Anlehnung an Gott Amun (Gott der Fruchtbarkeit, s. auch Karte IV *„DER HERRSCHER“*) die mit Fruchtbarkeit in Verbindung gebracht werden. Die zahlreichen Weinblätter und roten Trauben, die das Gewand des Königs schmücken, repräsentieren das Zusammenspiel von Wahrheit und Genuss. In Verbindung mit dem Reichsapfel verzierenden Zepter, seinen auf einen Stein vorgestellten linken Fuß und der Ritterausrüstung geht es um den Hinweis dergestalt, dass Aufrichtigkeit und Treue durch Genussfreuden belohnt wird. Genau dieses zeigt *KÖNIG DER MÜNZEN* nach außen, indem er sich der Öffentlichkeit stellt (der Thron steht auf einer für alle sichtbaren Aussichtsplattform). Die blauen Berge sind durch die zahlreichen Weinblätter kaum noch zu erkennen. Doch auch er – wie schon die *KÖNIGIN DER MÜNZEN* – ist den geistigen Gesetzen oder auch Gottes Willen nicht abgeneigt. Aber allein darauf verlassen entspricht nicht seinen Vorstellungen vom Leben. Er ist bereit, vor allen Dingen durch eigenes Zutun zu schaffen und noch mehr zu erreichen, gleichwohl hat er aber nicht verlernt, das Erreichte auch zu genießen (die Trauben). Der *KÖNIG DER MÜNZEN* ist allerdings nicht nur für sein Volk präsent, er hat seinen Thron ganz bewusst auf einer Höhe stellen lassen, die ihn *über* das Volk blicken lässt. Damit demonstriert er zwar auf der einen Seite die Nähe zu seinen Mitmenschen, auf der anderen Seite aber auch die Abgrenzung zu ihnen, d. h.: er will in jedem Fall die Kontrolle behalten, wann er wem hilft oder wie das weitere Geschehen vonstatten zu gehen hat.

GRUNDAUSSAGE

Ein lebenserfahrener, kluger wie auch entschieden vorgehender Mann wird für den Ratsuchenden Bedeutung haben. Allerdings ist er sehr konsequent in seinen Ansichten und neigt dazu, beharrlich auf das Akzeptieren seiner Meinung und Vorschläge zu drängen. Die Karte kann aber auch eine(n) Ratsuchende(n) selbst darstellen oder auffordern, den Rat eines solchen Mannes einzuholen.

LIEBE/ALLGEMEINE BEZIEHUNGEN

- Eigene(r) Partner(in).
- Nebenbuhler(in)/Konkurrent(in).
- Ein Mann mit den Charakterzügen vom *KÖNIG DER MÜNZEN*, der hilfreich für die Partnerschaft oder sonstige Verbindungen sein kann oder sich als Widersacher entpuppt.

BERUF

Ein Mann, der sich um Anlagen, Eigentümer, Geldwerte etc. anderer Menschen kümmert. Er weiß strategisch vorzugehen, um das Vermögen anderer zu mehren, dabei aber gleichzeitig darauf achtend, selbst großzügig entlohnt zu werden.

EIGENSCHAFTEN

Im positiven Sinne: Erfolgreich, praktisch veranlagt, sorglos, vermögend, zuverlässig, gutmütig, reif, älter, vernünftig, hilfsbereit, motivierend, treu.

Im negativen Sinne: Klammert an Materiellem, Machogehabe, lässt sich nicht auf Neues ein, beharrlich in seinen Ansichten.

PERSONENKARTE

- Bodenständiger, realistische Ziele verfolgender Mann, pflegt gute soziale Kontakte und weiß seine Beziehungen gewinnbringend einzusetzen.
- Geschäftsmann, der es zu etwas gebracht hat, Gelder oder Anlagen seiner Klienten sichert und vermehrt.
- Meistens nicht verheiratet und eher vom dunkleren Typ.
- Ratsuchende(r) selbst oder spiegelt die eigene Haltung als *KÖNIG DER MÜNZEN* wider.
- Als Frau braucht sie finanzielle Stabilität und Sicherheit, weiß das süße Leben zu genießen.
- Materiell eingestellter Vater/Schwiegervater.

Übungen (5)

(1) Welchem Element werden die Münzen zugeordnet? Geben Sie stichpunktartig die charakteristischen Merkmale der Münzen bzw. ihres Elementes wieder. Welchen Typ Mensch repräsentieren sie?

(2) Kreuzen Sie das jeweils richtige Feld an:

Frage	**Ja**	**Nein**
Das *AS DER MÜNZEN* steht für Dummheit.		
III MÜNZEN fördern die Talentausrichtung.		
VII MÜNZEN kündigt eine Schwangerschaft an.		
V MÜNZEN stehen für Entbehrungen.		
Der *PAGE DER MÜNZEN* bringt Angebote, die keinen Gewinn erzielen.		
VIII MÜNZEN lassen Partnersuchende erste Annäherungsversuche erleben.		
Der *RITTER DER MÜNZEN* steht für routiniertes Arbeiten.		
Bei *IV MÜNZEN* wird am Reichtum geklammert.		
Der Mann auf *V MÜNZEN* trägt eine Glocke um den Hals. Doch hat sie keine weitere Bedeutung.		
Ist der *KÖNIG DER MÜNZEN* eine Frau, braucht sie Sicherheit.		
X MÜNZEN ist die Karte der Schwangerschaft.		
Zwei stehende Bettler finden sich auf *VI MÜNZEN.*		
Die *KÖNIGIN DER MÜNZEN* kann nicht mit Zahlen umgehen.		
II MÜNZEN ist die Karte der Anpassungsfähigkeit.		
RITTER DER MÜNZEN verlangen Geduld.		
X MÜNZEN kündigen die Insolvenz an.		
Das *AS DER MÜNZEN* bringt eine Zusatzgratifikation.		
IX MÜNZEN verheißen Betrug.		
Der *PAGE DER MÜNZEN* warnt vor Selbstüberschätzung.		
Auf *VI MÜNZEN* demonstriert jemand seine Macht.		
Die *KÖNIGIN DER MÜNZEN* ist eine selbstsichere Frau.		
Auf *IV MÜNZEN* sitzt jemand auf einer Bank im Park.		
Mit *VII MÜNZEN* braucht man Geduld.		

Der *RITTER DER MÜNZEN* warnt vor Monotonie.		
Bei *VIII MÜNZEN* soll man sich ruhig im Detail verlieren.		
Der *KÖNIG DER MÜNZEN* kann nicht mit Geld umgehen.		
IX MÜNZEN kündigen fantastische Entwicklungen an.		
Ein Jongleur ist Hauptakteur auf *II MÜNZEN.*		
Der KÖNIG DER MÜNZEN ist ein bodenständiger Mann.		
Bei *VI MÜNZEN* darf man mehr geben als man gerade hat. Es kommt schon irgendwie wieder rein.		
Der *PAGE DER MÜNZEN* bringt tatkräftige Unterstützung.		
Eine neue Sichtweise der Probleme im Bereich Liebe sollte man mit *III MÜNZEN* einnehmen.		
Ein Falke fliegt über die Karte *IX MÜNZEN.*		
Die *KÖNIGIN DER MÜNZEN* ist die stets verheiratete Frau.		
Mit *IV MÜNZEN* ist jemand sparsam.		
Steht der Aufwand im Verhältnis zum Gewinn? – So fragen die *VII MÜNZEN.*		
Drei Hunde finden sich auf der Karte *X MÜNZEN.*		
VIII MÜNZEN ist die Karte des Neuanfangs.		
Nehmen Sie Sticheleien nicht auf die leichte Schulter! – So mahnt die Karte *II MÜNZEN.*		
Mit *V MÜNZEN* ist es finanziell in einer Partnerschaft ggf. ein wenig eng.		
Die *III MÜNZEN* stehen für Halbherzigkeit.		
Das *AS DER MÜNZEN* ist eine bereichernde Karte.		

Teil IV – Legemuster: Was war – was kommt?

Zweifelsohne ist diese Legevariante eine meiner liebsten überhaupt. Ich nehme das „Was war – was kommt?" gerne als Abschluss bei ausführlichen Beratungen mit hinzu, besonders dann, wenn der Ratsuchende eine trübe Zeit hinter sich hat und kaum noch Hoffnung in sich trägt, dass es besser werden könnte. Die ausgelegten Karten halten einem dabei vor Augen, was man schon alles geschafft und bewältigt hat und worauf man stolz sein darf. Natürlich gibt es auch Fälle, bei denen die Vergangenheit besser aussah als die Gegenwart oder die sich ankündigende Zukunft. Doch gerade dabei ist diese Legevariante hilfreich, indem man schon im Voraus absehen kann, *wieso* sich eine gute Zeit in eine schlechte neigt. Bedenken Sie immer, dass Karten vorwiegend Prognosen sind und gerade anhand von Prognosen kann man das Schicksal begünstigen, abmildern oder sogar abwenden. So ist erkennbar, wann Gefahr droht, möglicherweise Geschaffenes verloren gehen könnte und eventuell. auch aus welchen Gründen, welche Menschen einem in der zurückliegenden Zeit nicht gut getan haben und welche wiederum bereichernd für das eigene Leben waren.

„Was war – was kommt?" zeigt an, was man auf der einen Seite hinter sich lässt bzw. noch durchleben und erfahren muss (Karten links von *DER NARR*), bevor der Umbruch stattfinden kann. Die Karten rechts von *DER NARR* zeigen dabei die zukünftige Entwicklung an.

Der zeitliche Verlauf lässt sich mit dieser Legemethode allerdings *nicht* eingrenzen, weder was die Geschehnisse der Vergangenheit noch was die Ereignisse in der Zukunft betreffen. Sie können die anhand der Karten getroffenen Aussagen nicht auf ein ¼ oder 1 Jahr begrenzen. Das erklärt sich daraus, dass die Stufen (= einzelne Karten aus dem Bereich der Vergangenheit) erst gegangen werden müssen, bis der Umbruch tatsächlich stattfinden kann. Wie schnell dieses geschieht, hängt wesentlich von der Motivation des Ratsuchenden ab. Nur der Ratsuchende kann zum Zeitpunkt der Auslegung kundtun, welchen Situationen seines Lebens die einzelnen Stufen der Vergangenheit zuzuordnen sind – zumindest im Hinblick auf die, die er *tatsächlich* schon erlebt hat. Es nützt dabei gar nichts, zu schummeln und zu sagen „ja, ja, hab ich hinter mir", wenn dem nicht so ist. Die Stationen, die vor *DER NARR* liegen, müssen erst durchlaufen werden, damit die *imaginäre Mauer* (= der Umbruch = symbolisiert durch *DER NARR*) zur Zukunft durchbrochen werden kann. Der Ratsuchende kann dabei keine Station überspringen, doch durch die Hinweise ist er immerhin schon vorbereitet und kann so u. U. ankündigendem Ärger den Wind aus den Segeln nehmen, sich darauf vorbereiten und bei Karten, die gute Chancen versprechen, den größten Nutzen für sich daraus ziehen.

Natürlich können Sie auch die ganz großen Chancen und tollsten Karten in der Vergangenheit liegen haben und die Zukunft hat nur noch traurige und schaurige Karten zu bieten. Dann ist auch das für den Ratsuchenden hilfreich, indem Sie ihn darauf hinweisen können, die positiven Ereignisse, die er bis zum Umbruch noch geboten bekommt, in ganzen Zügen zu nutzen und alle möglichen Vorteile damit in die Zukunft zu nehmen, um die sich dort ankündigende trübere Zeit gut zu überstehen.

Sie können mit dieser Legemethode *allgemein* auf das *Leben* des Klienten schauen – dann wäre eine gezielte Fragestellung nicht vonnöten.
Geht es um ein bestimmtes Thema, dann können Sie die Deutungen natürlich darauf begrenzen (z. B. „Was war bisher prägend für meine finanzielle Situation und wie wird die künftige finanzielle Entwicklung sein?“).
Anmerkung: Wenn Sie noch andere Kartendecks legen, können Sie diese Legemethode oftmals auch auslegen. Bei den kleinen Lenormand nehme ich dafür z. B. die Karte *DAS BUCH.*

So funktioniert es

Nehmen Sie zuerst die Karte *DER NARR* aus dem Kartendeck heraus. Diese Karte hat den Wert 0 und steht für einen Wendepunkt, einen Neubeginn. Insofern stellt er mit seiner Position in dieser Legevariante den Umbruch dar. Die übrigen 77 Karten können Sie nach dem Mischen vor sich auf dem Tisch gefächert auslegen, mit der Rückseite nach oben. Bitten Sie Ihren Klienten, sich zu entspannen und lassen Sie ihn dann zehn Karten ziehen. Ich bitte meinen Ratsuchenden beim Ziehen der Karten an die Frage *„Was war – was kommt?“* zu denken oder leise vor sich hin zu sprechen.
Wurden die zehn Karten gezogen, schieben Sie die restlichen Karten wieder zusammen und legen den Stapel beiseite.
Die gezogenen zehn Karten werden nun zusammen mit der Karte *DER NARR* gut durchgemischt. Zuerst von Ihnen und dann auch noch einmal von Ihrem Klienten. Danach legen Sie die Karten der Reihe nach aus.

Alle Karten, die **vor** *DER NARR* liegen, sind die Stufen der Vergangenheit, die schon gegangen wurden oder noch durchlebt werden müssen. Sie zeigen, was den Ratsuchenden geprägt und wo er ggf. Schiffbruch erlitten hat, aber auch positive Erfahrungen, wahrgenommene oder auch verpasste Chancen – je nach Karte.
DER NARR selbst ist jene *imaginäre Mauer,* die durch den Umbruch überwunden wird, um den Weg für die Zukunft freizumachen.
Alle Karten, die **nach** *DER NARR* ausgelegt werden, richten den Blick auf das, was den Ratsuchenden erwartet.

Fällt *DER NARR* als erste Karte, dann befindet sich der Ratsuchende schon in einem neuen Lebensabschnitt. Er hat die Vergangenheit verarbeitet, seine Lehren daraus gezogen und kann sich nun ganz auf die Zukunft konzentrieren. Egal, ob Schlechtes oder Gutes den Schwerpunkt der Vergangenheit gebildet hat, es ist vorbei, jetzt fängt eine neue Zeit an.

Liegt *DER NARR* dagegen als 11. (letzte) Karte im Spiel, dann hat der Ratsuchende zwar zehn wichtige Stationen sein Leben betreffend durchlaufen, allerdings scheint die Zeit so prägend gewesen zu sein, dass er noch nicht über die nötige Kraft verfügt, das Geschehene wirklich hinter sich zu lassen und sich für einen Neuanfang zu öffnen. Insofern verbleibt nur die Auskunft, dass sich zurzeit im Leben des Klienten nichts Wesentliches entwickeln wird, sondern die Zeit zu nutzen gilt, um Rückschau zu halten, weitere Erkenntnisse aus zurückliegenden Ereignissen zu ziehen und zur

Ruhe zu kommen. Oftmals ist *DER NARR* an letzter Position für mich Hinweis, dass ein Ratsuchender gar nicht verinnerlicht hat, weshalb seine Vergangenheit war wie sie war. Entweder scheint er sich davon nur abwenden zu wollen oder ist so in ihr verhaftet, dass er sich nicht aus ihr lösen kann – in beiden Fälle geht es abermals darum, sich intensiv mit der Vergangenheit auseinander zu setzen.

ZU DEN ÜBUNGEN

Legen Sie die Karten bitte in der angegebenen Reihenfolge aus. Nachdem Sie sich mit der Thematik vertraut gemacht haben, werten Sie bitte die Karten von Position 1 bis 11 aus und schließen das Ganze mit der Quintessenz ab.

HINWEIS

Durchaus können die Texte bei den Karten vor *DER NARR* in Zukunftsform geschrieben sein. Auch wenn es sich um die Vergangenheit handelt, heißt es nicht, dass diese schon bewältigt wurde. Denken Sie bitte daran, dass es darum geht, dass die einzelnen Stufen (repräsentiert durch die einzelnen Karten vor *DER NARR*) erst bewältigt *werden müssen*, bevor sie tatsächlich der Vergangenheit angehören. Insofern wäre im direkten Kontakt mit Klienten vielleicht eine einleitende Formulierung wie: „Wenn Sie das und das hinter sich gebracht haben …“ sinnvoll.

Übungen (6)

Übung 1
Klient: männlich.
Thema:
Er ist selbstständig und möchte die Entwicklung seines Geschäftes genauer unter die Lupe nehmen. Er plant, sich weitestgehend für eine Weile aus dem Geschäft zurückzuziehen und die Verantwortung weitgehend in die Hände seines Geschäftspartners zu legen.

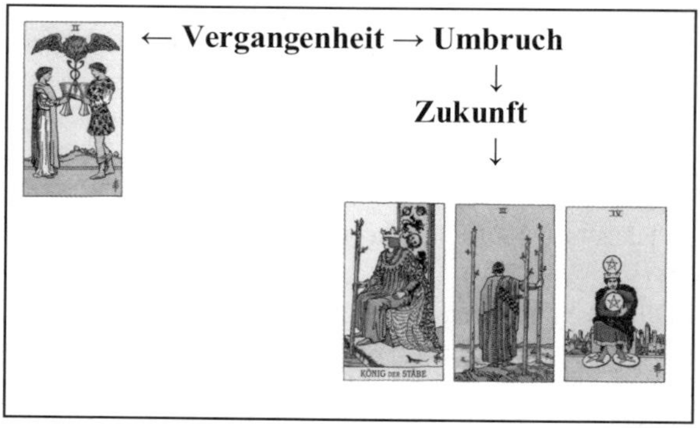

Die Karten lagen – von links nach rechts – wie folgt:

Vergangenheit: *ZWEI KELCHE*

Zukunft: *IV SCHWERTER – III STÄBE – VII SCHWERTER – V KELCHE – III SCHWERTER – KÖNIG DER STÄBE – KÖNIG DER KELCHE – VI STÄBE – IV MÜNZEN.*

Übung 2
Klient: weiblich.
Thema:
Die Fragestellerin (im Weiteren kurz: FSin) ist frisch geschieden, Mutter zweier erwachsener Söhne, der Zweitgeborene noch im Haushalt der FSin lebend. Sie möchte wissen, wann es bei ihr im Leben wieder aufwärts geht und was sie selbst evtl. dazu tun kann.

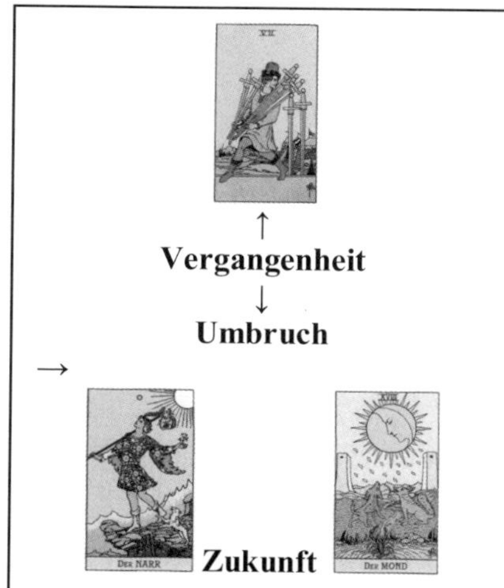

Die Karten lagen – von links nach rechts – wie folgt:

Vergangenheit: *PAGE DER STÄBE – III KELCHE – DER STERN – V KELCHE – DIE KRAFT – X SCHWERTER – PAGE DER SCHWERTER – VII SCHWERTER – PAGE DER MÜNZEN.*

Zukunft: *DER MOND.*

Das Keltische Kreuz

Das Keltische Kreuz zählt zu den bekanntesten Legemustern in der Kartomantie – unabhängig, mit welchem Kartendeck gearbeitet wird. Es ist nahezu immer einsetzbar. Mit dem *Keltischen Kreuz* können Sie eine gezielte Frage zu einem bestimmten Thema ebenso deuten wie einen allgemeinen Ausblick auf das Leben eines Klienten.
Dazu werden die Karten wieder gut durchgemischt und dann entweder vom Stapel (mit der Rückseite nach oben) zehn Karten abgenommen oder Sie fächern die Karten auf dem Tisch aus und lassen von Ihrem Klienten zehn Karten ziehen, die wie nachstehend abgebildet ausgelegt werden:

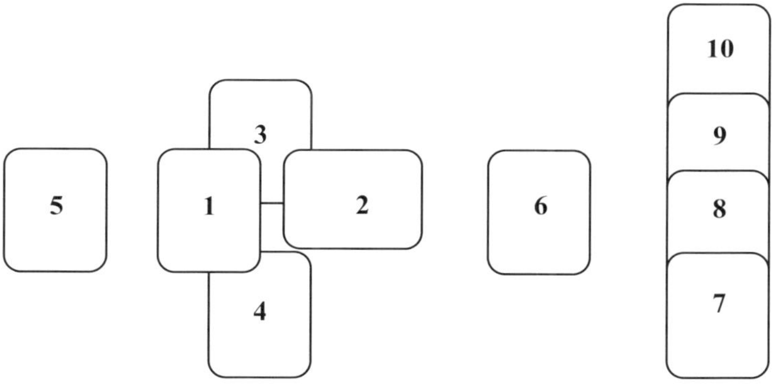

SO FUNKTIONIERT ES
Die zweite gezogene Karte wird quer auf die zuerst gezogene Karte gelegt.
Die übrigen acht Karten werden dann in der oben dargestellten Anordnung ausgelegt.

DEUTUNG

Karte 1 stellt das Thema dar, worum es geht oder zeigt das Problem an.
Karte 2 ist die *Einflusskarte*, Situationen, mit denen noch gerechnet werden muss.
Karte 3 spiegelt die Gedanken des Fragenden wider.
Karte 4 symbolisiert, was der Fragende gerne von sich schieben möchte.
Karte 5 verweist auf Vergangenes, was eine Rolle spielt für die derzeitige Situation, sie unter Umständen sogar ausgelöst hat.
Karte 6 symbolisiert, was in der nahen Zukunft auf den Fragenden zukommen wird.
Karte 7 repräsentiert die Einstellung des Fragenden zu der Thematik.
Karte 8 spiegelt die Einstellung von Mitmenschen im Umfeld des Fragenden oder auch Personen, die direkt mit dem Thema zu tun haben, wider.
Karte 9 symbolisiert die Hoffnungen oder auch Ängste – je nach Situation – des Fragenden im Zusammenhang mit der Thematik.
Karte 10 zeigt das Ergebnis/das Ziel.

DIE VERKNÜPFUNGEN

Karte 3 und 9: Diese beiden Karten zeigen, welche Gedanken, Hoffnungen, Ängste geklärt werden müssen, um für sich herauszufinden, was der Ratsuchende tatsächlich möchte, was in seiner tatsächlichen Absicht liegt, worum es ihm bei der Beurteilung seiner Frage wirklich geht. Die folgenden Karten…

Karte 4 und 7: … helfen dabei. Sie geben Hinweise darauf, was unter Umständen noch zu bereinigen ist, worauf der Fragende Obacht geben muss, während …

Karte 3, 6 und 7 (Diagonale): … den Fragenden auffordern, sich mit den Hinweisen aus den Karten 4 und 7 auseinanderzusetzen, sich damit zu beschäftigen. Hilfreich dabei sind …

Karte 4, 6 und 9 (Diagonale): … denn sie zeigen an, was der Fragende nicht ändern kann, was hingenommen werden muss, worauf er keinen Einfluss nehmen kann.

Karte 7- 8 – 9 – 10: Diese vier Karten sind – in einer Linie gedeutet – sozusagen die Start-Ziel-Linie: Sie führt den Fragenden mit der richtigen Einstellung zur Thematik, zur endgültigen Antwort der Tarotkarten.

Und zu guter Letzt darf natürlich die Quintessenz, ermittelt aus sämtlichen Karten, nicht fehlen.

Übungen (7)

Übung 1

Klient: Fragestellerin (fortfolgend FSin), Single.

Thema:

Sie hat einen neuen Mann kennengelernt und möchte wissen, ob das etwas Dauerhaftes werden könnte.

Die Karten lagen wie folgt – in der Reihenfolge 1 – 10: *(1) RITTER DER MÜNZEN – (2) AS DER STÄBE – (3) VIII* SCHWERTER *– (4) DIE GERECHTIGKEIT - (5) III KELCHE – (6) V KELCHE – (7) VIII MÜNZEN – (8) VIII STÄBE – (9) DER EREMIT – (10) KÖNIG DER KELCHE*

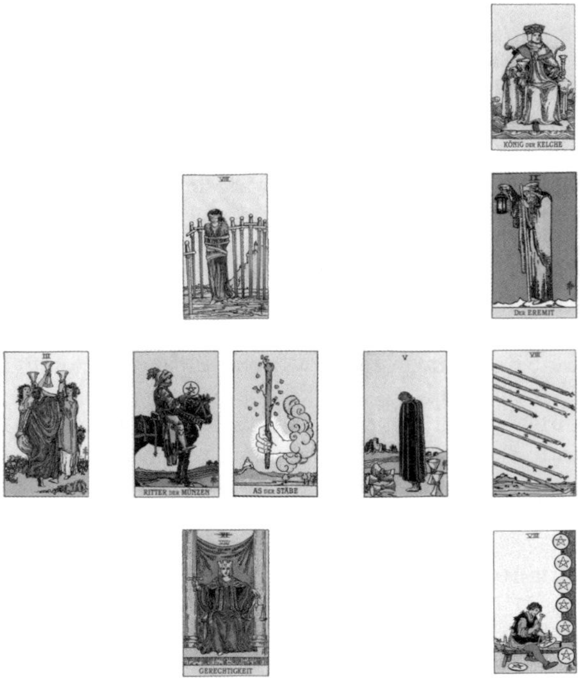

Übung 2

Klient: Fragesteller (im Weiteren kurz FS), verheiratet.

Thema: Er ist noch angestellt, möchte sich gerne im Esoterischen selbständig machen.

Die Karten lagen wie folgt – in der Reihenfolge 1 – 10:

(1) VI SCHWERTER –
(2) DIE HERRSCHERIN –
(3) DER EREMIT –
(4) PAGE DER KELCHE –
(5) VI KELCHE –
(6) RAD DES SCHICKSALS –
(7) AS DER KELCHE –
(8) AS DER SCHWERTER –
(9) KÖNIG DER KELCHE –
(10) AS DER MÜNZEN.

Die Liebe

Schauen Sie bitte unter der Rubrik *Personenkarten*, welche der dortigen Beschreibungen am besten zu der Person passt, nach welcher gefragt werden soll, und legen diese Karte als so genannte *Signifikatorkarte* auf Position 1. Als *Signifikatorkarte* betitelt man die Karte, die am ehesten in ihrem Motiv und mit ihren Bedeutungen das Thema einer Frage repräsentiert. Beim Tarot wäre das als Beispiel der *KÖNIG DER KELCHE* für einen gefühlvollen Mann, *DER NARR* für einen Neubeginn usw. Nachdem Sie die restlichen Karten gut durchgemischt haben, können Sie entweder die weiteren sechs Karten von oben abnehmen oder die Karten auf dem Tisch gefächert auslegen und den Klienten bitten, die Anzahl der nötigen Karten zu ziehen. Ausgelegt werden die gezogenen Karten wie folgt:

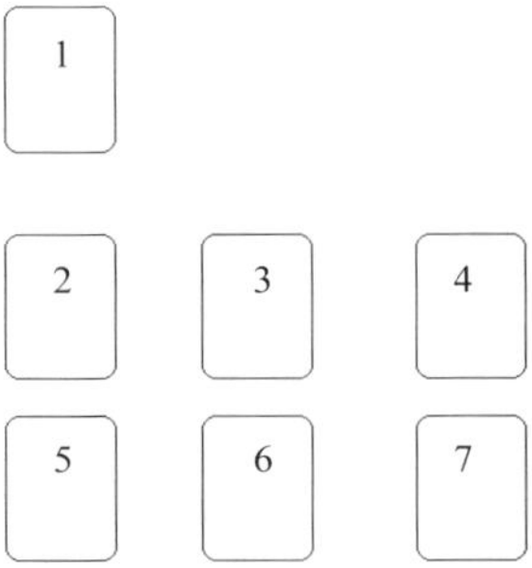

DEUTUNG

- Auf Position 1 liegt die vorab von Ihnen ausgewählte *Personenkarte*.
- Die erste gezogene Karte (= Position 2) gibt Hinweis darauf, welchen Eindruck diese Person von dem Ratsuchenden hat, was sie für ihn empfindet, wie sie ihn einschätzt.
- Die Karte auf Position 3 gibt Auskunft darüber, was sich der Ratsuchende von der Person, nach der er gefragt hat, erhofft, welche Erwartungen er hegt.
- Die Karte auf Position 4 verrät, was für die nachgefragte Person zurzeit wichtig ist, was sie berücksichtigt wissen möchte – diese Antwort muss nicht zwangsläufig etwas mit dem Ratsuchenden zu tun haben, sondern kann sich auch auf einen anderen Lebensumstand beziehen.
- Mit der Kartenbelegung auf Position 5 werden Gründe preisgegeben, die die nachgefragte Person möglicherweise zurzeit an einer Partnerschaft hindern oder auch davon abhalten lassen, selbst die Initiative zu ergreifen, um auf den Ratsuchenden zuzugehen oder sich ihm gegenüber zu öffnen.
- Die vorletzte Karte auf Position 6 verrät, ob die nachgefragte Person grundsätzlich bereit wäre, auf den Ratsuchenden überhaupt zuzugehen oder sie sich eher zurückzieht und auch keinen Kontakt zu ihm suchen wird.
- Die letzte Karte auf Position 7 ist nicht nur die so genannte Zielkarte, sprich: ob man mit jener Person zusammenkommt oder nicht. Wenn sich die hinterfragte Person mit der Karte auf Position 6 beispielsweise *gegen* eine Kontaktaufnahme zum Ratsuchenden entscheidet, findet sich auf Position 7 auch der Hinweis, ob diese – wenn auch schmerzliche – Entscheidung nicht vielleicht sogar die bessere war (denn *dafür*). Sollte sich die nachgefragte Person *für* ein Einlassen mit dem Ratsuchenden entscheiden, kann sich auf Position 7 durch diese letzte Karte unter Umständen aber auch herzauskristallisieren, dass das Zustandekommen des Kontaktes oder auch die Aufnahme einer Beziehung möglicherweise gar nicht so schön sein wird wie erhofft. Sie sehen: ein klares JA oder ein klares NEIN sollten Sie von

beiden Seiten – ob gute oder schlechte weitere Entwicklung – kritisch beurteilen. Im Moment der großen Verliebtheit mag eine ernüchternde Aussage Ihrem Klienten sicherlich wenig gefallen, doch letzten Endes hilft ihm nur die Wahrheit wirklich weiter.

Übung (8)

Übung 1

Klient: Fragestellerin (im weiteren FSin).

Thema:

Sie hat ein Verhältnis mit einem etwas älteren Mann und möchte wissen, wie es zwischen ihr und ihm weitergeht. Die FSin schildert mir den Mann als Familienvater und Workaholic, der sehr ehrgeizig ist, aber auch impulsiv sein kann, aber in privaten Angelegenheiten wenig entschlussfreudig ist.

Nach den gemachten Angaben der FSin entscheide ich mich für den *KÖNIG DER STÄBE* als Personenkarte, da seine Charaktere den Angaben der FSin am ehesten entsprechen.

Die Karten lagen insgesamt wie folgt: *(1) KÖNIG DER STÄBE – (2) DAS GERICHT – (3) II STÄBE – (4) AS DER MÜNZEN – (5) V KELCHE – (6) IV STÄBE – (7) VI STÄBE.*

Übung 2

Klient: Fragesteller (im Weiteren FS), schon älter, reifer, Witwer.

Thema:

Er hat eine jüngere Frau kennengelernt und möchte wissen, ob mit ihr eine Beziehung möglich wäre. Er beschreibt die Frau um mehr als 10 Jahre jünger als er selbst, darüber hinaus als manchmal sehr stur, aber auch pflichtbewusst und überaus ordentlich. Nach den gemachten Angaben des FS entscheide ich mich für den *RITTER DER MÜNZEN* als Personenkarte, da seine Charaktere den Angaben des FS am ehesten entsprechen.

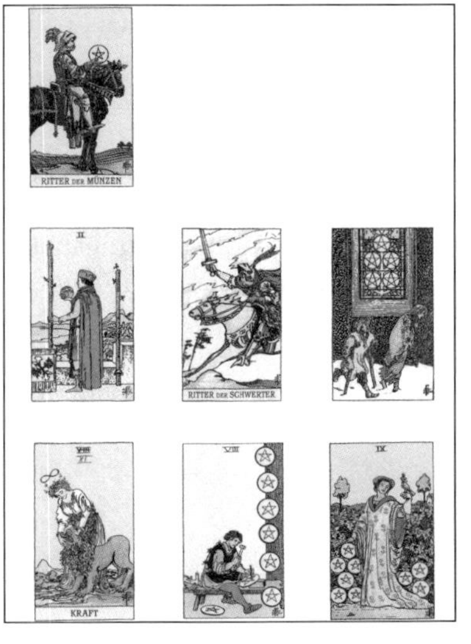

Die Karten lagen insgesamt wie folgt: *(1) RITTER DER MÜNZEN – (2) II STÄBE – (3) RITTER DER SCHWERTER – (4) V MÜNZEN - (5) DIE KRAFT – (6) VIII MÜNZEN – (7) IX MÜNZEN.*

Die Beziehung

Wenn der Ratsuchende gerne Auskunft zu einer *bestehenden* Partnerschaft haben möchte, eignet sich dieses Legemuster hervorragend dazu. Alle Karten bleiben im Spiel. Mischen Sie diese gut durch, vielleicht auch noch von Ihrem Klienten mischen lassen. Ob die Karten von oben abgenommen werden oder Sie sie auf den Tisch ausfächern und einzeln ziehen lassen, ist wiederum egal.
Zum Auslegen kommen insgesamt 7 Karten, die wie folgt angeordnet werden:

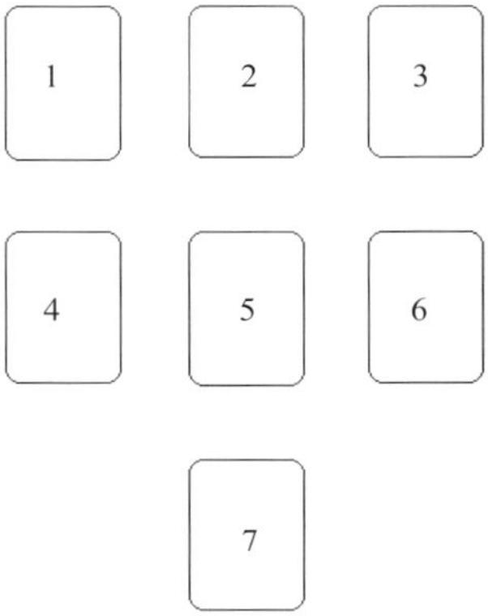

DEUTUNG

- Die Karte 1 gibt Auskunft darüber, wie der Ratsuchende seinen Partner wahrnimmt, wie die Partnerschaft empfunden wird.
- Die Karte 2 hinterfragt den Ratsuchenden selbst: wie wirkt der Ratsuchende auf seinen Partner? Wie wird seine Rolle innerhalb der Beziehung von dem anderen gewertet?
- Die Karte 3 verrät, was wichtig für die Partnerschaft ist, was Berücksichtigung finden muss, um die Beziehung ggf. zu optimieren oder in einer krisenhaften Zeit Ansatzpunkte zu haben, wie man diese bewältigen kann.
- Karte 4 bezieht sich auf die Gemeinsamkeiten beider Partner, was sie verbindet.
- Karte 5 verweist auf die Gründe der Bejahung des Partners, warum er sich überhaupt auf den Ratsuchenden eingelassen hat, und auf das, was er sich von der Beziehung erhofft, während …
- … Karte 6 über genau diese Begründungen aus Sicht des Ratsuchenden Aufschluss gibt.
- Die letzte Karte sollte wieder allumfassender beurteilt werden und nicht nur in einem lapidaren „Ja, die Beziehung wird weitergeführt“ oder „Nein, Sie bleiben nicht zusammen“ münden. Unter Umständen kann die Karte 7 nämlich wertvolle Hinweise geben, um tatsächlich in schon bestehenden oder künftigen Krisensituationen adäquat vorzugehen oder sich auch – je nach Karte auf dieser Position – mit den Gründen auseinanderzusetzen, warum die Partnerschaft eben nicht funktioniert.

Natürlich darf auch hier am Schluss die Quintessenz nicht fehlen.

Übung (9)

ÜBUNG 1

Klient: Fragesteller (im Weiteren FS).

Thema: Er möchte seine langjährige Freundin heiraten.

Die Karten lagen insgesamt wie folgt:

(1) IV STÄBE –
(2) KÖNIG DER SCHWERTER –
(3) KÖNIG DER KELCHE –
(4) X MÜNZEN –
(5) KÖNIG DER STÄBE –
(6) II KELCHE –
(7) V STÄBE.

ÜBUNG 2

Klient: Fragestellerin (im Weiteren FSin).

Thema: Sie ist seit vielen Jahren verheiratet und möchte wissen, wie es um die Liebe in ihrer Ehe steht.

Die Karten lagen insgesamt wie folgt:

(1) DIE GERECHTIGKEIT –
(2) VIII MÜNZEN –
(3) RITTER DER KELCHE –
(4) RITTER DER STÄBE –
(5) KÖNIGIN DER KELCHE –
(6) VI SCHWERTER –
(7) RITTER DER SCHWERTER.

Das kleine Kreuz

Mit dieser Legemethode können Sie ganz schnell und doch sehr detailliert einzelne Themen abfragen und erläutern.
Hierzu werden lediglich vier Karten gezogen, die wie folgt angeordnet und interpretiert werden:

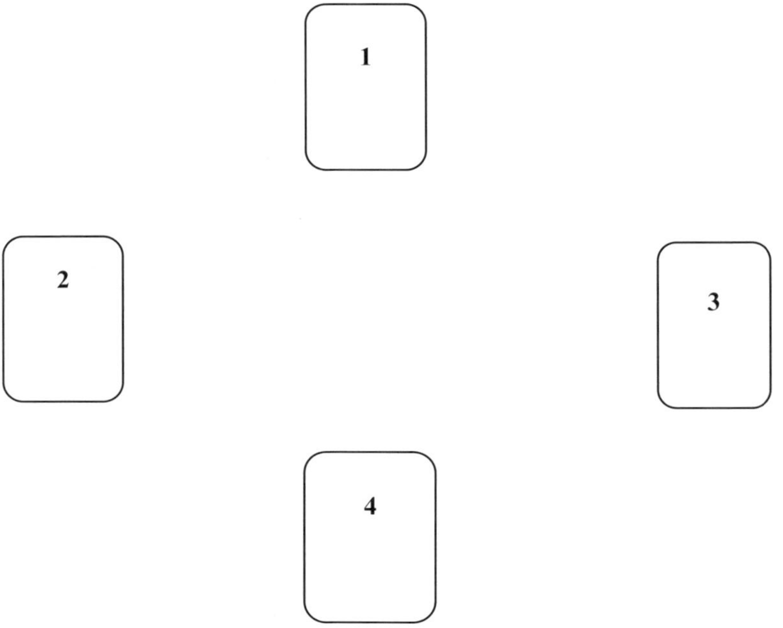

Position 1 Worum geht es?
Position 2 Was kommt als nächstes?
Position 3 Wie sehen es die anderen? Was kreuzt es?
Position 4 Das Ergebnis/Ziel .

Abgeschlossen wird auch diese Legung wieder mit der Quintessenz.

Übungen (10)

ÜBUNG 1
Klient: Fragestellerin (im Weiteren FSin).
Thema: Frage nach ihrer beruflichen Situation (Angestellte).

Die Karten lagen wie folgt:
(1) V KELCHE –
(2) PAGE DER MÜNZEN –
(3) DER WAGEN –
(4) IV KELCHE.

ÜBUNG 2
Klient: Fragestellerin (im Weiteren FSin).
Thema: Ist mit ihrer Mutter zerstritten, möchte wissen, wie es da weiter geht.

Die Karten lagen wie folgt:
(1) AS DER KELCHE –
(2) IV STÄBE –
(3) KÖNIGIN DER SCHWERTER –
(4) DIE HERRSCHERIN.

Teil V – Anhang Lösungen

Zu den Übungen (1)

(1) Wie lauten die dazugehörigen Karten der großen Arkana zu den römischen Nummerierungen? Bitte ergänzen Sie diese.

DER STERN	*DER TOD*	*DIE LIEBENDEN*	*DER TURM*
DER MAGIER	*DER HIEROPHANT*	*DIE HERRSCHERIN*	*DIE HOHEPRIESTERIN*
DAS RAD DES SCHICKSALS	*DER NARR*	*DER EREMIT*	*DIE SONNE*
DAS GERICHT	*DER TEUFEL*	*DIE KRAFT*	*DER WAGEN*
DER HERRSCHER	*DER MOND*	*DIE WELT*	*DER GEHÄNGTE*
DIE MÄSSIGKEIT	*DIE GERECHTIGKEIT*		

(2) Was ist eine Lemniskate? Auf welchen Karten findet man diese? Welche Bedeutung hat sie?
Die Lemniskate ist eine auf der Seite liegende 8.
Wir finden sie auf der Karte I – *DER MAGIER* sowie XI – *DIE KRAFT*.
Sie steht für die Unendlichkeit. Auch in Form von Schleifen ist sie auf der Karte XXI *DIE WELT* zu finden.

(3) Erklären Sie den Deutungshintergrund für Links und Rechts.
Die linke Seite symbolisiert den schwankenden Charakter, während die rechte Seite für die Vollkommenheit steht, für das Geraderücken von Schwierigkeiten, für das Gute und die Aufrichtigkeit.

(4) Rufen Sie sich die Karte *DER MOND* in Erinnerung. Was war für den dort abgebildeten Krebs wichtig zu erkennen?
Es galt für ihn, seine Chance zu erkennen und zu nutzen, statt sich in dem faszinierenden Schauspiel des Geschehens um ihn herum zu verlieren und stehen zu bleiben (und somit seine Chance zu verpassen).

(5) Was ist die Quintessenz?
Die Quintessenz ist die Summe aller ausgelegten Kartenwerte, wobei die Kartenwerte so lange addiert werden, bis eine maximale Zahl von 22 erreicht wird

und/oder eine abschließend einstellige Zahl übrig bleibt. Das Ergebnis entspricht dem Wert einer der Karten aus der großen Arkana und dient dazu, das tiefere Verständnis um ein Thema, auf welches die Tarotkarten gelegt wurden, zu erkennen.

(6) Welche Karten werden dem Element Feuer zugeordnet und welche Sternzeichen gehören zu welcher Karte?

Es sind zum einen die Karten aus der Reihe *Die Stäbe*, zum anderen:

Widder ⇒ IV *DER HERRSCHER*
Löwe ⇒ XI *DIE KRAFT*
Schütze ⇒ XIV *DIE MÄSSIGKEIT*

(7) Welche Karten werden dem Element Erde zugeordnet und welche Sternzeichen gehören zu welcher Karte?

Es sind zum einen die Karten aus der Reihe *Die Münzen*, zum anderen:

Stier ⇒ V *DER HIEROPHANT*
Jungfrau ⇒ IX *DER EREMIT*
Steinbock ⇒ XV *DER TEUFEL*

(8) Welche Karten werden dem Element Luft zugeordnet und welche Sternzeichen gehören zu welcher Karte?

Es sind zum einen die Karten aus der Karte *Die Schwerter*, zum anderen:

Zwillinge ⇒ VI *DIE LIEBENDEN*
Waage ⇒ VIII *DIE GERECHTIGKEIT*
Wassermann ⇒ XVII *DER STERN*

(9) Welche Karten werden dem Element Wasser zugeordnet und welche Sternzeichen gehören zu welcher Karte?

Es sind zum einen die Karten aus der Reihe *Die Kelche*, zum anderen:

Krebs ⇒ VII *DER WAGEN*
Skorpion ⇒ XIII *DER TOD*
Fische ⇒ XVIII *DER MOND*

(10) Bitte kreuzen Sie das jeweilige Feld an:

Aufgabe	**Ja**	**Nein**
DER MAGIER muss achtsam sein, nicht zu sehr von seiner Macht beherrscht zu werden.	X	
Die Quersumme von *DIE HERRSCHERIN* ist 4.		X
DER HERRSCHER sorgt für Ordnung.	X	
DER GEHÄNGTE wurde am linken Bein aufgehängt.		X
DER EREMIT ist eine Karte des Rückzugs.	X	
DER TOD ist Karte des Skorpions.	X	
DIE LIEBENDEN treffen eine Herzensentscheidung.	X	
DER TEUFEL steht für Besessenheit.		X
DER TURM bietet neue Möglichkeiten.	X	

Die Karte *DIE GERECHTIGKEIT* trägt den Wert XI.		X
DIE KRAFT warnt vor Überheblichkeit.	X	
DER STERN trägt 7 Sterne auf seiner Karte.		X
DER NARR steht für Leichtigkeit, Unbekümmertheit.	X	
DER STERN steht für klare Gefühle in der Liebe.	X	
Die Quintessenz von *DER HIEROPHANT* rät vom Vertrauen ab.		X
DER TURM zeigt, dass einen etwas gefangen hält.	X	
DER EREMIT trägt eine blaue Kutte.		X
DER MOND steht für die warmen Monate.		X
DIE HOHEPRIESTERIN steht für Spiritualität.	X	
Unterbewusstsein und Bewusstsein bilden eine Ebene – so behauptet *DIE SONNE*.	X	
Unter der Karte *DER HERRSCHER* wird gewissenhaftes Arbeiten erwartet.	X	
DER TOD steht für Ende und Neubeginn.		X
Im *RAD DES SCHICKSALS* steht der Begriff TAROT.	X	
DER GEHÄNGTE steht für Stillstand.	X	
Die Hintergrundfarbe auf *DER MAGIER* ist Blau.		X
Beruflich gesehen steht *DER MOND* auch für Lampenfieber.	X	
Die Quintessenz der Karte *DIE KRAFT* wird bis zur Zahl 2 gebildet.	X	
DER WAGEN wird von zwei Pferden gezogen.		X
DIE MÄSSIGKEIT steht dafür, eine höhere Sichtweise einzunehmen.	X	
DIE SONNE steht für lustlose Sexualität.		X
DIE HERRSCHERIN ist die Karte der Fruchtbarkeit.	X	
DAS GERICHT steht für den Beginn einer Leidenszeit.		X
Die Karte *DIE GERECHTIGKEIT* trägt den Wert VIII.	X	
DER TEUFEL trägt die negative Eigenschaft: manipulierend.	X	
Mit *DIE LIEBENDEN* geht man den Weg des Herzens.	X	
DIE WELT steht für den Schicksalsweg.		X
Die Quintessenz von *DER NARR* hat den Wert 0.		X
DAS GERICHT konfrontiert ggf. mit etwas verloren Geglaubtem.	X	
DAS RAD DES SCHICKSALS ermöglicht uns eine Lösung.	X	
Ein nacktes Kind tanzt im Lorbeergeflecht der Karte *DIE WELT*.		X
DER HIEROPHANT steht in der Liebe für Vertrauen.	X	
DIE MÄSSIGKEIT ist nicht mit Enthaltsamkeit gleichzusetzen.	X	
DER WAGEN ist die Karte des Aufbruchs.	X	
DIE HOHEPRIESTERIN sitzt zwischen zwei schwarzen Säulen.		X

(11) Nennen Sie die Hauptcharakteristik der

a) Feuer-Elemente = Wille, Kraft, Intuition
b) Luft-Elemente = Denken, Intellekt
c) Wasser-Elemente = Emotionen, Instinkt
d) Erde-Elemente = Materie, Praktisches.

Zu den Übungen (2)

(1) Beschreiben Sie mit wenigen Worten die einzelnen Etappen vom As bis X einer Reihe der kleinen Arkana:

As ⇒ Das Thema / die Chance, worum es geht.
II ⇒ Das Abwägen von Für und Wider aus der Chance vom As.
III ⇒ Gewonnene Erkenntnisse, ggf. Umstände, die berücksichtigt werden müssen.
IV ⇒ Ein entweder freudiger Moment des Ausruhens oder ein verdrießlicher Stillstand. Es gilt weiter zu planen.
V ⇒ Das Abwägen und Bereinigen möglicher Schwierigkeiten, die entgegenstehen könnten.
VI ⇒ Die Durchsetzung in Richtung Erfolg durch Beharrlichkeit.
VII ⇒ Handlung, die aus den bis hierher gemachten Erkenntnissen resultiert.
VIII ⇒ Die Fortführung.
IX ⇒ Die Vollendung der Entwicklung.
X ⇒ Übergang in eine Stufe

(2) Welchem Element werden *DIE STÄBE* zugeordnet? Geben Sie stichpunktartig die charakteristischen Merkmale ihres Elementes wieder.

Element: Feuer.
Charakteristik: Wille, Stärke, Intuition. Hoffnung. Energie. Anerkennung und Erfolg durch Fleiß. Das innere Feuer. Optimismus. Zuversicht.

(3) Nennen Sie:

a) **Die Hofkarten:** Page der Stäbe, Ritter der Stäbe, Königin der Stäbe, König der Stäbe.

b) **Welchen Wert sie tragen:** Den Wert Null.

c) **Was sie symbolisieren:**
Die **Pagen** sind das Symbol für eine Chance, auch einen von außen einwirkenden Impuls ▪ die **Ritter** symbolisieren die Stimmungslage bzw. Atmosphäre ▪ die **Königinnen** stehen als Symbol für den weiblichen Aspekt des jeweiligen Elements, direkt nachgefragte Personen oder den Ratsuchenden selbst (egal ob weiblich oder männlich) ▪ die **Könige** symbolisieren den männlichen Aspekt des jeweiligen Elements, direkt nachgefragte Personen oder den Ratsuchenden selbst (egal ob weiblich oder männlich).

(4) Kreuzen Sie das jeweilige Feld an:

Frage	**Ja**	**Nein**
II STÄBE versprechen die große Liebe.		X
Die *VIII STÄBE* fliegen von rechts nach links.		X
Der *KÖNIG DER STÄBE* ignoriert mitunter langsamere Mitmenschen.	X	
Das Meer auf *III STÄBE* ist gelb.	X	
Der *RITTER DER STÄBE* ist immer männlich.		X

VII STÄBE stehen für Mobbing und Intrigen.	X	
Mit *X STÄBE* stoßen wir an unsere Grenzen.	X	
V STÄBE lassen uns auf beruflichen Erfolg verzichten.		X
Das *AS DER STÄBE* bringt gute Chancen.	X	
VI STÄBE setzen auf totalen Sieg.		X
IX STÄBE ermahnen an Wachsamkeit.	X	
In der Liebe stehen *VII STÄBE* für Eifersucht.	X	
Die *KÖNIGIN DER STÄBE* wendet ihren Körper nach rechts.		X
Der *PAGE DER STÄBE* ist immer männlich.		X
Im negativen Sinne wirken *V STÄBE* zerstörerisch.	X	
Mit *VI STÄBE* werden Schwierigkeiten in der Liebe überwunden.	X	
Der *PAGE DER STÄBE* steht am Ufer.		X
Der *PAGE DER STÄBE* symbolisiert den Studenten.	X	
V STÄBE vertreten auch Sport und Spiel.	X	
Der *RITTER DER STÄBE* ist ein langsamer Vertreter.		X
Die *KÖNIGIN DER STÄBE* kann auch die Nebenbuhlerin sein.	X	
II STÄBE zeugen von Gleichgültigkeit.		X
VIII STÄBE verkünden gute Nachrichten.	X	
IV STÄBE charakterisieren ein schlechtes Arbeitsklima.		X
Die Fragestellerin wird über die *KÖNIGIN DER STÄBE* symbolisiert.	X	
X STÄBE zeugen von körperlicher Kraft.	X	
VI STÄBE warnen vor Selbstüberschätzung.	X	
Das *AS DER STÄBE* steht für instabile Familienverhältnisse.		X
Bei *IX STÄBE* entfremden sich die Partner.	X	
Der *RITTER DER STÄBE* ist ein alter Mensch.		X
Der *KÖNIG DER STÄBE* ist sehr forsch und dynamisch.	X	
IV STÄBE fordert auf, auf andere offen zuzugehen.	X	
II STÄBE versprechen, nun den Partner fürs Leben zu finden.		X
VIII STÄBE warnen vor voreiligen Entschlüssen.	X	
Bei *V STÄBE* geht es ums Kräftemessen.	X	
VII STÄBE warnen vor Vertragsabschlüssen.		X
Der *RITTER DER STÄBE* bietet einen One-Night-Stand.	X	
III STÄBE ist die Karte für Führungskräfte.	X	
Unter *III STÄBE* bleiben Partnersuchende allein.		X
IX STÄBE ist die Karte der Vollendung.	X	
Bei *VIII STÄBE* muss noch lange auf eine Nachricht gewartet werden.		X
Mit *X STÄBE* trägt man eine Bürde.	X	
IV STÄBE symbolisiert die depressive Lebensphase.		X
Unter *IV STÄBE* kann es zur Hochzeit kommen.	X	
Fünf Pyramiden sind auf der Karte *PAGE DER STÄBE*.		X
Mit *VII STÄBE* verteidigt man sein Revier.	X	
Die *KÖNIGIN DER STÄBE* ist eine hilfsbereite Frau.	X	
Der *KÖNIG DER STÄBE* hat wenig Selbstbewusstsein.		X
Das *AS DER STÄBE* steht für Schwangerschaft.	X	

Zu den Übungen (3)

(1) **Welchem Element werden die Schwerter zugeordnet? Geben Sie stichpunktartig die charakteristischen Merkmale der Schwerter bzw. ihres Elementes wieder. Welchen Typ Mensch repräsentieren sie?**
Element: Luft.
Denken, Intellekt, Gewalt. Ehrgeiz, Aggression. Macht. Mut. Autorität. Vollendung zum Sieg oder Verlieren. Aktivität. Disziplin, Strenge. Zerstörung.
Sie repräsentieren oft sehr kühle und arrogante Menschen, unnahbar wirkend.

(2) **Kreuzen Sie das jeweils richtige Feld an:**

Frage	**Ja**	**Nein**
Das *AS DER SCHWERTER* bringt keine Klärung.		X
Scheinfirmen finden sich unter *VII SCHWERTER*.	X	
Der *RITTER DER SCHWERTER* ist feige.		X
Der *KÖNIG DER SCHWERTER* ist sehr gesetzestreu.	X	
Die *II SCHWERTER* symbolisieren den Zwiespalt.	X	
Unter *VI SCHWERTER* passiert etwas sehr schnell.		X
Schwerter gehören zum Element Luft.	X	
V SCHWERTER verweisen manchmal auf den etwas anderen, auch härteren Sex.	X	
Zeitlich findet unter *III SCHWERTER* etwas sehr bald statt.		X
Unter *IX SCHWERTER* soll man der wahren Ursache auf den Grund gehen.	X	
Beruflich Kritik einstecken muss man unter *PAGE DER SCHWERTER*.	X	
Bei den Schwertern geht es um Passivität und Kompromisse.		X
III SCHWERTER warnen, sich in seinem Kummer zu verlieren.	X	
Beim *RITTER DER SCHWERTER* wird vor Übereifer gewarnt.	X	
Der *KÖNIG DER SCHWERTER* ist ein aufmerksamer Ehemann.		X
Nur „vorübergehend" dauert ein Zustand an – so meinen die *VIII SCHWERTER*.	X	
Der *KÖNIG DER SCHWERTER* bringt Heilung und Genesung.	X	
Ein Single findet mit *IV SCHWERTER* seinen Traumpartner.		X
Schuldner halten die Gläubiger bei *VII SCHWERTER* hin.	X	
X SCHWERTER fordern zum Festhalten an einer Sache auf.		X

Die *KÖNIGIN DER SCHWERTER* ist meistens glücklich liiert.		X
Beim *AS DER SCHWERTER* finden sich Gespräche für o. gegen etwas.	X	
Der *RITTER DER SCHWERTER* ist voller Begeisterung.	X	
Unter den Schwertern finden wir rein intuitive Menschen.		X
VII SCHWERTER ist die Karte von List und Tücke.	X	
Der *KÖNIG DER SCHWERTER* ist ein Mann der Kompromisse.		X
Der *PAGE DER SCHWERTER* hat sehr viel Lebensweisheit.		X
III SCHWERTER stehen für den Liebeskummer.	X	
Voller Vertrauen darf man unter *II SCHWERTER* sein.		X
Eine Diät oder freiwilliger Verzicht bringt uns die Karte *VIII SCHWERTER.*	X	
Der *KÖNIG DER SCHWERTER* ist eher ein schlechter Liebhaber.	X	
Bei *X SCHWERTER* wird ein radikaler Schlussstrich gezogen.	X	
VI SCHWERTER zeigen den Aufbruch zu neuen Ufern.	X	
Unter *II SCHWERTER* zeigt sich das Meer in tosenden Wellen.		X
Ein Freund kann unter *V SCHWERTER* zum Feind werden.	X	
Die *KÖNIGIN DER SCHWERTER* arbeitet sehr erfolgreich im Team.		X
Etwas passiert unter *X SCHWERTER* plötzlich und manchmal auch unerwartet.	X	
Unter dem *AS DER SCHWERTER* begegnet man seiner großen Liebe.		X
Der *PAGE DER SCHWERTER* ist ein kritikfreudiger Freund.	X	
VII SCHWERTER warnen vor voreiligen Entschlüssen.	X	
Der *RITTER DER SCHWERTER* fällt in die kältere Jahreszeit.	X	
Die gefesselten Beine hindern uns am Weitergehen bei *VIII SCHWERTER.*		X
IX SCHWERTER stehen für Kummer und schlaflose Nächte.	X	
Die *KÖNIGIN DER SCHWERTER* hat Verluste erfahren.	X	
Auf *IV SCHWERTER* ist ein Bleiglas abgebildet.	X	

Zu den Übungen (4)

(1) Welchem Element werden die Kelche zugeordnet? Geben Sie stichpunktartig die charakteristischen Merkmale der Kelche bzw. ihres Elementes wieder. Welchen Typ Mensch repräsentieren sie?

Element: Wasser. Charakteristik: Gefühle geben und empfangen, Instinkt, Fürsorge, Sehnsucht, Zufriedenheit, Freude, Enttäuschung, Heiterkeit, Rückzug, Wunscherfüllung. Leidenschaft.

Sie repräsentieren oft sehr emotionale und intuitive Menschen.

(2) Kreuzen Sie das jeweils richtige Feld an:

Frage	**Ja**	**Nein**
Das *AS DER KELCHE* stört den Seelenfrieden.		X
V KELCHE symbolisieren fehlerhaftes Arbeiten.	X	
VII KELCHE stehen für Wunschvorstellungen.	X	
Mit *VIII KELCHE* werden wir von anderen vertrieben.		X
Mit *II KELCHE* schaffen wir es nicht, wieder in Einklang zu kommen.		X
VI KELCHE warnen vor nostalgischer Schwermut.	X	
Wer *IX KELCHE* zieht, kann nicht teilen.		X
III KELCHE warnen vor Unachtsamkeit.	X	
Der *PAGE DER KELCHE* bringt einen Heiratsantrag.	X	
Der *RITTER DER KELCHE* trifft seinen Traumpartner.	X	
II KELCHE wirken schöpferisch, wenn man alleine für sich arbeitet.		X
Die *KÖNIGIN DER KELCHE* bietet Diskretion.	X	
V KELCHE stehen für freudige Veränderungen.		X
Illusion oder Realität? – Das fragen *VII KELCHE*.	X	
X KELCHE zeigen die drohende Kündigung.		X
Trotziges Verhalten ist u.a. Botschaft von *IV KELCHE*.	X	
Partnersuchende finden mit *VIII KELCHE* ihr Glück.		X
Der *KÖNIG DER KELCHE* lässt sich nur von seinen Gefühlen tragen.		X
Der *PAGE DER KELCHE* bringt die Zusatzgratifikation.	X	
Der *RITTER DER KELCHE* kommt in kriegerischer Haltung auf einen zu.		X
Handwerker werden über den *KÖNIG DER KELCHE* symbolisiert.		X

Das *AS DER KELCHE* ist eine Glückskarte.	X	
III KELCHE verkünden schlechte Laune.		X
VI KELCHE erinnern an Kindheitsträume.	X	
VIII KELCHE warnen vor Trägheit.	X	
Die *KÖNIGIN DER KELCHE* könnte eine Heilerin sein.	X	
X KELCHE stehen für unerfüllte Wünsche.		X
IX KELCHE versprechen dauerhafte Freundschaften.	X	
Der *KÖNIG DER KELCHE* ist ein liebevoller Partner.	X	
Der *RITTER DER KELCHE* ist ein junger Erwachsener, immer männlich.		X
Mangelnde Hilfsbereitschaft folgt dem *KÖNIG DER KELCHE.*		X
Mit *II KELCHE* wird es ein Tag der Verbindungen.	X	
Unter *VI KELCHE* können wir unserer Jugendliebe begegnen.	X	
IX KELCHE ist die Karte des Feierns.	X	
IV KELCHE fordern zum verstärkten Stolz auf.		X
VII KELCHE symbolisieren die Scheinehe.	X	
Der *PAGE DER KELCHE* bringt Streitigkeiten.		X
X KELCHE bestimmen die Familienplanung.	X	
Zwei Frauen und ein Mann tanzen auf der Karte *III KELCHE.*		X
Partnersuchende finden mit *IV KELCHE* ihren Traumpartner.		X
Mit *V KELCHE* lassen sich neue Kunden gewinnen.		X
Das *AS DER KELCHE* kündigt eine Geburt an.	X	

Zu den Übungen (5)

(1) **Welchem Element werden die Münzen zugeordnet? Geben Sie stichpunktartig die charakteristischen Merkmale der Münzen bzw. ihres Elementes wieder. Welchen Typ Mensch repräsentieren sie?**
Element: Erde.
Materielles, Praktisches, Wohlstand, Reichtum. Gewinn.
Sie repräsentieren häufig Menschen, die mit materiellen (z. B. Verkäufer, Einzelhändler etc.) und finanziellen Dingen (z. B. Bankangestellte, Finanzbeamte etc.) zu tun haben.

(2) **Kreuzen Sie das jeweils richtige Feld an:**

Frage	**Ja**	**Nein**
Das *AS DER MÜNZEN* steht für Dummheit.		X
III MÜNZEN fördern die Talentausrichtung.	X	
VII MÜNZEN kündigt eine Schwangerschaft an.		X
V MÜNZEN stehen für Entbehrungen.	X	
Der *PAGE DER MÜNZEN* bringt Angebote, die keinen Gewinn erzielen.		X
VIII MÜNZEN lassen Partnersuchende erste Annäherungsversuche erleben.	X	
Der *RITTER DER MÜNZEN* steht für routiniertes Arbeiten.	X	
Bei *IV MÜNZEN* wird am Reichtum geklammert.	X	
Der Mann auf *V MÜNZEN* trägt eine Glocke um den Hals. Doch hat sie keine weitere Bedeutung.		X
Ist der *KÖNIG DER MÜNZEN* eine Frau, braucht sie Sicherheit.	X	
X MÜNZEN ist die Karte der Schwangerschaft.	X	
Zwei stehende Bettler finden sich auf *VI MÜNZEN*.		X
Die *KÖNIGIN DER MÜNZEN* kann nicht mit Zahlen umgehen.		X
II MÜNZEN ist die Karte der Anpassungsfähigkeit.	X	
RITTER DER MÜNZEN verlangen Geduld.	X	
X MÜNZEN kündigen die Insolvenz an.		X
Das *AS DER MÜNZEN* bringt eine Zusatzgratifikation.	X	
IX MÜNZEN verheißen Betrug.		X
Der *PAGE DER MÜNZEN* warnt vor Selbstüberschätzung.	X	

Auf *VI MÜNZEN* demonstriert jemand seine Macht.	X	
Die *KÖNIGIN DER MÜNZEN* ist eine selbstsichere Frau.	X	
Auf *IV MÜNZEN* sitzt jemand auf einer Bank im Park.		X
Mit *VII MÜNZEN* braucht man Geduld.	X	
Der *RITTER DER MÜNZEN* warnt vor Monotonie.	X	
Bei *VIII MÜNZEN* soll man sich ruhig im Detail verlieren.		X
Der *KÖNIG DER MÜNZEN* kann nicht mit Geld umgehen.		X
IX MÜNZEN kündigen fantastische Entwicklungen an.	X	
Ein Jongleur ist Hauptakteur auf *II MÜNZEN*.	X	
Der KÖNIG DER MÜNZEN ist ein bodenständiger Mann.	X	
Bei *VI MÜNZEN* darf man mehr geben als man gerade hat. Es kommt schon irgendwie wieder rein.		X
Der *PAGE DER MÜNZEN* bringt tatkräftige Unterstützung.	X	
Eine neue Sichtweise der Probleme im Bereich Liebe sollte man mit *III MÜNZEN* einnehmen.	X	
Ein Falke fliegt über die Karte *IX MÜNZEN*.		X
Die *KÖNIGIN DER MÜNZEN* ist die stets verheiratete Frau.		X
Mit *IV MÜNZEN* ist jemand sparsam.	X	
Steht der Aufwand im Verhältnis zum Gewinn? – So fragen die *VII MÜNZEN*.	X	
Drei Hunde finden sich auf der Karte *X MÜNZEN*.		X
VIII MÜNZEN ist die Karte des Neuanfangs.	X	
Nehmen Sie Sticheleien nicht auf die leichte Schulter! – So mahnt die Karte *II MÜNZEN*.		X
Mit *V MÜNZEN* ist es finanziell in einer Partnerschaft ggf. ein wenig eng.	X	
Die *III MÜNZEN* stehen für Halbherzigkeit.		X
Das *AS DER MÜNZEN* ist eine bereichernde Karte.	X	

Zu den Übungen (6)

ÜBUNG 1

Klient: männlich.

Thema: Er ist selbstständig und möchte die Entwicklung seines Geschäftes genauer unter die Lupe nehmen. Er plant, sich weitestgehend für eine Weile aus dem Geschäft zurückzuziehen und die Verantwortung vorwiegend in die Hände seines Geschäftspartners zu legen.

Die *II KELCHE* zeigen, dass der Ratsuchende sich in der Vergangenheit mit jemandem zusammengetan hat. Ein jeder von beiden schien seine Qualitäten zu haben, die einzeln für sich schon recht gut, doch richtig wertvoll erst im Zusammenwirken waren. Hierüber scheint sich das Geschäftliche bisher rentiert zu haben, schlimme Vorkommnisse, fehlerhaftes Verhalten oder sonstige Hinweise, die gravierend notwendig wären, sind nicht ersichtlich, was sich auch daraus schließen lässt, dass es nur eine Karte vor *DER NARR* gibt.

Schauen wir auf das, was den Ratsuchenden erwartet: Gleich mit der ersten Karte wird klar, warum er gezielt auf dieses Thema schauen lässt, denn die *IV SCHWERTER* kündigen einen Stillstand und/oder Erschöpfungszustand an, ggf. auch nur die Sehnsucht nach einer Pause, nach mehr Zeit für sich, einfach mehr Ruhe. Es wird ihm gelingen, sich im geschäftlichen Rahmen soviel Stabilität zu verschaffen, dass er nicht immer präsent sein und mitwirken muss (*III STÄBE*). Er sich somit durchaus erlauben darf, seinen Erfolg und sein Erreichtes für eine Weile einfach nur zu genießen und kürzer zu treten. Auch die *VII SCHWERTER* stehen für den Rückzug. Allerdings muss die Empfehlung ausgesprochen werden, schon hier genau auf die Art und Weise zu achten, wie er seinen Rückzug ankündigt oder begeht. Er sollte sich nicht einfach ohne weitere Erläuterung zurückziehen oder aus dem Staub machen. Sein Geschäftspartner könnte damit eventuell nicht umgehen, weil für ihn nicht eindeutig erkennbar ist, was der Ratsuchende eigentlich möchte: nur eine Pause, einen längerfristigen Rückzug, seine Anteile aus dem Geschäft herausziehen? Gerade im Hinblick auf ein Aufrechterhalten des Betriebes wäre eine offene Kommunikation und klares Miteinander wichtig. Wenn er sich plötzlich leise davonstiehlt, kann es durchaus sein, dass bisherige Kunden unruhig werden und dem Unternehmen Aufträge entziehen (*V KELCHE*), was dann im schlimmsten Fall zu einer Betriebsauflösung, wenn nicht sogar Insolvenz führen könnte. Diese Karte weist auch darauf hin, dass sich sein Geschäftskollege möglicherweise allein überfordert fühlt mit der Situation und es im Rahmen seiner Neufindung als „Alleinchef“ vielleicht erst zu Verlusten kommt, bevor er sich soweit orientiert hat, dass das Geschäft wieder reibungslos und gewinnbringend funktioniert. Auch die folgende Karte *III SCHWERTER* warnt vor vermeidbaren Fehlern. Ganz so leicht, wie der Ratsuchende es sich bis dahin vorgestellt haben mag, wird es nicht werden. Seine Vorstellungen werden so nicht realisierbar sein, aber sie sind nicht gänzlich verloren. Enttäuschung auf Seiten seines Geschäftspartners wird sich breit machen. Doch mit den Charakterzügen des *KÖNIG DER KELCHE* mag sich der Ratsuchende mit solchen Emotionen nicht konfrontieren und zeigt sich von seiner recht selbstbewussten Seite. Er wird nach wie vor gewillt sein, seine Bedürfnisse durchzusetzen, auch wenn er um die Risiken weiß, die damit verbunden sein könnten. Erst wenn er die Eigenschaften des *KÖNIG DER KELCHE* annimmt, indem er seine Gedanken und Beweggründe, warum er den Rückzug braucht und wie er ihn gestalten will, klarer und achtsamer auch im Hinblick auf die Verantwortung für sein Unternehmen definiert, wird es ihn bei seiner Umsetzung weiterbringen. Da beide Könige allerdings auch Personen darstellen können, bleibt nicht auszuschließen, dass ein guter Lösungsweg durch das Besprechen mit seinem Geschäftspartner und sich selbst (sofern der Ratsuchende über einen der Könige repräsentiert wird) oder einer weiteren Person gefunden wird. Für ein zufriedenstellendes bis gutes Ergebnis spricht die Karte *SECHS STÄBE*. Mit der letzten Karte bleibt jedoch kein Zweifel übrig, dass es wirklich nur um einen Rückzug und nicht um eine gänzliche Aufgabe seiner Teilhaberschaft geht (*IV MÜNZEN*).

Die Quintessenz:
Es ergibt sich ein Gesamtwert von (2 + 4 + 3 + 7 + 5 + 3 + 6 + 4 =) 34 → 3 + 4 = 7 → *DER WAGEN* .

DER WAGEN fordert den Ratsuchenden auf, aktiv zu werden. Er weiß, was er will und (dank dieser Legung) nunmehr auch, worauf er zu achten hat und was auf dem Weg zu einer sinnvollen Lösung berücksichtigt werden muss. Mit diesem Wissen sollte er loslegen: lieber Heut‘ als Morgen. Denn da auch vor *DER NARR* keine weiteren Karten liegen, gibt es nichts mehr, was er erst noch bewältigen müsste, bevor er sich an die Realisierung seines Rückzugs machen kann. Er ist in der glücklichen Lage, jetzt sofort mit der Umsetzung beginnen zu können.

ÜBUNG 2

Klient: weiblich.

Thema: Die Fragestellerin (im Weiteren FSin) ist frisch geschieden, Mutter zweier erwachsener Söhne, der Zweitgeborene noch im Haushalt der FSin lebend. Sie möchte wissen, wann es bei ihr im Leben wieder aufwärts geht und was sie selbst evtl. dazu tun kann.

Neun der zehn gezogenen Karten finden ihren Platz vor *DER NARR*. Beim ersten Blick auf die ausgelegte Kartenreihe ist für mich erkennbar, dass die Söhne tatsächlich eine große Rolle spielen (ein Sohn = *PAGE DER STÄBE*, zweiter Sohn = *PAGE DER SCHWERTER*). Doch der Reihe nach: Der Erstgeborene wird mir als *PAGE DER STÄBE* präsentiert. Ich ordne ihm deswegen diese Karte zu, weil der erstgeborene Sohn der FSin schon ausgezogen ist. Da der *PAGE DER STÄBE* gleich zu Beginn der Vergangenheitsreihe liegt, ist diese „Stufe“ von der FSin schon bewältigt, der Sohn steht auf eigenen Beinen, während der Zweitgeborene noch im Haushalt der FSin lebt. Da sie danach gefragt hat, *wann es bei ihr im Leben wieder aufwärts geht*, assoziiere ich diese Frage intuitiv nicht nur zum Thema Scheidung, sondern auch in Verbindung zum zweiten Sohn. Dieser wird aber noch eine Weile eine Rolle im direkten Umfeld (nämlich gleichen Haushalt) der FSin spielen und ihr noch Kräfte abverlangen (dazu nach den nächsten Karten mehr). Verfolgen wir weiter die Reihe der

Vergangenheit: Der älteste Sohn ist also ausgezogen. Er ist ein neugieriger junger Mann und weiß sein Leben zu meistern. Die Entscheidung auszuziehen, ist eine gute gewesen, um ihn braucht sie sich keine weiteren Sorgen machen. Diese Aussage begründet sich durch die folgende Karte der *III KELCHE*. Damit könnten wir das Thema „ältester Sohn“ normalerweise schon abschließen und uns weiter auf die FSin selbst konzentrieren. Aber so wie mir die *III KELCHE* noch zeigen, dass sie sich mit ihrem Sohn zwar über seine Eigenständigkeit freut und sie dadurch auch ihrem eigenen Glück, nämlich ihr Leben nach ihren Vorstellungen, Wünschen und Bedürfnissen zu leben (*DER STERN*) ein Stück näher gerückt ist, zeigt dann aber die weitere Karte *V KELCHE,* dass ihr etwas Wichtiges im Leben genommen wurde. Sie war verheiratet und hat sich der Fürsorge der Familie gewidmet. Auch nach der Trennung vom Ehemann gehörte der Großteil ihrer Aufmerksamkeit ihren Kindern. Ein Teil dieser Rolle, die sie als versorgende und alleinerziehende Mutter übernommen hatte, wurde hier nun durch den Weggang des Erstgeborenen entrissen und ein Gefühl der Leere, vielleicht auch Wertlosigkeit scheint sich in ihr auszubreiten. Sie muss lernen, ihr Leben neu auszurichten und ihre Aufmerksamkeit auf Personen und Dinge zu fokussieren, die ihrem persönlichen Dasein entsprechen. Die Zeit, sich weitgehend immer nur nach anderen zu richten, geht nach und nach vorüber: erst die Trennung, dann die Eigenständigkeit der Söhne. Dass sie glaubt, ihr persönliches Glück darin zu finden, sich für andere aufzuopfern, zeigt die in ihrem Gesamteindruck negativ anmutende Karte *V KELCHE,* welche der Karte *DER STERN* folgt (= negative Eigenschaften). Für einen Moment wird sie bereit sein, sich mit den vorangestellten Gedankengängen anzufreunden und versuchen, sich der Situation zu stellen (*DIE KRAFT*). Doch überschätzt sie sich dabei selbst, begegnet ihrem eigenen Selbst weiter mit geringer Wertschätzung (= negative Eigenschaften und *Warnt vor ...* zur Karte *DIE KRAFT*, da eine negative Karte – nämlich die *X SCHWERTER* folgt). Dieses eigene Fehlverhalten wird sie dabei sehr bald auch schon zu spüren bekommen: mit der Karte *X SCHWERTER* wird ihr auf schmerzvolle Weise bewusst gemacht, dass dieser von ihr eingeschlagene Weg keinesfalls der richtige gewesen sein kann und am Schluss nichts anderes dabei herauskommt, als dass sie sich weit über ihre eigenen Grenzen hinaus überfordert und zudem auch keinen Dank dafür erfährt. Im Gegenteil: Ihr Zweitgeborener (*PAGE DER SCHWERTER*) zeigt überhaupt kein Verständnis für den Zusammenbruch seiner Mutter, sondern wendet sich davon ab, möglicherweise geht er sogar soweit, dass auch er sich ihr zu dem Zeitpunkt entzieht und aus dem gemeinsamen Haushalt auszieht (*VII SCHWERTER*). Doch sollte sie über seinen Fortgang nicht trauriger sein als eine Mutter möglicherweise über den Auszug ihrer Kinder ist, sondern vielmehr darin eine neue Chance für sich (repräsentiert durch die Karte *PAGE DER MÜNZEN*) sehen. Ihr wird dadurch noch einmal die Chance geboten, sich neu zu orientieren (privat, beruflich, auf der Ebene von Freundschaften etc.), sprich: ihr Leben nach ihren Bedürfnissen und Vorstellungen auszurichten. In diesem Moment ist die Chance gegeben, alle Verpflichtungen anderen gegenüber fallen zu lassen und ihr eigenes Leben zu leben, denn: es folgt *DER NARR* und somit der Umbruch, der den Weg frei macht für ihren zukünftigen Weg. Als erste und einzige Karte für den Blick in die Zukunft bleibt *DER MOND*. Er ist für mich an dieser Position angesichts des Verlaufs der Vergangenheitskarten durchaus Sinn gebend. Es hätte mich gewundert, wenn die FSin von Heute auf Morgen ihr über Jahrzehnte gelebtes Inneres hätte ablegen können, um so zu tun, als wäre sie schon immer die glücklichste Frau der Welt und hätte nur darauf gewartet, dass die Söhne endlich ausziehen. Dem ist nicht so, das haben uns die Vergangenheitskarten auch vermittelt. Noch einmal sei wiederholt: die Hauptrolle ihres Lebens hatte sie ihrer Familie und am Schluss speziell den Kindern gewidmet und wie eine über viele Jahre in ihrer Rolle brillierende Schauspielerin wird ihr quasi die Bühne verwehrt und sie muss ihr Leben neu ausrichten. Da ist es kein Wunder, dass *DER MOND* folgt und darüber ihre Unsicherheit, ihre Ängste, wie sie ihr künftiges Leben meistern und gestalten soll, zum Ausdruck gebracht werden. Persönlich kann ich der FSin nur den Rat geben, sich langsam auf die neue Situation einzulassen, aber sich weder daheim zu verstecken noch bei anstehenden Möglichkeiten der Veränderungen zu lange zu zögern (Motivanalyse der Karte *DER MOND*), sondern sich Schritt für Schritt vorzuwagen in – metaphorisch gesprochen – das Drehbuch, welches das Leben nun für sie geschrieben hat.

Die Quintessenz:
3 + 17 + 5 + 11 + 10 + 7 + 18 = 71 = 7 + 1 = 8 = *DIE GERECHTIGKEIT*

Auch über die Quintessenz wird der FSin der Ratschlag gegeben, in ihrem Leben aufzuräumen und sich zu lösen von allem, was ihr nicht mehr gut tut, was wirklich der Vergangenheit angehört, damit sie weiter ihre eigenen Wege gehen kann. Natürlich sollte sie dabei gut überlegt handeln und sich nun nicht wie der Elefant im Porzellanladen verhalten. Das entspricht nach den ausgelegten Karten und ihrer Haltung, ihr Leben für andere aufzuopfern, auch nicht ihrem Wesen. Doch darf und soll sie ihre Wünsche und Bedürfnisse nach ihrem persönlichen eigenständigen Leben unabhängig von anderen nunmehr gestalten, sich selbst gegenüber, aber auch gegenüber anderen dabei offen und fair sein, wozu für mich auch gehört, dass sie zu ihren Ängsten (noch einmal bezogen auf die Karte *DER MOND*) steht und diese nicht versucht zu leugnen oder sie sich dazu verleiten lässt, ihren Mitmenschen gegenüber (wie auch neuen Freunden oder bei Berufssuche neuen Kollegen) sich zu verstellen. Das würde früher oder später ohnehin herauskommen.

Zu den Übungen (7)

ÜBUNG 1

Klient: Fragestellerin (im Weiteren kurz FSin), Single.

Thema: Sie hat einen neuen Mann kennengelernt und möchte wissen, ob daraus etwas Dauerhaftes werden könnte.

Karte 1: Mit dem *RITTER DER MÜNZEN* kommt jener Mann, den die FSin kennengelernt hat, direkt in die Beurteilung der Thematik hinein. Über diese Karte repräsentiert er sich als geduldiger sowie treuer Mann, allerdings – in Anlehnung an die Erklärungen um die Kartenbedeutungen, die mit dem *RITTER DER MÜNZEN* einhergehen – auch als jemand, der – wenn er sich der FSin erst einmal „sicher" ist – dazu neigen könnte, seine Bemühungen um sie verflachen zu lassen. Spontaneität ist für ihn ein Fremdwort, er legt Wert auf die beständigen Werte.

Karte 2: Als Einflusskarte folgt das *AS DER STÄBE* – zweifelsohne empfindet die FSin das Kennenlernen als große Chance, ihr persönliches Glück gefunden zu haben. Ob die Begegnung tatsächlich aber eine für sie in partnerschaftlicher Hinsicht wertvolle Bereicherung ist, verraten die weiteren Karten.

Karte 3: Diese Position spiegelt die Gedanken der FSin wider, ist also Ausdruck ihrer Empfindungen, wenn sie an den Mann denkt bzw. an das Zusammensein mit ihm. Nachdenklich stimmt mich dabei, dass eine in ihrem Grundgehalt so negativ anmutende Karte wie die *VIII SCHWERTER* folgt. Insofern ist ihr die starre Haltung, die mangelnde Spontaneität und das Ruhen auf Bewährtem des *RITTER DER MÜNZEN* durchaus schon bewusst und mit *VIII SCHWERTER* bringt sie zum Ausdruck, dass sie sich selbst in ihrem Wesen und mit ihren Bedürfnissen schon jetzt, so kurz nach dem Kennenlernen, zurücknimmt.

Karte 4: Von solchen Sätzen wie „Man erntet, was man sät" und „Geben und Nehmen müssen sich die Waage halten" hält die FSin offensichtlich nicht viel – sie schiebt es weit von sich. Damit erweckt sei bei mir den Eindruck, dass sie jetzt in einer Phase ist, in der sie nicht wohlüberlegt und alles detailgetreu planend handeln möchte, geben möchte, wann ihr danach zumute ist, und auch nehmen möchte, soviel der andere bereit ist ihr zu geben. Da sie *DIE GERECHTIGKEIT* von sich schiebt, geht es ihr vor allen Dingen erst einmal um ihr eigenes Wohlergehen.

Karte 5: Beim Anblick der *III KELCHE* drängt sich mir die Frage auf, ob sie diesen Mann ggf. auf einer Feier oder an einem Ort kennengelernt hat, an welchem sich zu dem Zeitpunkt viele Menschen aufhielten. Allerdings spielt die Beantwortung hier eher nur eine sekundäre Rolle. Primär bringt diese Karte zum Ausdruck, dass es der Wunsch nach Lebensfreude ist, nach „die Feste feiern wie sie fallen", nach einer Beziehung, die sie glücklich macht und an deren Glück sie andere teilhaben lassen möchte. Möglicherweise ist sie aber auch mit vielen anderen glücklichen Paaren konfrontiert worden, die ihren Wunsch nach einer solchen Partnerschaft, wieder in ihr geweckt haben.

Karte 6: Die Karte auf dieser Position verweist auf etwas, was schon sehr bald geschehen wird. Hier finden sich die *V KELCHE*. Die Verbindung zwischen den beiden wird keinen Bestand haben. So plötzlich, wie dieser Mann in ihr Leben kam, so plötzlich wird er auch wieder daraus verschwinden. Ich gehe nicht davon aus, dass die Trennung aufgrund von Unehrlichkeit (auch in Form von Betrügen) resultieren wird, dafür ist der *RITTER DER MÜNZEN* zu bequem und es entspricht nicht seinen Vorstellungen vom Leben. Viel mehr hegt sich in mir der Verdacht, dass die FSin schon ihre jetzt vorhandenen Gedanken (*VIII SCHWERTER*) der eigenen Unfreiheit mehr ins Bewusstsein rücken lässt und darauf aufbauend sich für den Schritt in Richtung Beendigung entscheiden wird.

Karte 7: Mit dieser Erfahrung wird sich auch die Einstellung der FSin zum Thema Partnerschaft und die Gestaltung selbiger (ich erinnere hier noch einmal daran, wie sehr sie die Werte, die die Karte *DIE GERECHTIGKEIT* in sich trägt, anfangs von sich schob!) verändern. Die *VIII MÜNZEN* repräsentieren die Rückbesinnung darauf, dass es nicht sofort Knall auf Fall die große Liebe sein muss und dass eine Partnerschaft, in der ein ausgewogenes Geben und Nehmen vorhanden ist, möglicherweise doch eher zu ihr passt als eine Beziehung, in der nur sie allein auf ihre Kosten kommt. Insofern gibt sie die Suche als solche zwar noch nicht auf, aber sie setzt sich auch nicht unter Druck, übt sich in Geduld und schaut, wer ihre Wege kreuzen und die Bedürfnisse einer Partnerschaft mit ihr teilen könnte und möchte.

Karte 8: Ihr näheres Umfeld, Menschen, mit denen sie regelmäßig in Kontakt steht oder gar um ihre Partnersuche wissen, haben indes überhaupt keinen Zweifel, dass sie den für sich passenden Mann finden wird. Mit den *VIII STÄBEN* vermute ich sogar, dass da im Weiteren einige Einladungen oder Hinweise (à la „Ich kenn da jemanden, der …“) auf sie zukommen werden, um ihrem Glück ein wenig auf die Sprünge zu helfen.

Karte 9: Die FSin wird diese Zeitspanne, bis der „neue unbekannte Mann“ in ihr Leben tritt zur Klärung ihrer Ängste und Hoffnungen nutzen. *DER EREMIT* verkörpert zwar die Zurückgezogenheit, aber nicht das dauerhafte Alleinsein. Alleinbleiben möchte die FSin auch nicht. Allerdings lässt sie ihre tieferen Wünsche mehr ins Bewusstsein rücken und – auch hier verweise ich noch einmal auf ihre ursprünglichen, recht lockeren und vor allen Dingen egoistischen Vorstellungen an eine Beziehung durch die ersten Karten – und damit auch die Erkenntnis, dass ihr im Grunde genommen doch an einer reifen, beständigen Partnerschaft gelegen ist, in der sich aber beide noch genügend Freiräume schenken.

Karte 10: Und siehe da: diese noch verbleibende Zeit des Singledaseins, die zum Klären ihrer tiefen Bedürfnisse und wahren Beweggründe für die Suche nach einer Beziehung, durchaus dienlich sein kann, führt sie direkt zum *KÖNIG DER KELCHE.* Er bringt die Eigenschaften mit sich, die auch der FSin wichtig sind: ein ausgewogenes Verhältnis von liebevoll und emotional, aber durchaus auch bereit, seine eigenen Interessen durchzusetzen.

Karte 3 und 9: Die *VIII SCHWERTER* und *DER EREMIT* zeigen ganz eindeutig, dass die FSin keine Frau ist, die sich „an die Kette legen“ lassen möchte, sie ihr Leben nicht nur rein auf die Erfüllung der Wünsche eines Partners reduzieren möchte, keine Abhängigkeit mag und es ihr wichtig ist, zwar eine vertrauensvolle Beziehung zu leben, in der viel gemeinsam unternommen wird und man sich zusammen etwas aufbaut. Gleichwohl benötigt sie aber für sich auch Zeiten des Rückzugs, um ihre eigenen Interessen zu verfolgen; dieses räumt sie dem Partner ebenfalls ein.

<u>Kate 4 und 7</u>: Um das zu erreichen, muss sie sich allerdings von den Einstellungen, die weiter oben bei **Karte 4** beschrieben wurden, verabschieden und sich mehr den Intentionen, wie bei **Karte 7** notiert, zuwenden.

<u>Karte 3, 6 und 7 (Diagonale)</u>: Das bedeutet im Klartext: Sie braucht sich nicht zu einem Opfer zu machen, indem sie ihre eigenen Bedürfnisse dermaßen einschnürt, dass sie sich wie erstarrt fühlt (*VIII SCHWERTER*). Von den Vorstellungen, die sie bis dato allerdings in sich trägt („erst ich, dann der andere"), gilt es sich allerdings gleichfalls zu verabschieden (*V KELCHE*). Stattdessen wäre es an der Zeit für ein „Aufräumen in der gedanklichen Beziehungswunschkiste": überholte und nicht realisierbare Vorstellungen gilt es auszulöschen und neuen hingegen klarere Konturen zu geben (*VIII MÜNZEN*).

<u>Karte 4, 6 und 9 (Diagonale)</u>: Für eine gute Beziehung ist nun einmal ein ausgeglichenes Verhältnis unter Berücksichtigung der Vorstellungen beider Partner wichtig (*DIE GERECHTIGKEIT*), was durchaus dazu führen kann, dass beide von ihren bisherigen Absichten oder auch Teilen ihres bisher gelebten Single-Lebens Abstand nehmen müssen (*V KELCHE*). Doch ist der Weg genau dann frei für eine beständige Beziehung, die auf reifen Erkenntnissen und tiefem Vertrauen aufgebaut werden kann, in der beide ihre Freiräume haben und gleichzeitig fest zueinander halten (*DER EREMIT*).

<u>Karte 7 – 8 – 9 – 10</u>: Wenn die FSin noch einmal bei der Planung ihrer Beziehungsvorstellungen klein anfängt (*VIII MÜNZEN*), wird sie sicherlich schon bald mit erfreulichen Entwicklungen rechnen dürfen *(VIII STÄBE)*, um die neu gefassten Gedanken einer Beziehung aus Treue, tiefer Zugehörigkeit und gleichfalls auch Freiräumen *(DER EREMIT)* mit einem Mann teilen zu können. Dieser kann mit seiner liebevollen wie herzlichen Art ihre romantischen Bedürfnisse dann ebenso befriedigen, wie er mit seiner Durchsetzungsfähigkeit nicht nur für seine eigenen, sondern auch die der FSin, notwendigen Freiräume einsteht.

<u>Quintessenz</u>:
1 + 8 + 8 + 3 + 5 + 8 + 8 + 9 = 50 = 5 + 0 = 5 = *DER HIEROPHANT*

Sie wird vielleicht nicht sofort verstehen, warum es mit dem neu kennengelernten Mann nicht funktionieren wird. Doch mit der Zeit werden ihre Vorstellungen an eine Beziehung sich wandeln und im Rahmen dessen findet sie die notwendigen Erklärungen, die ihr helfen, sich von alten Vorstellungen zu verabschieden und neue Beziehungsideen willkommen zu heißen.

ÜBUNG 2

Klient: Fragesteller (im Weiteren kurz FS), verheiratet.

Thema: Er ist noch angestellt, möchte sich gerne im Esoterischen selbständig machen.

Karte 1: Die *VI SCHWERTER* stellen eindrucksvoll das „Aufmachen auf unsichere Wege" dar, der FS weiß nicht, ob diese Entscheidung richtig ist, wie es ihm mit der Selbständigkeit ergehen würde. Insgesamt zeigt die Karte an erster Position seine Unsicherheit und seine, sicherlich vor dem Schritt von einem gesicherten Arbeitsplatz in die Selbständigkeit, berechtigte Grübelei.

Karte 2: Doch gerade wer in der Esoterik arbeitet, weiß um gewisse spirituelle Gesetzmäßigkeiten und entsprechend der Karte *DIE HERRSCHERIN* auch darum, dass man gewisse Dinge im Leben nicht partout rein nach dem Egowillen regeln sollte, sondern den Gedanken die Chance einzuräumen, sich über den dafür notwendigen Zeitraum hinaus zu entwickeln. *DIE HERRSCHERIN* gibt ihm im Grunde genommen „grünes Licht" für sein Vorhaben, sich von seinem bisherigen Arbeitsplatz zu lösen und sich auf die neue Situation der Selbständigkeit einzulassen.

Karte 3: Doch der FS ist sehr vorsichtig, neigt nicht dazu, überhastete Entscheidungen zu treffen. Er denkt viel über das Thema nach und setzt sich bei der Umsetzung auch nicht unter Druck, geschweige denn, dass er sich durch ablehnende Reaktionen oder euphorische Zustimmungen beeinflussen lassen würde (*DER EREMIT*).

Karte 4: Mit der Karte *PAGE DER KELCHE* schiebt der FS es von sich, immer nur „der nette Kollege" zu sein, auf den man sich verlassen kann oder der selbst Unterstützung bei der Bewältigung seiner ihm übertragenen Aufgaben braucht (*Anm.: ob es das eine oder andere ist, müsste im Gespräch genauer hinterfragt werden)*. Er möchte nicht mehr „einer von vielen" sein, dem man scheinbar nichts zutrauen kann, was über sein bisheriges Tätigkeitsfeld hinausgeht.

Karte 5: Die *VI KELCHE* waren ausschlaggebend für seinen Wunsch nach beruflicher Neuorientierung. Möglicherweise hat er jemanden aus früherer Zeit getroffen, der ihn zu diesem Schritt inspiriert hat. Eventuell hat der FS aber auch selbst nur eine Art „Seelenreise" zu seinen früheren beruflichen Wünschen gemacht und sich daran erinnert, dass er normalerweise lieber sein eigener Chef wäre, anstatt als Angestellter zu arbeiten.

Karte 6: Mit dem *RAD DES SCHICKSALS* wird der FS regelrecht aufgefordert, sich jetzt wirklich intensiv mit diesem Thema zu beschäftigen. Die Frage „Selbständigkeit – ja oder nein" wird zu seinem Hauptthema werden, und zwar schon sehr bald. Es gilt, sich dem zu stellen und nicht mehr nur davon zu träumen, sondern sich konkret damit auseinanderzusetzen, alle Pro und Contra aufzulisten und dann eine kluge Entscheidung daraus abzuwägen.

Karte 7: Er selbst sieht in der Idee, sich im esoterischen Bereich selbständig zu machen, eine große Chance, um auch seinen „beruflichen Seelenfrieden" zu erhalten. Hinsichtlich dieser Ausdrucksweise möchte ich noch einmal an die Karte *VI KELCHE* erinnern, die auf vergangene Beweggründe verweist, warum der FS sich überhaupt mit der Frage nach der Selbständigkeit beschäftigt. Die Selbständigkeit scheint gemäß jener Karte ein Kindheitstraum zu sein, den er seitdem mit sich herumträgt und gerade zu dieser Zeit von dem „Wächter seiner Seele“ freigegeben wird (siehe Motivanalyse zu *VI KELCHE*).

Karte 8: Auch die Leute, mit denen er sich darüber ausgetauscht haben wird, sehen in der Idee sicherlich eine gute Chance. Allerdings teilen sie den Wankelmut des FS nicht. Sie plädieren für ein klares JA oder klares NEIN, damit der FS endlich wieder weiß, worauf er sich künftig konzentrieren soll: entweder auf seinen vertrauten Job oder auf die Notwendigkeiten, die mit dem Eingehen in die Selbständigkeit nötig sind.

Karte 9: Interessanterweise scheint der FS auf die Unterstützung einer anderen Person zu hoffen, nämlich die des *KÖNIG DER KELCHE*. Ob es sich dabei um eine Frau oder einen Mann handelt, müsste mit dem FS direkt besprochen werden. In jedem Fall werden dem *KÖNIG DER KELCHE* aber in beruflicher Hinsicht auch die alternativen Heilmethoden zugeordnet, sodass ihr (oder sein) berufliches Thema auch schon in die Richtung geht, in welcher sich der FS selbständig machen möchte.

Karte 10: Wenn der FS bisher noch Zweifel hatte, den Schritt in die Selbständigkeit zu wagen, dann kann es keine bessere Karte als das *AS DER MÜNZEN* geben, um ihm diese zu nehmen. Diese Karte spiegelt die zu erfüllenden Wünsche wider, den (nicht nur rein finanziellen) Reichtum. Bezogen auf das hier vorliegende Thema, alle günstig verlaufenden Wege bzgl. Notwendigkeiten, um diesen Schritt zu gehen: Von der Planung, Finanzierung bis zu den nötigen Klienten etc. pp.

Karte 3 und 9: Klären sollte er auf jeden Fall die Idee, sich mit jemandem zusammenzutun oder dessen Unterstützung in Anspruch zu nehmen (*DER EREMIT* + *KÖNIG DER KELCHE*). Solang er dort keine Klarheit hat, hängt er nur weiter in Eventualitäten und kann keine klaren Entscheidungen treffen. Ob eine Zusammenarbeit – in welcher Form auch immer – hier zustande kommt oder nicht und wenn ja, auf welcher Basis, das muss als erstes geklärt werden.

Karte 4 und 7: Ihm muss natürlich klar sein, dass er als sein eigener Chef niemanden mehr hat, auf den er bei Misslingen die Verantwortung schieben könnte (*PAGE DER KELCHE*). Allerdings kann er mit seiner Selbständigkeit aber nicht nur anderen, sondern auch sich selbst beweisen, dass er über genügend Engagement und Einsatzbereitschaft verfügt, seinen Traum zu erfüllen und dabei auch noch erfolgreich zu sein (*AS DER KELCHE*).

Karte 3, 6 und 7 (Diagonale): Somit wissen wir also aus den Karten 4 und 7, dass es bei dem Thema der Selbständigkeit auch darum geht, dass er sich selbst etwas beweist, nämlich beruflich zu mehr imstande zu sein als bisher und er sich die neuen Wege auch zutraut und auf deren Richtigkeit vertraut. Das wird gestützt durch die hier anstehende Diagonale: Er hat lange darüber nachgedacht (*DER EREMIT*), es handelt sich also um keine Kurzschlusshandlung, und er weiß darum, dass er es angehen muss, entweder jetzt oder nie *(RAD DES SCHICKSALS)* und dass nun die Zeit seiner großen Chance gekommen ist (*AS DER KELCHE*).

Karte 4, 6 und 9 (Diagonale): Was er allerdings noch nicht vollständig ablegen sollte, um wirklich erfolgreich zu sein bzw. zu werden, ist die Unterstützung durch einen in diesem Bereich schon erfahrenen Menschen. Er wird zwar künftighin für mögliche Fehlentscheidungen aufgrund noch nicht vollkommener Sicherheit im Umgang mit der Selbständigkeit (*PAGE DER KELCHE*) selbst einstehen müssen. Allerdings gehört auch diese Erfahrung dazu, aus seinem *RAD DES SCHICKSALS* auszusteigen, um sich quasi zu erproben und seine Grenzen kennenzulernen und auszudehnen. Die Hilfe des *KÖNIG DER KELCHE* sollte er dabei aber in jedem Fall, zumindest anfangs, in Anspruch nehmen.

Karte 7 – 8 – 9 – 10: Wenn er sich über den wertvollen Gehalt seiner Idee, sich im esoterischen Bereich selbständig zu machen, völlig im Klaren ist (*AS DER KELCHE*), ist es unausweichlich, eine konkrete Entscheidung Dafür oder Dagegen zu treffen, damit die nötigen Schritte (bei einer Entscheidung Dafür) endlich vorangebracht werden können (*AS DER SCHWERTER*). Unterstützung wird er dabei durch eine Frau oder einen Mann (*KÖNIG DER KELCHE*) erfahren, die/der wohl schon selbständig tätig ist, sehr wahrscheinlich sogar im selben Bereich oder einer Branche, die sich gut mit den Ideen des FS verbinden lassen. Über diesen Weg wird ihm die große Chance gegeben, sein persönliches Glück auf allen Ebenen zu finden (*AS DER MÜNZEN*).

Quintessenz:
6 + 3 + 9 + 6 + 10 + 1 + 1 + 1 = 37 = 3 + 7 = 10 = *RAD DES SCHICKSALS* **sowie** 1 + 0 = 1 = *DER MAGIER*.

Der FS sollte sich dem Thema Esoterik und dem Wunsch nach Selbständigkeit in diesem Bereich voll widmen und die gebotenen Chancen prüfen. Wenn er das Thema jetzt nicht angeht und löst (sei es nun dafür oder dagegen), wird er es womöglich nie tun. *DER MAGIER* gibt ihm dabei die Sicherheit, dass er wirklich über alles verfügt, was er für die Umsetzung seiner Idee benötigt, um durchaus erfolgreich sein zu können.

Zu den Übungen (8)

ÜBUNG 1

Klient: Fragestellerin (im Weiteren kurz FSin).

Thema: Sie hat ein Verhältnis mit einem etwas älteren Mann und möchte wissen, wie es zwischen ihr und ihm weitergeht. Die FSin schildert mir den Mann als Familienvater und Workaholic, der sehr ehrgeizig ist, aber auch impulsiv sein kann, aber in privaten Angelegenheiten wenig entschlussfreudig ist.

Karte 1: Der *KÖNIG DER STÄBE* als vorab gewählte Personenkarte.

Karte 2: Aus den Angaben der FSin ist bekannt, dass der Mann gebunden ist. Da er sich aber trotzdem einer anderen Frau (nämlich der FSin) zugewandt hat, scheint es Probleme innerhalb seiner Ehe zu geben. *DAS GERICHT* spiegelt die Empfindungen des Mannes zur FSin dergestalt wider, als wäre sie eine Art Erlösung, ihn nicht nur, zumindest über begrenzte Zeiträume hinweg, aus seiner erkalteten Ehe herauszuholen, sondern ihm – sei es bewusst oder unbewusst – auch aufzeigt, woran seine Ehe gescheitert ist und was eine gut funktionierende Beziehung tatsächlich ausmacht. Ob sich diese Erkenntnisse aber positiv für das Verhältnis zur FSin auswirken, bleibt noch offen und kann erst über die weiteren Karten beurteilt werden.

Karte 3: Mit *II STÄBE* erwartet die FSin von dem Mann eine neutrale Bewertung der Situation zwischen ihr und ihm und seiner Frau, ungeachtet dessen, ob zurzeit große Gefühle im Spiel sind oder nicht. Zwar hofft sie wohl auch, dass er der Mann ist, der ihr den Schutz und die Geborgenheit geben kann (siehe hierzu die Motivanalyse zur Karte), auf der anderen Seite ist sie mit *II STÄBE* aber auch noch nicht bereit, sich sofort mit allen Konsequenzen fest zu binden. Sie ist da eher abwartend, zurückhaltend und erwartet ein solch überlegtes Handeln auch von ihm.

Karte 4: Für den Mann stehen nach wie vor (er wurde bereits als Workaholic beschrieben) äußere Werte im Vordergrund, sprich: vor dem Gefühl kommt das Materielle. Mit dem *AS DER MÜNZEN* zeigt er ganz klar, dass er hier das, was er sich bisher erschaffen hat, nicht aufs Spiel setzen möchte, zum anderen aber auch, dass er in Bezug auf seine Arbeit nicht kürzer treten wird.

Karte 5: Der Eindruck der vorhergehenden Karte wird durch die *V KELCHE* auf dieser Position im Legemuster noch einmal unterstrichen. Er hat sich im Laufe seines Lebens Einiges erschaffen. Der Gedanke, dass er Teile davon zurücklassen müsste, wenn er sich für eine neue Beziehung entscheidet, löst einen Gräuel in ihm aus. Er schaut dabei nur auf das, was er verlieren könnte, aber nicht auf das, was ihm noch verbleiben würde oder er sogar neu hinzubekommen könnte (wie z. B. eine schöne neue Partnerschaft).

Karte 6: Grundsätzlich ist der Mann bereit, auch weiterhin auf die FSin zuzugehen, sich näher auf sie einzulassen. Solange die FSin ihn sozusagen „willkommen heißt" (*IV STÄBE*), wird er diese Möglichkeit auch nutzen. Doch genau darin befindet sich das Übel, welches die FSin nicht übersehen sollte. Denn: sie muss ihm Signale senden, dass sie bereit ist – diese werden von ihm genutzt.

Karte 7: Die *VI STÄBE* verkündeten in ihrer Bedeutung einen Etappensieg (siehe Motivanalyse zur Karte). In diesem Fall bedeutet es, dass die FSin zwar auf der bisherigen Ebene weiter mit dem Mann verkehren kann, doch sagt diese Karte überhaupt nichts dazu aus, ob es auf diesem Level dauerhaft so weitergeht, es tatsächlich irgendwann in eine feste Beziehung mit ihm mündet oder auseinandergeht. Die *VI STÄBE* repräsentieren den guten Moment – doch die weitere Entwicklung hängt entscheidend davon ab, was aus diesem gemacht wird. Aber aus den Beschreibungen zu der Karte *VI STÄBE* ist bekannt, dass hier viel Geduld gefordert ist.

Quintessenz
20 + 2 + 1 + 5 + 4 + 6 = 38
38 = 3 + 8 = 11 = *DIE KRAFT*
11 = 1 + 1 = 2 = *DIE HOHEPRIESTERIN*

Die Situation wird von der FSin viel Kraft erfordern, doch sollte sie bei aller Geduld und Liebe nicht vergessen, auch ihre eigenen Bedürfnisse (die nicht nur im Zusammenhang mit dem Mann stehen müssen) zu äußern und auch einmal dem Mann gegenüber *Nein* zu sagen, um diese leben zu können. Denn gerade weil die Karten den „Etappensieg", aber nicht das gewonnene Finale symbolisieren, ist es für sie wichtig, sich nicht in völlige Abhängigkeit zu diesem Mann zu begeben. Viel eher sollte ihr in Anlehnung an *DIE HOHEPRIESTERIN* noch abschließend die Empfehlung mit auf den Weg gegeben werden, beizeiten einmal in sich hineinzuhorchen, ob das, was ihr mit diesem Mann geboten wird, wirklich das ist, was sie sich von einer Beziehung erhofft. Und ob all das es rechtfertigt, dass sie diese, emotional sicherlich nicht leichte Zeit, und Geduld aufbringt um letzten Endes nur darauf zu warten, ob er dann eventuell eines Tages bereit wäre, sich aus der Ehe zu lösen und sich zur FSin zu bekennen.

ÜBUNG 2

Klient: Fragesteller (im Weiteren kurz FS), schon älter/reifer, Witwer.

Thema: Er hat eine jüngere Frau kennengelernt und möchte wissen, ob mit ihr eine Beziehung möglich wäre. Er beschreibt die Frau um mehr als 10 Jahre jünger denn er selbst, darüber hinaus als manchmal sehr stur, aber auch pflichtbewusst und überaus ordentlich.

Karte 1: Der *RITTER DER MÜNZEN* repräsentiert die junge Dame, die der FS kennengelernt hat.

Karte 2: Die Frau empfindet den FS als unentschlossen (*II STÄBE).* Sie kann nicht einschätzen, welcher Natur seine wahren Interessen an ihr sind. Doch mit *II STÄBE* scheint sie, zumindest zurzeit, eher freundschaftliche, unverbindliche Gefühle für ihn zu haben.

Karte 3: Der FS selbst erhofft sich von der Frau, dass sie mehr aus sich herausgeht. Mit dem *RITTER DER SCHWERTER* auf dieser Position scheint es so, als wolle er die Entwicklung – ob es zu einem intensiveren Kontakt kommt oder nicht – eher von der Frau abhängig machen. Wenn sie entsprechend mehr agieren und unter Umständen auch gegen seine zurzeit noch recht neutrale Haltung aufbegehren würde, könnte er sein Verhalten entsprechend anpassen. Dadurch würde er sich „auf der sicheren Seite“ fühlen, d. h.: wenn sie ihm deutlich zeigt, was sie will, kann er entsprechend reagieren und kann sich dabei sicher sein, nichts falsch zu machen.

Karte 4: Die Frau selbst scheint aber ganz andere Sorgen zu haben. Mit den Karten *V MÜNZEN* hat sie Verluste (welcher Art auch immer) erlitten, steckt möglicherweise in persönlichen Schwierigkeiten, die sie erst einmal geregelt wissen möchte.

Karte 5: Entsprechend konzentriert sie sich zurzeit vor allen Dingen auf die Bewältigung ihrer eigenen Sorgen (*DIE KRAFT*). Erst wenn sie bewältigt hat, was in ihren Augen vor der Bereitschaft sich zu binden, erledigt bzw. abgeschlossen sein muss, wäre sie bereit, sich ihm gegenüber zu öffnen.

Karte 6: Grundsätzlich ist die junge Frau schon bereit, sich näher auf den FS einzulassen und die zarten Bande, die die beiden zurzeit miteinander verbindet, langsam auszubauen. Die *VIII MÜNZEN* setzen dafür den langsamen Aufbau von Vertrauen voraus und das gegenseitige Kennenlernen über einen längeren Zeitraum.

***Anmerkung**:* Aus der Karte *V MÜNZEN* von der Position 4 ist bekannt, dass die Frau eine schmerzhafte Phase hinter sich hat oder sogar noch in ihr befindet. Möglicherweise hängt dieses damit zusammen, dass sie von einem anderen Mann enttäuscht wurde – das würde erklären, warum ihr mit der Karte *VIII MÜNZEN* ein langsames Kennenlernen wichtig ist.

Karte 7: Wenn sich beide diese Zeit geben, können sie unter Berücksichtigung der vorgenannten Hinweise, gemäß der Karte *IX MÜNZEN*, eine schöne Beziehung aufbauen. Die Karte symbolisiert, dass sie beide das Suchen nach dem idealen Partner einstellen werden (siehe Motivanalyse *IX MÜNZEN*) und gerade die gemeinsame Überwindung der Krise, in welcher sich die Frau befindet, dazu beiträgt, an Wertschätzung füreinander zu gewinnen und einander zu vertrauen.

Quintessenz

+ 5 + 11 + 8 + 9 = 35 * 3 + 5 = 8 = *DIE GERECHTIGKEIT*

Der FS weiß nun, dass die Frau durchaus Interesse an ihm hat und dieser noch frische neue Kontakt zwischen ihnen tatsächlich in eine vertrauensvolle Beziehung münden kann. Wichtig dabei ist, dass auch er seine nach außen noch unklar wirkenden Absichten konkretisiert, damit die Frau das entsprechende Vertrauen zu ihm aufbauen kann. Wenn er hier nicht ungeduldig und überhastet vorgeht, sondern der Entwicklung die Zeit gibt, die sie bedarf, wird er seine Erfüllung mit dieser Frau finden. Doch ist es wichtig, dass er *agiert* und die weitere Entwicklung nicht von dem Verhalten oder den Signalen der Frau allein abhängig macht. Wenn er sich um sie bemüht, kann er sie für sich gewinnen, entsprechend der Bedeutung um die Karte *DIE GERECHTIGKEIT*: man erntet, was man sät. Doch wer keine Saat auswirft, kann nichts ernten.

Zu den Übungen (9)

LÖSUNG 1
Klient: Fragesteller (im Weiteren kurz FS).
Thema: Er möchte seine langjährige Freundin heiraten.

Karte 1: Seine Freundin macht auf ihn den Eindruck, als wäre auch sie dem Hochzeitsgedanken gegenüber nicht abgeneigt. Die „Signale", die sie ihm sendet, bestätigen ihn zumindest in dieser Annahme, allerdings verweisen die *IV STÄBE* darauf, dass er dazu den ersten konkreten Schritt (Antrag machen) setzen muss. Das ist ihm durchaus bewusst.

Karte 2: Seine Freundin sieht in ihm eher den auf Verstandesebene handelnden Mann. Er ist in ihren Augen niemand, der unüberlegt vorgeht oder gar zu Spontaneität neigen könnte. Mit dem *KÖNIG DER SCHWERTER* mag er ihr manches Mal zu beherrscht und kühl erscheinen.

Anmerkung: Der *KÖNIG DER SCHWERTER* verweist auch auf Partner, die ihrer Partnerin nicht die größte sexuelle Erfüllung bringen. Ob und wie Sie dieses Thema ansprechen, bleibt natürlich Ihnen überlassen. Solche intimen Aussagen mache ich in meinen Beratungen davon abhängig, wie der Klient im Setting auf mich wirkt. Mit der Tür ins Haus fallen à la „Na ja, im Bett sind Sie aber auch nicht der größte Hecht" ist dabei sicherlich niemals die richtige Methode.

Karte 3: Dass auf dieser Position nun eine Karte aus der Reihe der Kelche – in diesem Fall der *KÖNIG DER KELCHE* – folgt, ist nicht weiter verwunderlich. Es geht also um das Thema Gefühl, und zwar auch um das Zeigen selbiger. Allerdings muss mit dieser Karte auch die Überlegung erwogen werden, ob ggf. noch ein anderer Mann Einfluss (in welcher Form auch immer) auf die Beziehung hat: dieses kann von einem schlichten Flirt bis hin zum einmischenden Elternteil jeder sein. Sollte dem zugestimmt werden, gilt zu prüfen und zu klären, inwieweit diese Person weiterhin in dieser Rolle, die sie eingenommen hat, Beachtung finden soll.

Karte 4: Beide Partner haben den Wunsch nach einer soliden, treuen und im Wohlstand geführten Partnerschaft. Mit den *X MÜNZEN* gehen ihre Vorstellungen einer gemeinsamen Beziehung in die gleiche Richtung von „Haus, Hof und Familie gründen" und einem sorgenfreien Leben. Beide sind bemüht, ihren Teil zur Erfüllung dieser Wünsche beizutragen.

Karte 5: Mit dem *KÖNIG DER STÄBE* sieht die Freundin des FS durchaus auch seine nicht nur beherrschten und kontrollierten Anteile, sondern auch die der sympathischen, sozial eingebundenen und auch herzlichen. Er ist ein positiv eingestellter Mann, der aufgrund der Charaktere, die dem *KÖNIG DER STÄBE* zugeordnet werden, nicht in Sinnlosigkeiten verfällt und ihr somit die Gewissheit gibt, dass er durchaus der Richtige ist, mit dem sie ihre Wünsche (wie auf Position 4 erläutert) realisiert.

Karte 6: Die Freundin vermittelt mit *II KELCHE* ein Zusammengehörigkeitsgefühl, welches auch der FS unter Bezugnahme auf die Gedanken von Karte 4 benötigt. Er weiß, dass er ihr vertrauen kann und selbst bei Streitigkeiten auch sie die Hand zur

Versöhnung reicht, anstatt sich abzuwenden. Auch er sieht in ihr (wie sie schon in ihm – siehe Karte 5) damit die richtige Partnerin, die Zukunftsvorstellungen, wie unter *Karte 4* näher beschrieben, realisieren zu können.

Karte 7: Mit den *V STÄBE* wird eindrucksvoll gezeigt, dass sich hier zwei gleichstarke Partner gefunden haben und niemand von ihnen bereit ist, sich dem Anderen unterzuordnen. Vielmehr wird Jeder von ihnen immer mal wieder probieren, die Grenzen des Machbaren auszutesten und somit auch die Strapazierfähigkeit der Bejahung des anderen. Tröstlich daran ist, dass sie dabei nicht in ernsthafte Streitigkeiten verfallen, sondern wirklich mehr spielerisch, aber sicher nicht minder geschickt und mit dem festen Willen, seine Ansichten durchzusetzen, vorgehen. Somit verweist die letzte Karte darauf, dass sich der FS durchaus bewusst sein muss (das wird er aber nach den vielen Jahren der Partnerschaft sicherlich schon wissen), dass er eine starke, und um ihre An- und Absichten, durchsetzungsfähige Frau heiraten möchte und das Thema „Kompromisse schließen" zu einem wichtigen Baustein innerhalb ihrer Ehe wird.

Quintessenz
4 + 10 + 2 + 5 = 21 = *DIE WELT* sowie: 2 + 1 = 3 = *DIE HERRSCHERIN*

Mit *DIE WELT* hat der FS in seiner Partnerin die Frau gefunden, die er heiraten und mit der er gemeinsam seine Zukunft gestalten möchte. Diese Karte unterstützt ihn hinsichtlich dieser Gedanken und kann ihn zu dem Schritt des Antrags nur ermutigen. Wenn beide dann gemäß der Karte *DIE HERRSCHERIN* darauf achten, nicht stärker sein zu wollen oder sich selbst wichtiger zu nehmen als den anderen, hat ihre Ehe eine durchaus gute Chance, sich sehr positiv in Richtung auch der Gedanken zur Karte 4 (*X MÜNZEN*) zu entwickeln. Dem Schaffen von „Haus, Hof und Familie" steht nichts im Wege.

LÖSUNG 2

Klient: Fragestellerin (im Weiteren kurz FSin).
Thema: Sie ist seit vielen Jahren verheiratet und möchte wissen, wie es um die Liebe in ihrer Ehe steht.

Karte 1: Mit *DIE GERECHTIGKEIT* empfindet die FSin ihren Partner als äußerst gerechten und rechtschaffenden Mann. Vielleicht ist er manchmal zu pingelig und es stellt sich die Frage, ob er derjenige ist, der in ihrer Beziehung das Sagen hat. Denn das ausgewogene Verhältnis von Geben und Nehmen scheint nicht vorhanden zu sein.

Karte 2: Die FSin wirkt mit der Karte *VIII MÜNZEN* auf ihren Mann eher unsicher, lässt sich in ihrem Verhalten gängeln, versucht Verbesserungen zu schaffen, wenn er es von ihr fordert. Er empfindet sie als zurückgezogene Frau, die sich seiner Ansicht fügt und nicht versucht, aus seinem Schatten herauszutreten und selbst somit in den Vordergrund zu stellen.

Karte 3: Es wäre absolut wichtig, dass beide mehr aufeinander zugehen und ihre Gefühle zeigen (*RITTER DER KELCHE*), anstatt nur in dem „Rahmen der Ehe" zu funktionieren oder so weiter zu machen wie bisher. Es reicht einfach nicht aus, nur einen guten Eindruck nach außen zu machen, wenn es innerlich nicht mehr stimmig ist.

Karte 4: Im Grunde genommen sind sie beide unternehmungslustig, scheinen gerne zu verreisen (*RITTER DER STÄBE*). Möglicherweise steckt nicht nur in der FSin (sie stellt sich ja schon bewusst der Thematik durch diese Kartenlegung), sondern auch in deren Ehepartner schon der Gedanke, dass innerhalb ihrer Beziehung etwas geschehen (sprich: sich verändern) muss, um die Liebe wieder neu aufblühen zu lassen.

Karte 5: Auch mit der *KÖNIGIN DER KELCHE* wird noch einmal unterstrichen, dass er die Diskretion, das Ruhige, das Schweigende an seiner Frau als vorteilhaft empfindet, was im Übrigen gut mit der Karte 2 (*VIII MÜNZEN*) harmoniert. Sie bringt ihm Verständnis entgegen und ist bereit, sich ihm unterzuordnen.

Karte 6: Wenn man die *VI SCHWERTER* betrachtet, stellt sich im ersten Moment die fast erschrockene Frage, warum ausgerechnet solch eine depressiv anmutende Karte der Grund sein könnte, dass sich die FSin an ihn gebunden hat. Es muss wohl davon ausgegangen werden, dass sie beide entweder schon schwierige Zeiten im Leben gemeistert haben, in welchen sie nicht wussten, wie es weitergehen würde. Möglicherweise ist es aber auch der Ehemann gewesen, der die FSin aus einer desolaten (Lebens-) Situation herausgeholt und ihr mit dem Eingehen der Beziehung zu ihm eine neue (Lebens-)Struktur geboten hat. Um was es sich genau handelt, müsste im Gespräch direkt geklärt werden. Wenn es Letzteres wäre, bekäme die Frage nach der Liebe in ihrer Ehe auch noch einen anderen Sinn: denn dann könnte es hier (und das wäre auch stimmig mit der aus den bisherigen Karten erkannten Rollenverteilung innerhalb der Partnerschaft) auch den Grund geben, dass sie aus einer Art Schuldgefühl sich ihm sozusagen treu ergeben hat.

Karte 7: Der *RITTER DER SCHWERTER* als Abschlusskarte zeigt die kühle Atmosphäre zwischen den Eheleuten. Um wahre Liebe, tiefe Gefühle scheint es bei den beiden eher weniger zu gehen, sondern es wird sich um das Aufrechterhalten des gemeinsam Erschaffenen handeln, ungeachtet dessen, ob man sich innerhalb dieses Rahmens noch wohlfühlt oder nicht. Wenn hier aber nicht Einhalt geboten wird, dann wird ihr Ehemann sich weiter in seiner Rolle als „führend" bestärkt fühlen und es könnte im schlimmsten Fall wirklich zu sehr heftigen Auseinandersetzungen im weiteren Verlauf kommen. Es ist einfach unverkennbar, dass die schönste Zeit ihrer Ehe schlichtweg vorbei ist und sie beide nicht mehr wirklich füreinander geschaffen sind.

Quintessenz:
8 + 8 + 6 = 22 = *DER NARR* sowie: 2 + 2 = 4 = *DER HERRSCHER*

DER NARR repräsentiert zwar den Neuanfang, doch ist nicht gesagt, dass die FSin diesen, mit ihren durch die Kartenlegung bestätigten Empfindungen, auch tatsächlich in der Form umsetzt und grundsätzlich an ihrer Ehe etwas verändert oder sich sogar daraus löst. Meist spricht *DER NARR* dafür, dass eine Situation noch um einiges unerträglicher werden muss, bevor dann wirklich etwas unternommen wird. Doch *DER HERRSCHER* gibt ihr das Vertrauen, dass sie mit dem dann anstehenden Neuanfang sicherlich auf einen Weg kommt, der ihr eine stabile Lebensstruktur bietet, die sie weiter nach ihren Wünschen und Bedürfnisse an ein neues Leben ausbauen kann.

Zu den Übungen (10)

LÖSUNG 1

Klient: Fragestellerin (im Weiteren kurz FSin).

Thema: Frage nach ihrer beruflichen Situation (Angestellte).

Karte 1: Der FSin scheint es in ihrer jetzigen Situation als Angestellte gar nicht gut zu gehen, die Freude am Tun ist ihr abhanden gekommen und wenn das liebe Geld nicht wäre, hätte sie womöglich ohnehin schon längst gekündigt. Mit *V KELCHE* wird ihr Unzufriedenheit angezeigt, aber auch die Angst vor Veränderung. Sie müsste sich dafür aus den – wenn auch unschönen – Strukturen lösen, das Bewährte, ihr Vertraute hinter sich lassen, um sich einer neuen beruflichen Möglichkeit zu öffnen.

Karte 2: In der Tat ist es ihr mit dem *PAGE DER MÜNZEN* allerdings durchaus möglich, beruflich eine positive Veränderung zu erfahren. Da als nächste Karte *DER WAGEN* folgt, interpretiere ich diese gebotene Chance als Neuanfang in einem anderen Unternehmen.

Karte 3: *DER WAGEN* zeigt die Aufbruchsstimmung und auch die Menschen, die um das Unwohlsein der FSin an ihrem Arbeitsplatz wissen, bekräftigen sie darin, den Schritt in die berufliche Veränderung zu wagen.

Karte 4: Doch wird sich letzten Endes die passive Haltung der FSin durchsetzen (*IV KELCHE*). Sie traut sich nicht, den Schritt aus der desolaten Situation heraus zu tun.

Quintessenz
5 + 7 + 4 = 16 = *DER TURM sowie*: *1 + 6 = 7 = DER WAGEN.*

Der FSin die Empfehlung dazu auszusprechen, sich auf eine Veränderung einzulassen, ist das Eine (durch die Kartenlegung und wohl auch durch die zusprechenden Worte von ihr bekannten Mitmenschen). Doch das Andere – nämlich das Handeln – obliegt allein ihr. Allerdings verweist auch die Quintessenz ganz klar darauf, dass die derzeitige berufliche Situation einfach nicht haltbar ist und auch gar nicht ihren Qualitäten entspricht, geschweige denn, ihre Erwartungen an ein erfülltes Berufsleben stillt. Mit *DER TURM* werden klare Zeichen gesetzt, dass es gilt, sich aus dieser erdrückenden Situation zu lösen und endlich loszulegen und nicht mehr abzuwarten (*DER WAGEN*).

LÖSUNG 2

Klient: Fragestellerin (im Weiteren kurz FSin).

Thema: Ist mit ihrer Mutter zerstritten, möchte wissen, wie es da weitergeht.

Karte 1: Es geht um eine Chance, das *AS DER KELCHE* vereint (siehe bitte Motivanalyse hierzu) hierfür sehr positive Möglichkeiten auf einer einzigen Karte – doch manchmal können die „Wunder“ erst erkannt werden, wenn man durch „das Tal des Schmerzes“ gegangen ist. Insofern muss der Streit als gute (!) Chance gesehen werden, auch wenn das manchem jetzt widersprüchlich erscheinen mag.

Karte 2: Ihre Mutter wird ihr signalisieren, dass sie – Streit hin wie her – ihre Tochter jetzt nicht endgültig verstoßen hat oder nicht mehr versöhnungsbereit ist. Dabei wird ihre Mutter zwar „die Signale“ zu einem Aufeinanderzugehen senden, doch gemäß der *IV STÄBE* liegt es an der FSin, diese Signale entsprechend aufzunehmen und ihnen Folge zu leisten.

Karte 3: Mit der *KÖNIGIN DER SCHWERTER* wird der Inhalt der aus dem *AS DER KELCHE* repräsentierten Chance verdeutlicht: die FSin soll sich von den Fesseln, die ihre Mutter ihr im übertragenen Sinne angelegt hat oder an die sich die FSin selbst gelegt hat, um ihrer Mutter zu gefallen, lösen. Sie ist eine erwachsene, eigenständige Frau, die ihr eigenes Leben lebt mit allem, was dazugehört. Auch ihre Mitmenschen sehen in diesem Streit die Möglichkeit, sich abzunabeln.

Karte 4: Wenn die FSin sich aus den Fesseln löst und konsequent auch beibehält, ohne wieder in alte Verhaltensmuster zu verfallen oder sich dort hinein drängeln zu lassen, wird die weitere Entwicklung zwischen ihrer Mutter und ihr auf einer friedvollen Ebene fortgesetzt. Sie werden beide lernen müssen, einander nicht nur zu akzeptieren, sondern auch die Meinungen und Lebenseinstellungen des anderen zu respektieren.

Quintessenz

1 + 4 + 3 = 8 = *DIE GERECHTIGKEIT*

Auch die abschließende Karte *DIE GERECHTIGKEIT* verweist auf das ausgewogene Verhältnis von Geben und Nehmen hin wie auch von Respektieren und Akzeptieren. Keine von ihnen hat sich „bestimmend“ über den anderen zu stellen. Wenn das erkannt und eingehalten wird, können sie künftig friedlich(er) miteinander umgehen.

Schlusswort

Liebe Leserinnen,
liebe Leser,
mein erstes Kartendeck war damals das Rider Waite Tarot. Ich konnte allerdings anfangs mit diesen wunderbaren Karten überhaupt nichts anfangen. Ich muss dazu erwähnen, dass ich auch kein Buch gefunden hatte, welches mich so ansprach, dass ich überhaupt bereit gewesen wäre, mich mit diesen Karten auseinanderzusetzen.
Viele Jahre habe ich dann nur mit den Lenormandkarten gearbeitet, bis ich wohl die nötige Reife hatte, aus einem inneren Gefühl heraus die Tarotkarten wieder hervorzuholen und mich intensiver mit ihnen zu beschäftigen. Zwar gab es auf dem Büchermarkt zu der Zeit schon sehr schöne Tarotbücher, doch eines mit der tiefgreifenden Bedeutung, wie ich es als Kartendeuterin für mich als wichtig erachte, fehlte mir (vielleicht habe ich es auch nicht gefunden; ich möchte keinem Autor an dieser Stelle Unrecht tun).

So begann ich, die Tarotkarten nahezu akribisch unter die Lupe zu nehmen und Karte für Karte ihre Abbildung, die Farben, die Gestaltung u. v. m. eingehend zu untersuchen. Und je mehr ich mich damit beschäftigte, desto mehr Erstaunen wuchs in mir, wie viel mehr die Abbildungen der Karten zutage förderten als das, was ich bisher in Büchern über sie nachlesen konnte. Und nicht nur das: Kaum, dass ich die Karten einzeln durchgearbeitet hat, verfolgte mich der Gedanke, die Bibel zu lesen. Anfangs konnte ich überhaupt keine Verbindung zwischen der Bibel und den Tarotkarten herstellen, gab aber diesem Impuls nach und konnte gerade bei den Karten der *großen Arkana* kaum für möglich halten, in welcher Weise die Kartenmotive mit biblischen Geschichten / Sprüchen harmonierten. Mit jeder weiteren Karte wuchs meine Freude, Neues zu entdecken, aber auch die manchmal so logischen und doch für den Laien verborgenen Zusammenhänge zu erkennen. Meinen Ursprungsgedanken, die Bebilderung einer Karte mit zwei oder drei Sätzen abzutun, konnte ich dann auch gleich ad acta legen. Daraus wurde nichts. Doch obwohl die Karten im Einzelnen sehr umfangreich interpretiert wurden, habe ich versucht eine Form zu wählen, die Sie, meine liebe Leserinnen und Leser, nicht langweilen, sondern fesseln soll, so wie ich auch heute von diesen Karten begeistert bin und grundsätzlich in meine Arbeit mit einbeziehe.
Ich wünsche Ihnen viel Freude an den Tarotkarten nach Mr. Waite und große Freude, mit diesen wunderschönen Karten arbeiten zu dürfen.
Auf Ihren irdischen & spirituellen Wegen allzeit alles Liebe und Gute

Ihre
Jutta Krüger

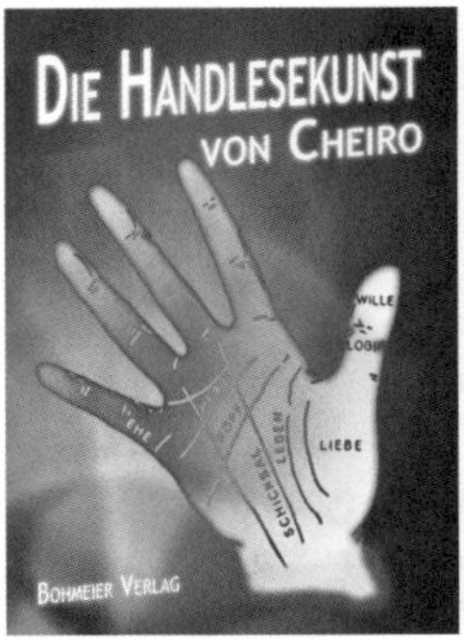

Fachbücher für Magie und alternative Weltsichten

Bohmeier Verlag ... damit Sie erleben, worüber Sie sonst nur lesen!

Kataloge und Infos im Internet ...

www.magick-pur.de

oder einfach per E-Mail: info@magick-pur.de